Louis von Zschock
Zu neuen Seinsdimensionen

LOUIS VON ZSCHOCK

ZU NEUEN SEINS-DIMENSIONEN

Wir sind frei, verantwortlich, Teil der Schöpfung

Ariston Verlag · Genf

CIP-Kurztitelaufnahme der Deutschen Bibliothek

Zschock, Louis von:
Zu neuen Seinsdimensionen: Wir sind frei, verantwortlich, Teil der Schöpfung / Louis von Zschock. – Erstaufl. – Genf: Ariston Verlag 1986
ISBN 3-7205-1383-1

Der Grund des Schutzumschlags ist ein Teilausschnitt
aus einem Aquarell der österreichischen Bildhauerin Veva von Tončić
Gestaltung des Schutzumschlages:
H. + C. Waldvogel, Grafik Design, Zürich

Satz: Fotosatz Rudolf Schaber, Wels
Druck und Bindung: Wiener Verlag, Himberg bei Wien
Erstauflage September 1986
Printed in Austria 1986

ISBN 3-7205-1383-1

Der Frau, die ich liebe
und die mir ihre Liebe
geschenkt hat

Zum Geleit

Wenn Sie dieses Buch lesen und beherzigen, kann sich Ihr Leben glückhaft verändern. Es verhilft Ihnen zu einer neuen Sicht der Wirklichkeit, in der Sie leben, und zur heiteren Gewißheit, in einem sinnvollen Universum Ihr eigenes Schicksal frei gestalten zu können.

Inhaltsverzeichnis

Präludium

Osterfestspiele in Salzburg. Das Ereignis findet im Großen Festspielhaus statt. JOSEPH HAYDNS *Schöpfung* steht auf dem Programm, HERBERT VON KARAJAN am Pult vor den Berliner Philharmonikern, dem Wiener Singverein der Musikfreunde und erlesenen Solisten. Mir war das nicht neu – und dennoch ist heute alles anders als sonst.

Die ersten Akkorde erklingen, zart und verhalten. Sie erreichen mich wie innere Stimmen einen Meditierenden, Sphärenmusik der Sehnsucht nach Befreiung von chaotischer Ungebundenheit und der schöpferischen Erweckung des Lebens. Verheißungsvoll schwebt – wie aus ewigem Traum erwachend – die Melodie im Raum. »Im Anfang schuf Gott Himmel und Erde ...« Und dann vernehme ich die flüsternden Worte des Chors: »... und Gott sprach: ›Es werde Licht!‹« und dann – aus allen Himmeln tönend – die lebenverkündende Antwort des Universums: »Und es ward Licht.«

Welch einmaliges, welch triumphales Ereignis! Ich war zutiefst erschüttert. Ich fühlte mich selbst angerufen. Zwar kannte ich die Musik, dieses Werk hoher Kunst, doch heute drangen mir die musikalische Botschaft und die Verkündigung des Bibelwortes mitten ins Herz.

Ja – so und nicht anders muß es gewesen sein! So und nicht anders hatte sich die Schöpfung ereignen können, der grandiose Akt einer Schöpfung, die, von Gott zur Erschaffung und Erlösung der Welt erdacht, zeitlos ist und nie endet. Strahlendes Licht erhellt das Universum. »Und Gott sah, daß das Licht gut war ...«

Das Geheimnis Gottes und seiner Schöpfung der Welt ist den meisten Menschen nicht mehr bewußt. Würden wir den Kosmos als die große Ordnung der Menschheit erkennen, müßten wir an deren künftigem Schicksal nicht verzweifeln. Ist es nicht eine verfremdete Wirklichkeit, die wir für die Realität des Lebens halten, die der Erscheinungswelt, in der wir uns wie Blinde bewegen, die das Wesentliche nicht sehen, nicht erkennen? Und doch – ist diese Welt in ihrer Vordergründigkeit und Unruhe nicht auch Anreiz für immer neues Streben, neues Hoffen, neues Lernen? Werden wir nicht gerade aufgrund unserer Erfahrungen in dieser Welt, wie wir sie kennen, angehalten, nach dem Sinn des Lebens zu fragen? Lebt nicht in jeder Seele der »göttliche Funken«, der die Menschen trotz aller Irrwege dem Licht zustreben läßt? Andererseits – es stellt sich auch diese Frage – was könnte die nur von innen her mögliche Erkenntnis der geheimnisvollen Wirklichkeit unseres Universums für den »wissenschaftlich« denkenden Menschen von heute bedeuten? Wie könnte eine Erklärung des Universums aussehen, die uns zu überzeugen vermag?

Majestätisch erklang jetzt der volle Chor: »Die Himmel erzählen die Ehre Gottes, und seiner Hände Werk zeigt an das Firmament.«

Ich begriff jetzt, im Augenblick dieses überwältigenden Lobgesangs zum Preise Gottes, meine Aufgabe als die eines Menschen, der ein Leben lang nach Erkenntnis gesucht hatte: ich mußte möglichst viel von dem, was ich wußte, den Mitmenschen mitteilen. Sicher wird niemand je die ganze Wahrheit ergründen können. Aber wir können aufgrund unserer inneren Erfahrungen und mit Hilfe der Erkenntnisse inspirierter, erleuchteter Menschen immer mehr von dem einen großen Gedanken erfassen, der das Innerste der Welt zusammenhält.

Ist es nicht unsere eigentliche Aufgabe, die Fragen nach dem Woher und Wohin des Menschen zu beantworten? Ist es nicht wichtig, das Drama des Menschen zu erkennen und doch zu finden, warum »alles gut ist«? Soll nicht wieder Hoffnung in diese Welt kommen?

Wir müssen viele eingeschliffene Denkgewohnheiten über Bord werfen, um wieder glücklich sein zu können. Denn klar ist: Wir stehen an der Schwelle oder schon mittendrin in einem Paradigmenwechsel sondergleichen, einem umfassenden Wandel des Denkens und aller Werte und der Erkenntnis einer neuen Wirklichkeit. Uns allen drängt sich auf, endlich zu erfahren, warum der wissenschaftlich geschulte, auf die materielle Erscheinungswelt ausgerichtete Verstand allein den Menschen nicht glücklich machen kann. Wissenschaft sollte ja zutiefst mit Weisheit zusammenhängen, was den Menschen von heute wohl kaum noch bewußt ist: Wissenschaft als das, was Wissen schafft.

Ist unsere Existenz ein Dasein unter anderen Daseienden, die, ins Sein geworfen, von Angst und Sorgen beherrscht, dem Tod vorauslaufen, wie MARTIN HEIDEGGER, der Existentialphilosoph, einst gemeint hat? Oder verdanken wir unser Leben nicht vielmehr einem sinnvollen Zusammenwirken von Kräften, die jenseits von Zufall und Willkür am Werk sind? Gibt es vielleicht eine geheimnisvolle Wirklichkeit, die ein einheitliches großes Ganzes ist?

»Das Schönste, das wir erleben können, ist das Geheimnisvolle«, bekannte ALBERT EINSTEIN. »Sollten wir nicht wieder staunen lernen?« Der Mensch, so heißt es in einem chassidischen Wort, fürchte sich vor Dingen, die ihm nicht schaden können, und erbitte Dinge, die ihm nicht helfen können. Vielleicht ist dies nur darum so, weil er sich in der geheimnisvollen Wirklichkeit dieser Welt noch nicht zurechtfindet?

»Die Zukunft liegt«, sagt der Philosoph und Kosmologe PIERRE TEILHARD DE CHARDIN, »in den Händen jener, die der kommenden Generation triftige Gründe dafür geben können, zu leben und zu hoffen.« Und KARL RAHNER, einer der führenden Konzilstheologen, meint, man könne die Wirklichkeit wahrhaftig nicht auf das beschränken, dessen Existenz auch der Dümmste und der Oberflächlichste zu bestreiten weder Lust noch Möglichkeit hat. Was wir mit unseren Sinnen nicht begreifen können, ist deshalb allein noch lange nicht »unsinnig«.

Die Grundfrage, die sich uns Menschen stellt, ist die, ob es ein sinnvolles Universum gibt oder nicht. Ich meine ein Universum, in dem sich Freiheit und Würde des Menschen voll entfalten können, eine von Liebe getragene Ordnung, die die Verwirklichung der menschlichen Fähigkeiten nicht nur zuläßt, sondern fördert. Was zu dieser vielleicht neuartigen Sicht unserer Existenz im Universum schon von den Großen der Menschheitsgeschichte bis zu unserer Zeit gesagt wurde, sollte der Welt nicht länger vorenthalten werden. Die Zeit ist gekommen für den notwendigen Brückenschlag zwischen Wissenschaft und Religion, Esoterik und Philosophie. Glücklich der Mensch, der dann im Vertrauen auf ein sinnvolles Universum lernt und reift und auf diese Art nicht nur das Seine für die Menschheit beiträgt, sondern auch erkennt, daß er aufgerufen ist, das eigene Geschick selbst zu gestalten.

Der mächtige Schlußchor hatte angehoben:

»Singt dem Herren alle Stimmen!
Dankt ihm alle seine Werke!
Laßt zu Ehren seines Namens
Lob im Wettgesang erschallen!
Des Herren Ruhm, er bleibt in Ewigkeit!
Amen! Amen!«

Erschüttert und beglückt erkannte ich nun den Sinn dieses Augenblicks. Ich fühlte mich aufgerufen, den Menschen all das zu sagen, was ich für mich als Gewißheiten erfahren hatte. Beseligt, wie in Trance, ergab ich mich vor dem Festspielhaus der überwältigenden Kulisse Salzburgs. Vom nahen Dom kündeten mächtige Glocken von der Erlösung der Welt und der Auferstehung des Herrn.

I

Und es ward Licht!

Im Namen dessen, der sich selbst erschuf!
Von Ewigkeit in schaffendem Beruf;
In seinem Namen, der den Glauben schafft,
Vertrauen, Liebe, Tätigkeit und Kraft ...

GOETHE

»Im Anfang war das Wort ... Alles ist durch das Wort geworden, und ohne das Wort ward nichts von allem, was geworden ist. In ihm war das Leben, und das Leben ward das Licht der Menschen ... Das wahre Licht, das erleuchtet jeden Menschen, kam in die Welt.«

In dieser überwältigenden Bildersprache wird im Prolog zum *Johannesevangelium* der Urbeginn der Schöpfung beschworen. »Im Anfang war das Wort« – der Logos, der Sinn, die Vision des träumenden Gottes von seiner Schöpfung. Diese Vorstellung ging von der Macht eines liebenden Gottes aus und verwirklichte sich in dem »Augenblick aller Augenblicke«: »Und es ward Licht.«

Der Geist war es, der sich Welten schuf

Von strahlendem weißem Licht, dem Urwesentlichen aller Schöpfung, der Grundsubstanz alles Lebendigen, sprachen die Mystiker aller Zeiten. Gott habe die Welt aus seiner eigenen Substanz geschaffen, aus seinem eigenen Gedanken, und der Gedanke sei Licht geworden, so lehrte beispielsweise vor Tausenden von Jahren im alten Persien der Prophet ZOROASTER.

Man muß sich das »Ereignis« bildhaft vorstellen: Ein Lichtstrahl, der der unendlichen Liebe des Schöpfers entstammt, bricht hervor, ein Feuerstrahl, der Universen erschafft; ein Lichtermeer erfüllt plötzlich das All, das überall Leben hervorbringt in nicht enden wollender Fülle. Ein Strahlendom überstrahlt alles Sein, die geheimnisvollen Welten rings um uns von unermeßlicher Schönheit und vollendeter Harmonie.

Vor all dieser göttlichen Fülle stehen wir in Demut, in Staunen und Bewunderung. Licht symbolisiert ja göttlichen Geist. Göttlicher Geist, das die Unendlichkeit umfassende kosmische Bewußtsein, brachte all die Universen des Weltalls – Milliarden und aber Milliarden von Sonnen, die Milchstraße und wiederum Milliarden anderer Galaxien – und auch die Universen des Geistes, die inneren Universen, hervor. Nur mit Ehrfurcht läßt sich von der unermeßlichen Überfülle und der unendlichen Größe dieser Schöpfung sprechen.

Ein jedes dieser zahllosen Universen ist mit den anderen verknüpft und in vielfältiger Weise verbunden, und überall ist Leben, das vom Bewußtsein hervorgebracht wird, überall strömt das Drama alles Lebendigen der Verwirklichung des einen göttlichen Gedankens zu. Von der Wahrheit und der Wirklichkeit einer solchen Schöpfung kündigen die *Heilige Schrift*, aber auch die prophetischen Visionen erleuchteter Weiser und die Hymnen inspirierter Dichter.

Die Geistesrichtung des Idealismus war zutiefst von der Ahnung erfüllt, daß es der Geist war, der die Form, der die Materie erschuf. Den Verfechtern der materialistischen Weltsicht, die das Leben als bloß zufällig aus der Materie hervorgegangen und die Entwicklung des menschlichen Geistes als das Resultat des Fortschritts der Evolution betrachteten, erwuchs schon in den dreißiger Jahren unseres Jahrhunderts eine gewichtige Gegenströmung. Damals mehrten sich die Stimmen, denen zufolge sich der Strom unserer Erkenntnisse in Richtung einer nichtmechanischen Wirklichkeit bewegt und das Universum immer mehr eher wie ein großer Gedanke als wie eine große Maschine auszusehen beginnt.

Aufgrund der Forschungsergebnisse unserer Zeit tritt immer deutlicher zutage, daß es der Geist sein mußte, der die Materie erschuf, und es wohl nicht so gewesen sein konnte, daß sich zuerst zufällig aus toter Materie Leben entwickelte und sich dann mit fortschreitender Entwicklung der Geist dazufand. Die Evolutionstheorie, übrigens eine Theorie, die sich aus der eigenen Theorie begründet, machte und macht den Menschen ein Verstehen von Schöpfung und Werden schwer. Die Wissenschaftler nach Charles Darwin konnten natürlich nur auf dem Wissen aufbauen, das sie zu den Zeiten der Hochblüte der Naturwissenschaften und der Aufklärung hatten. Sie quälten sich redlich um Erkenntnisse, und vieles war wertvoll, das sie fanden. Einer von ihnen ist auch der Verhaltensforscher KONRAD LORENZ, der immerhin postulierte, das Leben selbst sei ein erkenntnisgewinnender Prozeß. Dies ist aus meiner Sicht so zu deuten, daß die Freiheit allen menschlichen Seins immer neue Varianten, immer neue Wahrscheinlichkeiten hervorbringt und daß diese unzähligen Entscheidungen dann vom Leben bewertet werden.

Die Schöpfung, allgegenwärtig und ewig, ist ein jubelndes »Ich bin«

Die Schöpfung will ewige Wandlung und immerwährendes Hervorbringen neuer Formen, neuen Lebens. Einmal zum Leben erweckt, ist alles Leben zum Handeln aufgefordert. Damit beginnt das Drama des Lebens, damit werden Probleme aufgerollt, jedoch auch Problemlösungen gefunden. Alles Leben entfaltet sich in schöpferischer Vielfalt und in immer neuen Variationen. Nichts ist abgeschlossen, nichts ist vollendet.

Gibt es ein gottgewolltes Ziel, eine Entelechie? Über finalistische und entelechiale Hypothesen wurde viel nachgedacht und philosophiert. Aber schon die Überlegung, daß es den uns allen bekannten Faktor Zeit nach den Erkenntnissen der längst über die orthodoxe Schulwissenschaft hinausgewachsenen modernen Physik nicht gibt, erweist solche Spekulationen als höchst problematisch. »Die Entwicklung erstreckt sich in alle Richtungen. Die Seele klettert keine Treppe hinauf, auf der jede Stufe einen neuen und höheren Entwicklungspunkt darstellt. Sie steht vielmehr in ihrem eigenen Mittelpunkt und orientiert sich von hier aus, indem sie ihre Kapazität in alle Richtungen gleichzeitig ausweitet. Sie ist in schöpferische Aufgaben vertieft, von denen jede einzelne ihre Berechtigung hat.« (214/273)*

* Die in der Klammer erstgenannte Zahl verweist jeweils auf das dem Literaturverzeichnis zu entnehmende Werk, die zweite Zahl auf die Seite des Werks, auf der die Zitatstelle zu finden ist.

Sicher gibt es im Sinne einer Aufgabenstellung und der angestrebten Sinnerfüllung eine Entelechie jeder individuellen Wesenheit, also eine ideale Vision vom eigenen Selbst in einer imaginären Zukunft, die der einzelne Mensch anstrebt und von wo aus Aufgabenstellungen und Probleme, Erbfaktoren und Umwelteinflüsse in den Augenblickspunkt hineinwirken. Aber es ist ein Zielpunkt, der nicht konstant ist, der sich im Laufe lebendiger Entwicklung selbst ständig verändert und vielerlei Überraschungen göttlich-liebenden Überschwangs in sich birgt. Wahrhaft unermeßlich sind unsere Entwicklungsmöglichkeiten im ewigen »Heute«, im umfassenden Jetzt. Es ist der wahrhafte Kairos immer neuer Schöpfung, immer neuen Lebens.

In diesem Schöpfungsaugenblick, diesem ewig sich erneuernden Lenz wird unsere Seele immer wieder neu geschaffen, neu belebt. Nichts gehört der Vergangenheit an. Schöpfung ist Allgegenwart, und Schöpfung ist auch Ewigkeit. Nichts ist vorherbestimmt, alles ist der Freiheit überantwortet. Wir sind wahrlich aus »Gottesstoff« gemacht, in einem göttlichen Traum entworfen. Gott ist in uns, transzendiert aber dieses Uns-Innesein in unermeßlicher Weise. Die Schöpfung ist ein jubelndes »Ich bin«. Und dennoch können wir die tröstende Gewißheit haben, im kosmischen Bewußtsein ein Du ansprechen zu können, das allmächtig-schöpferisch fern und doch auch allgegenwärtig ganz nahe bei uns, nämlich in uns ist.

Sehr schön hat mein Freund LUJO VON TONČIĆ-SORINJ, ehemaliger österreichischer Außenminister und Generalsekretär des Europarates, in seinem Buch *Erfüllte Träume* sein persönliches Erlebnis der Schöpfung geschildert, aus dem ich folgenden Auszug zitiere (277/73 f.):

»Ich blickte auf zum Firmament – die Sterne begannen zu leuchten. Mir war, als schwebte ich ihnen entgegen; der Himmel weitete sich, immer neue Sterne begannen zu strahlen und zu glänzen und strömten heran, in Myriaden und Myriaden. Endlos, gewaltig, Sterne in weißer, stechender Glut, Sterne wie in dunkelblauen Samt gehüllt, Sterne wie in purpurnes Blut getaucht, und zwischen ihnen schimmernde Wolken, und tanzende Funken jagten vorbei in unendliche Finsternis. Und ich glaubte, ins Innere der Materie zu blicken, und widerstandslos ergab ich mich den Kräften, die mich erfüllten. Ich lehnte mich an einen Baum, und um mich herum begann es zu kreisen, in wunderbarer Harmonie und überirdischer Eintracht: in meinem Inneren zogen die Sonnen ihre Bahnen und strebten ihren fernen Zielen zu, und riesige Nebel, erfüllt von Milliarden von Sternen, strömten wie von Geisterhand geleitet dahin. Mir war, als formten sich Welten aus wogendem Urgas, als jagten sie auf mich zu, ich spürte ihre versengende Glut, sie drangen auf mich ein ... Licht, Licht, feurige Flammen aus unergründlichen Weiten umgaben mich, kochende, versengende Hitze und dann wieder tödliche Eiseskälte. Doch da hob ein mächtiges Brausen an, wie dumpfe gewaltige Glocken, die alles Sein erfüllten, tönte es aus unendlichen Fernen. Äonen senkten sich herab, Äonen schwangen mich empor, und es war um mich wie ein unendlicher Jubel. Der Raum löste sich in Unermeßlichkeit auf; mir war, als tönten Donnerschläge aus dem Universum, und ich verlor das Empfinden der Zeit. Es war, als entschwinde ich in das All, aber es war keine Angst in mir, nur eine unsagbare Freude. In diesem Augenblick rief es mich an. Mit einer Stimme, die ich nie gehört habe – und ich fand mich, bedeckt von einem Tränenstrom, mit ausgebreiteten Armen, auf der Erde wieder.«

2
Zufall und Notwendigkeit – oder freier Wille?

Selten tritt dem Weisen
das Schicksal in den Weg.
SENECA

»Die Rettung verdankte ich einem Zufall. Wegen Schlechtwettereinbruchs war der Professor nicht in sein Wochenendhaus gefahren, und so konnte ich noch rechtzeitig operiert werden.« Gehört eine solche Erklärung nicht zu unserem Alltag? Was wird nicht alles dem Zufall zugeschrieben. »Zufällig erhielt ich eine Einladung zu einem Sommerfest, wo ich dann meine spätere Frau kennenlernte.« War es wirklich ein Zufall, dem ich ein glückliches Leben mit einem geliebten Partner zu verdanken habe? »Wäre ich um wenige Sekunden früher von Zuhause weggefahren, wäre auch ich Opfer dieser Massenkarambolage auf der Autobahn geworden.« Oder: »Ein unglücklicher Zufall wollte es, daß sie das in ihrem Stammhotel reservierte Zimmer nicht mehr erhielt. So übernachtete sie in einem anderen Hotel, was ihr fast das Leben gekostet hätte. Ein Gast war mit einer brennenden Zigarette eingeschlafen. Zufällig wurde der Brand rechtzeitig entdeckt.« War es Zufall?

Und wenn es kein Zufall war, war es dann Notwendigkeit, oder war es Bestimmung? Oder war es dies alles nicht? Was war es dann? So fragen die Menschen, und die meisten sehen sich einem von Zufälligkeiten beherrschten Leben ausgesetzt – das auch ganz anders verlaufen könnte, aber offenbar von den Betroffenen nicht zu ändern ist, weil Zufälliges dazwischenkommt. Wobei dann sehr oft Zufälligkeit mit Beliebigkeit verwechselt wird. Die Zuflucht beim Zufall erscheint widersinnig, wenn wir uns in einer bestimmten Situation nach Belieben so oder auch ganz anders entscheiden und demnach handeln können. Wenn wir uns entscheiden, den Abend nicht zu Hause, sondern bei Freunden zu verbringen, so handelt es sich weder um eine zufällige noch um eine beliebig getroffene Entscheidung, sondern um die bewußte Wahl einer von verschiedenen gegebenen Möglichkeiten, also ein Handeln aus freier Selbstbestimmung. Sicher ist dann nicht dem Zufall zu verdanken, daß wir bei unseren Freunden ein wichtiges Gespräch führen konnten, das unserem Leben eine neue Richtung gab.

Was Schicksal ist, ergibt sich aus unserem Vorstellungs- und Weltbild

Viel schlimmer noch ist die landläufige Ansicht, daß das Zufällige, das auch durchaus völlig anders sein könnte, unserer Entscheidung entzogen und daher nicht zu ändern sei. So wird doch von den meisten Menschen als reiner Zufall angesehen, überhaupt geboren zu sein – als Zufall auch, wann sie das Licht des Lebens erblickt haben und wer ihre Eltern sind. Oder sind wir etwa nicht zufällig in einer ganz bestimmten Weltgegend aufgewachsen? Leben wir vielleicht nicht zufällig ausgerechnet in einem Land, das in einen Krieg hineingezogen wurde? Das Zufällige scheint offenbar Schicksal zu spielen. Und der Mensch ist dazu da, daß er's erträgt. Der Zufall scheint das Schicksal des Einzelmenschen zu gestalten.

Was sagt nun die Wissenschaft zu all dem? Sie definiert den Zufall als Kreuzung getrennter Kausalketten. Zwei scheinbar selbständig und unabhängig voneinander ablaufende Kausalreihen kreuzen sich an einem bestimmten Punkt. Sehr oft findet das an dem Punkt statt, auf den alles ankommt, der unser Schicksal entscheidet. Ist diese logische Definition eine sinnvolle Erklärung dessen, was unter Schicksal zu verstehen ist? Verbirgt sich hinter dem scheinbar zufälligen Ereignis nicht ein Geheimnis? Können wir noch von einer sinnvollen Ordnung des Weltalls, ja des Kosmos sprechen, wenn das für den Menschen Wesentliche seiner Erfahrung so oft durch reinen Zufall zu entstehen scheint? Und kann Sinn durch Zufall entstehen?

Dem Zufall wird seit neuerem bekanntlich die Notwendigkeit, also das Gesetz, gegenübergestellt. KONRAD LORENZ meint, Zufall und Naturgesetz seien die beiden großen Konstrukteure des Artenwandels. Das Zufällige wäre also der Eingriff der Freiheit in einen gesetzmäßigen historischen Ablauf. Dieser Ansicht zufolge wäre das Schicksal das Resultat von Zufall und Notwendigkeit und angesiedelt zwischen Unberechenbarkeit und Gesetz.

Es drängt sich die Frage auf, was unter dem »Notwendigen« zu verstehen ist. Der Begriff der Notwendigkeit kann sehr verschieden ausgelegt werden. Mit Notwendigkeit kann gemeint sein, daß ein Gesetz hinter unserem Schicksal steht, daß eine höhere Macht unser Schicksal bestimmt und daß das uns »Zufallende« das Leben steuert, gestaltet. Aus dieser Sicht wird dem Zufälligen durchaus ein Sinn beigemessen, allerdings um den Preis der Negierung und Aufopferung des freien Willens.

»Auch das Zufälligste ist ein auf entfernterem Weg herankommendes Notwendiges.« Wie ARTHUR SCHOPENHAUER (241) es sieht, sind uns die scheinbar zufälligen Ereignisse und Erfahrungen geschickt. Sie stellen Notwendigkeiten unseres Lebens dar, sind also, so gesehen, sinnvoll. Schopenhauer verficht neben dem Prinzip der Kausalität das Vorhandensein eines universalen Bewußtseins, das bestimmend in unser Leben eingreift. Den Sinn eines Ereignisses oder einer Erfahrung, die uns scheinbar zufällig widerfahren, zu erkennen obliegt dem Menschen. Er ist darauf angewiesen, das ihm Zufallende vertrauend anzunehmen und dem Zufall einen Sinn zu geben. Das uns Zufallende hat ja stets einen unmittelbaren Bezug zu uns, zu unserer Problembewältigung und Sinnfindung. Der scheinbare Zufall steht immer in geheimnisvoller Affinität zu uns, zu unserer Lebensproblematik und unserer Vorstellungswelt.

Andere Philosophen postulieren, daß überhaupt nichts dem Zufall anheimgestellt, sondern alles Gesetz sei. Wir könnten die Gesetze oft nur nicht erkennen, weil sie geheimnisvollen Rhythmen folgen würden. Eine berechenbare Gesetzlichkeit wird oft auf die meist übermächtig angesehenen Faktoren der Vererbung und Umwelteinflüsse zurückgeführt.

In einem sinnvollen Universum ist des Menschen Wille frei

Tatsächlich ist es so, daß sowohl Zufall als auch so verstandene Notwendigkeit letztlich die Freiheit des menschlichen Willens ausschließen. Wäre der Zufall Notwendigkeit, wären wir unserer Selbstbestimmung beraubt. Dann wären unsere Willensfreiheit und unsere Verantwortung als Menschen sinnentleerte Begriffe und bloße Schlagworte der Selbsttäuschung.

Jean Paul Sartre erkennt: »Alles, was mir geschieht, ist mein; es gibt in meinem Leben keinen Zufall.« Und G. W. F. Hegel meint, daß die philosophische Betrachtung nichts anderes im Sinn habe, als das Zufällige aus ihr zu entfernen.

Das, was wir mangels besseren Wissens Zufall nennen, ist in Wirklichkeit weder sinnlos Unberechenbares noch durch Gesetzlichkeiten oder höhere Mächte determiniert. Das Leben ist größer! Das Universum ist nicht auf Ungefähr und Zufall aufgebaut! Und der Mensch ist keineswegs einem Zufallsschicksal ausgeliefert! Des Rätsels Lösung liegt in uns selbst. Daß es so ist, wird im weiteren Verlauf dieses Buches noch klargestellt werden.

Es gibt keinen Zufall in einem sinnvollen Kosmos, das heißt in einer geordneten Welt. Es gibt aber auch keinen Zufall im Leben des einzelnen Menschen, sofern wir seinen freien Willen ernst nehmen. Wenn wir von Zufall sprechen, erliegen wir der Begrenztheit unseres auf die Erscheinungswelt zentrierten Bewußtseins. Wir selbst sind es, die unser Schicksal gestalten, und alles uns sinnvollerweise Zufallende ist geistig-seelisch von uns vorweggenommen worden.

Dies ist im Augenblick sicherlich eine kühne Behauptung. Doch sie wird zur beglückenden Wahrheit, wenn es uns gelingt, die Sinnhaftigkeit allen Geschehens zu erkennen und die uns geschenkte Freiheit für voll zu nehmen. Diese wunderbare Freiheit können wir auch Gottes Gnade und Zulassung nennen. Jedenfalls können wir gewiß sein, in einem sicheren, sinnvollen Universum zu leben, das einen Zufall nicht kennt.

Die Wahl liegt bei uns

Um in den eingangs dieses Kapitels geschilderten »Zufällen« einen sinnvollen Zusammenhang mit der eigenen selbstbestimmten Existenz, in der sich der Mensch als lernendes Wesen auf seinen Wegen jenseits aller Zeit bewährt, zu erkennen, bedarf es freilich noch mancher anderer Einsichten. Werden uns diese jedoch zuteil, dann wird uns klar, wie absurd ein Weltbild war, das den Zufall zur Erklärung unerklärlicher Ereignisse und Erfahrungen des Menschen benötigt. Sehr oft muß allerdings der selbstbestimmende Faktor bei der Erklärung von »Zufällen« in einem der materiell-körperlichen Welt übergeordneten Zusammenhang gesehen werden. Zufälle können in dieser Sicht sowohl als Korrektur von Fehlentwicklungen als auch als glückhaftes Gelingen gewertet werden. Immer aber ist die Verwirklichung des eigenen Lebenssinnes Zentralpunkt aller Erfahrungen.

Mit Vorliebe tendieren gerade Intellektuelle dazu, Vorgänge in einzelnen Teilbereichen des Lebens der strengen Kausalität, andere der Willensfreiheit und wiederum andere dem puren Zufall zuzuweisen. Dies ist aber im Denkansatz irrig. Denn im Universum gelten geistige Prinzipien und Gesetzmäßigkeiten. Entweder gibt es solche Prinzipien, dann haben sie volle Gültigkeit und nicht nur eine teilweise. Oder es gibt sie nicht. Kein vernünftiger Mensch würde annehmen, daß beim Fallen eines Steins die Schwerkraft manchmal gelte, dann und wann aber nicht. Entweder gibt es ein sinnvolles Universum, in dem ich mich vertrauend geborgen weiß, oder es gibt es nicht.

Uns selbst ist die Wahl überlassen. Wir können uns auch einem irrigen Weltbild verschreiben. Sicher ist: Unser Leben wird von unserem Vorstellungsbild der Welt und ihren Gesetzmäßigkeiten geprägt. Wir können uns für eine trostlose Welt unbeeinflußbarer Zufälligkeiten oder für ein geordnetes Universum mit Sinn und Freiheit entscheiden. Die Wahl liegt bei uns.

3
Jenseits der Kausalität

> Glücklich, wer zu erkennen
> vermochte die Gründe der Dinge.
>
> VERGIL

Im Bannkreis des naturwissenschaftlichen Gesetzes von Ursache und Wirkung wurde die alte Kausalitätsregel auch auf menschliche Erfahrung angewendet: Keine Wirkung ohne Ursache! Suchen wir daher zu jedem Geschehen die Ursache!

Ich habe einen Autounfall. Als Ursache wird das Versagen der Bremsen, also ein technischer Mangel, festgestellt. Oder ist die Ursache meine eigene Unaufmerksamkeit und Ungeschicklichkeit? In einem anderen Unglücksfall wird als eindeutige Ursache die Nichtbeachtung der Vorrangregel festgestellt. Solche Verursachung ist natürlich juristisch von Bedeutung; sie gibt aber in Richtung einer echten Ursachenerklärung – warum einem Menschen ein Autounfall zustößt – nichts her.

Stirbt ein Mann plötzlich infolge Herzinfarkts, so tauchen all die Fragen nach dem Warum auf. Hätte er doch nicht soviel geraucht! Hätte er doch seine Diät eingehalten! Wäre er doch dem Streß ausgewichen! Solche vordergründigen Ursachen geben vielleicht einen Hinweis auf medizinisch relevante Sachverhalte. Sie geben aber keinen Trost, sie provozieren eher nachträgliche Vorwürfe. Sicher aber geben sie keinen Hinweis auf die wirkliche Ursache des Sterbens dieses Mannes. »Denn jenseits aller scheinbaren kausalen Begrifflichkeit steht doch der Mensch vor der Frage nach dem Sinn – will er mehr sein als ein bloßer Naturforscher, will er von all diesen Ausflügen zu den Peripherien seiner Existenz zum Wesen seiner Existenz zurückkehren.« (105/38)

Besonders irreführend und gefährlich erscheint mir die Ursachenforschung, wie sie im Rahmen der etablierten Psychoanalyse betrieben wird. Deren Verfechter suchen nach der Verursachung schicksalhaften Geschehens in der Kindheit, jedenfalls aber in vergangenen Erfahrungen.

Von den Irrtümern gestriger Wissenschaft

Der Determinismus, also die krasse Leugnung menschlicher Willensfreiheit, beruht ja auf dem Kausalitätsgesetz, auf dem Kausalnexus zwischen Ursache und Wirkung. Das eben ist das Weltbild eines mechanischen »Funktionierens« des Universums, in dem ein Ereignis oder ein Geschehen offensichtlich unmöglich ohne die entsprechende Ursache zutage treten kann. Die Anwendung des Kausalitätsgesetzes nach der starren linearen Kette von Ursache und Wirkung wird immer dann legitim sein, wenn es sich um technische Fragen der Funktionalität handelt. Wenn der Motor meines Wagens klopft, werden die und die Ursachen in Frage kommen.

Höchst problematisch und fragwürdig wird diese Auffassung schon in der Medizin. Wenn Symptome des Bluthochdrucks auftreten, wird wohl eine der möglichen Ursachen in der Niere zu suchen sein. Die Feststellung einer Nierenerkrankung mag, medizinisch vordergründig, durchaus zutreffend sein, wird jedoch dem ursächlichen Sinn nicht gerecht. Vielleicht sind menschliche Kontaktschwierigkeiten die eigentliche Ursache der Funktionsstörungen der Niere und – daraus folgend – des Bluthochdrucks. Und für diese Kontaktschwierigkeiten wird es wiederum andere Gründe und Ursachen geben, so daß ein solches Suchen nach Kriterien der Kausalität ad infinitum fortgesetzt werden könnte. »Die Realität funktioniert eben nicht immer linear-kausal, sondern in vielfach rückgekoppelten Wirkungskreisen ...« (54/333)

Natürlich verträgt sich der gegenwärtige Wissensstand unserer Welt noch am besten mit dem Determinismus. Erbanlagen und Umwelteinflüsse würden, heißt es, unser Leben weitgehend vorausbestimmen. Auch sei Selbstbestimmung vielleicht nur eine aufgrund unserer psychischen Veranlagung fixierte Illusion. Diese Theorien werden weithin vertreten, und doch sind sie völlig irrig. Das scheinbar eherne Gesetz von Ursache und Wirkung ist eine Vorstellung unseres Denkens, nach IMMANUEL KANT ein Apriori, ein Strukturmuster unseres Denkens, mit dem wir das Leben erklären wollen. Keinesfalls aber ist Kausalität Wirklichkeit. Sie ist eine Vorstellungsform von Wirklichkeit, die dann allerdings unser Leben prägt. »Der Geist der Menschen nimmt Ursachen zweiter Ordnung wahr, doch nur Propheten nehmen das Wirken von Ursachen erster Ordnung wahr.« (77/215)

Den alten und starren Kausalitätsbegriff verdanken wir unserer linken Gehirnhälfte, die für logisches, intellektuell-rationales Denken zuständig ist. Wollen wir die Gesamtstruktur wahrnehmen, müssen wir uns auch unserer rechten Gehirnhemisphäre bedienen. In der Tat ist es die rechte Gehirnhemisphäre, die in unserem neuen Weltzeitalter der Menschheit ihre Signatur aufprägen wird. Dort, in der »weiblichen« Gehirnhemisphäre, sind Intuition, Erfahrungen im Traumzustand und die unserer inneren Wahrnehmung zu Hause. Dort wird nicht mehr nach der Zweckmäßigkeit oder Kausalität, sondern nach dem Sinn gefragt. Wenn ein Mensch die Reife erlangt, den Sinn seines Lebens zu erkennen und die zu bewältigenden Lernprozesse *tätig* anzunehmen, so findet ein geheimnisvoller Zusammenklang zwischen Persönlichkeit und Erfahrung, zwischen Wesen und Schicksal statt. Wir erkennen dann die Affinität, die zwischen erlebender Persönlichkeit und allem Geschehen besteht, und es tritt ein perfektes Zusammenspiel zwischen Verwirklichung oder Agonie des ins Lebensdrama verwickelten Menschen und den für ihn schicksalhaften Geschehnissen zutage.

Der Aufbruch in die vierdimensionale Raumzeit

CARL GUSTAV JUNG, der weltberühmte Schweizer Psychologe und Psychiater, war diesem Phänomen auf der Spur und nannte diese paradoxe Kausalität »Synchronizität«. Gemeint sind »akausale, durch einen gemeinsamen Sinn verbundene gleichzeitige Vorgänge«. So wird aus einer vermeintlichen Ursache (deswegen ist das oder jenes passiert) eine Gleichzeitigkeit: Die Komponenten, die durch Affinität zusammenhängen, bewirken gleichzeitiges Geschehen.

»Daß bei einer bestimmten Krankheit bestimmte Viren anwesend sind, sei unbestritten, aber über den daraus abgeleiteten Glauben, diese Viren seien die Ursache der Krankheit, werden spätere Generationen genauso herzhaft lachen wie wir über die Scheibentheorie der Erde.« (51/79)

Wenn ich eine Anfälligkeit für einen Unfall habe, wird das Unfallgeschehen im Sinngehalt – mag auch eine andere Person im Rechtssinn schuldtragend sein – bei mir selbst zu suchen sein.

In der Naturwissenschaft wird meist WERNER KARL HEISENBERG als derjenige Forscher genannt, der dem kausalen Determinismus in der Physik durch seine Lehre von der Unbestimmtheitsrelation (Unschärferelation) ein für allemal abschwor. Heisenberg formulierte das einmal so: »In der scharfen Formulierung des Kausalgesetzes: wenn wir die Gegenwart kennen, können wir die Zukunft berechnen, ist nicht der Nachsatz, sondern die Voraussetzung falsch. Wir können die Gegenwart prinzipiell nicht in allen Bestimmungsstükken genau kennenlernen, und damit scheint die Ungültigkeit oder jedenfalls die Gegenstandslosigkeit des Kausalgesetzes definitiv festgestellt.«

Überhaupt sind es die Physiker, die der alten Kausalitätslehre von Ursache und Wirkung gründlich den Garaus machten. Seit ALBERT EINSTEIN müssen sie mit der relativistischen Wirklichkeit umgehen. Und in der vierdimensionalen Raumzeit haben wir keine unmittelbare Sinneserfahrung.

»Ein extremes Beispiel einer solchen Situation finden wir in der Quantenelektrodynamik, einer der erfolgreichsten relativistischen Theorien der Teilchenphysik, in der Antiteilchen als Teilchen interpretiert werden können, die sich in der Zeit *rückwärts* bewegen. Nach dieser Theorie beschreibt derselbe mathematische Ausdruck entweder ein Positron – das Antiteilchen des Elektrons –, das sich von der Vergangenheit in die Zukunft bewegt, oder ein Elektron, das sich von der Zukunft in die Vergangenheit bewegt. Wechselwirkungen von Teilchen können in jede beliebige Richtung der vierdimensionalen Raumzeit verlaufen, vorwärts oder rückwärts in der Zeit ebenso wie nach links oder rechts im Raum.« (40/94)

Das heißt nicht mehr und nicht weniger, als daß lineare Beziehungen von Ursache und Wirkung schon deswegen nicht möglich sind, weil es ein zeitliches »Vorher« nicht gibt und auch nicht ein zeitliches »Nachher«. Alles was geschieht, ist jenseits aller Zeit untereinander verbunden. Die einfache Fragetechnik nach Kausalität ist irrelevant. Die mangelnde Bewußtheit der Komplexität des eigentlichen Geschehens ist auch im höchsten Maße mitverantwortlich für das Versagen der Menschheit, ihre eigene Welt sinnvoll zu gestalten.

Zu Recht spricht der in Wien lehrende Biologe RUPERT RIEDL in seiner *Biologie der Erkenntnis* (201) davon, »wie Menschen eine Welt verbessern wollten und sie dabei zerstörten«. Er beschreibt Versuchsanordnungen, in denen Versuchspersonen aufgefordert wurden, durch Veränderung bestimmter Faktoren in ein Gesellschaftsgefüge einzugreifen. Alle Eingriffe mündeten in die Tatsache, daß sich die Situation dieser Gesellschaft immer mehr verschlechterte und schließlich ein Bild der Zerstörung gab. Warum dies so war? Weil nur in linearen Ketten von Ursache und Wirkung gedacht wurde und, wie der Wiener Professor ausführt, die Vernetzung der Ursachen und damit die Nebenwirkungen aller Maßnahmen ungenügend und verspätet zur Kenntnis genommen wurden. Offenkundig ist das menschliche Bewußtsein noch nicht reif, die Wirklichkeit zu erkennen. Es ist eben nicht so, daß ein Geschehen die Konsequenz zeitlich vorangegangenen Geschehens ist.

Jedermann kennt die berühmte Bibelstelle (Galater 6, 7): »Was der Mensch sät, das wird er ernten.« Die Betonung des selbstbestimmenden Faktors ist unübersehbar. Blindem Zufall wie auch »unverschuldetem« Unglücksfall ist der Boden entzogen. Doch auch der deterministischen Anwendung des Kausalitätsgesetzes ist hier offensichtlich nicht das Wort geredet. Vielmehr wird so der Mensch aufgerufen, sich seiner Verantwortung bewußt zu sein, sein Schicksal selbst zu gestalten. Sind nämlich Vergangenheit, Gegenwart und Zukunft eins, bekommt dieses Bibelwort einen neuen Sinn, der auch von JESAJA (65, 24) verdeutlicht wird: »Ehe sie rufen, antworte ich ihnen.« Zuerst ist die Antwort, dann ist der Anruf; zuerst die Wirkung, dann die Ursache!

Erhellende Einsicht vermittelt auch das Markuswort (11, 24): »Bei allem, was ihr im Gebet erfleht, sollt ihr glauben, daß ihr es bereits empfangen habt, und es wird euch zuteil werden.« LADISLAUS BOROS, Theologe und Philosoph, schreibt dazu, daß die Wahrheit dieser Botschaft sich ergibt, indem die drei Zeiten miteinander vermischt sind: »das Bitten (im Präsens), das Empfangen (in der Vergangenheit) und das Zuteilwerden (im Futurum).« (32/232) Klar ist da die Irrelevanz, ja Nichtigkeit der Zeitenfolge ausgedrückt und, infolgedessen, auch die Irrealität einer Kausalität, die Zukünftiges aus Vergangenem ableitet.

Unser Problem ist das alteingeschliffene Denken in Kriterien von »Vorher« und »Nachher«. Damit versperren wir uns selbst die Möglichkeit wirklichen Erkennens. Das logische Denken der linken Gehirnhemisphäre ordnet alles nach einer strengen Zeitfolge: Zuerst ist eine Ursache, dann kommt die Wirkung. Es paßt in unser übliches Denkschema nicht hinein, wenn die Wirkung vor der Ursache da ist. Dies wird als sinnstörend empfunden. Doch im Gesamtzusammenhang des Lebens hat nur Sinn, was dem Verhaftetsein in illusionäre Zeit entrückt ist, obwohl dieser Sinn erst rückwirkend erkannt wird.

Wir sind aufgefordert, das Schicksal selbst zu gestalten

Wir träumen und planen, wir lernen und reifen, wir werten und gewichten. Vieles vollzieht sich unbewußt. Dennoch folgen wir einer inneren Vision, einem Entwurf unseres Lebens. Dabei spielen unsere Ängste ihre Rolle, aber auch unsere Hoffnungen. Aufgrund unserer persönlichen, regelmäßig auch stark gefühlsbesetzten Gewichtungen erhält das, was uns wichtig erscheint, in unserem Leben Bedeutung.

Diese Bedeutung aber bestimmt unser Schicksal. »Emotionale Intensitäten und Signifikanzen prägen die Natur der Ereignisse ... Das Universum, gleich unter welchem Namen und in welcher Manifestation, erhält seine Realität aufgrund der geordneten Abfolgen von Signifikanzen. Ihr versteht das Ordnungsprinzip nach Ursache und Wirkung; Signifikanzen aber sind nicht nach Kriterien der Kausalität geordnet.« (215/216)

Die uns geschenkte Freiheit ist entscheidend, und zwar unabhängig von allen Zeitkriterien, von Vorher und Nachher und allen »Wenn-dann«-Koppelungen. Da die Zeit einen Hilfsbegriff unserer Realität darstellt, ist mit Zeitbegriffen für die Ereignis- oder Erfahrungsabfolge ohnehin nichts zu erklären. Dies ist von größter Wichtigkeit für die erfolgreiche Meisterung unseres Lebens. Wenn vergangene Erfahrungen, vergangenes Mißgeschick, vergangenes Scheitern, *nicht* unsere Zukunft bestimmen, dann ist daraus viel Trost zu gewinnen.

Jeden Tag können wir neu anfangen. Wir sind nicht auf unsere Vergangenheit angewiesen und schon gar nicht deren Opfer. Wir gestalten Gegenwart und Zukunft, aber auch unsere Vergangenheit gleichzeitig, nämlich im gegenwärtigen Augenblick. Jenseits des Begriffes der Kausalität zu leben ist eine der großen Lebensweisheiten. Nur so gelangen wir in die Lage, in freier Selbstbestimmung den uns innewohnenden Sinn zu erfüllen ... damit uns das Leben gelinge!

4
Die Zeit – »ein sonderbar Ding«

> Dort in der Ewigkeit geschieht
> alles zugleich,
> es ist kein Vor noch Nach
> wie hier im Zeitenreich.
>
> ANGELUS SILESIUS

Seit Urzeiten haben die Menschen ihre Ohnmacht gegenüber einer unabänderlichen Vergangenheit und ihre Angst angesichts einer dunklen Zukunft empfunden. Was würden wir nicht alles dafür geben, ein Geschehnis unserer Vergangenheit ungeschehen zu machen oder zumindest verändern zu können. »Hätte ich doch damals ...!« oder »Wäre ich doch damals nicht ...!« Wie anders könnte unsere Gegenwart sein – wieviel glücklicher, wieviel erfüllter –, wäre die Vergangenheit korrigierbar! Und die Sache mit der Zukunft? Wieviel richtiger könnten wir uns verhalten, Entscheidungen treffen, Gewagtes riskieren, wenn wir wüßten, was die Zukunft bringt, uns aber eben vorenthält? Sollen wir's wagen? Sollen wir expandieren, investieren, uns konzentrieren – und wenn ja: wo, inwieweit und wie? Ist es sinnvoll, das eine oder andere anzustreben, oder wird alle Mühe vergeblich sein?

Der ohnmächtige Blick zurück, die unseren Händen entgleitende Gegenwart und das im dunklen liegende Morgen – sie scheinen Unabdingbarkeiten unserer Wirklichkeit zu sein. Ist das unsere Wirklichkeit?

Das Raumzeitkontinuum und die Gleichzeitigkeit aller Zeit

Zeit, die die Wissenschaft heute als die Krümmung in die vierte Dimension erklärt, war den Menschen immer schon rätselhaft erschienen, zumindest als »ein sonderbar Ding«, wie es HUGO VON HOFMANNSTHAL ausdrückte. Der heilige AUGUSTINUS antwortete, auf das Wesen der Zeit angesprochen: »Wenn niemand mich fragt, weiß ich es; wenn ich es dem Fragenden erklären möchte, weiß ich es nicht.« Die Zeit ist keine Wirklichkeit für sich, sondern eine Ordnungsform, also eine Vorstellung des Menschen innerhalb seiner Erscheinungswelt. Darauf nimmt schon ANGELUS SILESIUS Bezug, wenn er hellsichtig postuliert, daß das »Vor und Nach« dem Zeitenreich, das heißt dem Irdischen der materiell-körperlichen Welt, vorbehalten sei. In der Ewigkeit aber, also im höherdimensionalen Universum, geschehe alles zugleich. Der große christliche Mystiker JAKOB BÖHME spricht diese Wahrheit ebenfalls aus, wenn er sagt: »Wem Zeit wie Ewigkeit und Ewigkeit wie Zeit, der ist befreit von allem Leid.«

In den Kategorien des Absoluten gibt es weder Vergangenheit noch Zukunft, sondern nur den Augenblick, die Allgegenwart. Gott ist das ewige, das umfassende Jetzt. »Die Existenz des Universums in der Zeit muß, wenn sie richtig betrachtet werden soll, als die Einheit eines ewigen Jetzt, eines ewigen Dann und Immer angesehen werden, seine Existenz im Raum als die Einheit eines grenzenlosen Hier, Dort und Überall. Es gibt kein wirkliches Beginnen, wie es kein Ende für seine Geschichte gibt.« (34/291)

Viele Künstler haben das intuitiv erfaßt. PAUL CLAUDEL sagt: »Der Künstler erlebt sein ganzes Leben gleichzeitig. Die Ereignisse, an die er sich nicht erinnern kann, ahnt er voraus.«

Mystiker, Philosophen, Dichter wußten von der verborgenen Wahrheit des Phänomens der Zeit.

Was sagt nun die Wissenschaft? ALBERT EINSTEINS Relativitätstheorie sorgte für gründliches Umdenken. Alles das, was vorher des Menschen Vorstellung von Raum und Zeit war, wurde über den Haufen geworfen. Es gab keinen absoluten Raum mehr; auch die absolute Zeit entpuppte sich als Täuschung, als Illusion. Die »Raumzeit« entstand und mit ihr das Raumzeitkontinuum. Wollte man jetzt noch von Zeit sprechen, mußte man auch vom Raum sprechen und umgekehrt. Die Wissenschaft mußte plötzlich mit Begriffen umgehen, die einer unmittelbaren Sinneserfahrung nicht zugänglich waren. Wie großartig ist doch der Vorgriff auf diese Erkenntnis in RICHARD WAGNERS *Parsifal:* »Du siehst, mein Sohn, zum Raum wird hier die Zeit.« Und Wagner gelingt es an dieser Stelle, in einem mitreißenden Klangrausch die Metamorphose von Raum in Zeit hörbar und in einem sich verwandelnden Bild auch sichtbar zu machen!

Doch zurück zur nüchternen Naturwissenschaft, zur Physik, die mit ihren Erkenntnissen allerdings schon höchst phantastisch anmutet. Phantastisch doch, wenn, wie gesagt, sich das Positron (das Antiteilchen des Elektrons) von der Vergangenheit in die Zukunft bewegt, ein Elektron sich aber paradoxerweise von der Zukunft in die Vergangenheit bewegt! Das widerlegt die Gültigkeit nicht nur des Kausalitätsgesetzes, sondern auch des klassischen Zeitbegriffs. Zeit hat sich nach unseren überholten Begriffen von der Vergangenheit über die Gegenwart in die Zukunft zu bewegen und kann nicht umgekehrt laufen. Und doch trifft das Gegenteil zu.

Was kann ich mit dieser Erkenntnis nun anfangen? Ist nicht, wenn alle Zeit gleichzeitig ist, auch meine Zukunft schon jetzt präsent und somit erkennbar? Ein vorschnelles Ja brächte uns rasch in Schwierigkeiten. Die Zukunft ist nichts Festgefügtes, nichts Starres. Wäre sie dies, so könnte ein sensitiver Hellseher sie absolut gültig vorhersehen – um den Preis unserer Selbstbestimmung, unserer Freiheit. Um es vorwegzunehmen: Ein Hellseher kann immer nur, da die Zukunft nichts Festgefügtes ist, eine »wahrscheinliche« Zukunft sehen. Niemals aber kann er absolut Feststehendes sehen. Denn die Zukunft ist prinzipiell offen, obwohl sie in die Gleichzeitigkeit aller Zeit eingebettet ist.

In einem der noch folgenden Kapitel wird das Phänomen der außersinnlichen Wahrnehmung der Zukunft (Präkognition) noch erörtert werden. Sie hat den Sinn, den rechten Weg zu bestätigen und vor Irrwegen, vor Katastrophen zu warnen. Die als Wahrscheinlichkeit erkannte Zukunft muß nicht unbedingt eintreten. Des Menschen Wille ist frei, und wenn die Kraft seiner Selbstbestimmung stark genug ist, kann er auch seine Zukunft verändern.

Es sind unsere Vorstellungen, die Wirklichkeit hervorbringen. Wohl ist die Zukunft schon da, aber sie ist keineswegs fest geformt. Und die Vergangenheit, die angeblich so unverrückbare, unveränderliche, ist in der Tat ebenso wie die Zukunft veränderbar, einer Wandlung zugänglich. »Da wir in unseren gegenwärtigen Handlungen und Gedanken frei sind, können wir auch unsere Annahmen frei wählen, und diese jeweils neue Sicht der Welt wird diese ändern, ihre Vergangenheit wie auch ihre Zukunft.« (43/274 f.)

Welch ein Ausblick für eine neue Psychologie! »Die Psychologen fragen uns immer nach unserer Kindheit aus und nach all dem Schrecklichen, das es in der Vergangenheit gegeben hat. Immer die Vergangenheit – es ist nicht mehr auszuhalten –, immer die Vergangenheit: sie drückt uns nieder wie ein Mühlstein, den wir mit uns herumschleppen.« (83/56 f.)

Ja – der Mensch als Opfer seiner Vergangenheit! Welche Ermunterung, welcher Trost muß doch von einer Wirklichkeit ausgehen, in der die Vergangenheit keine Macht mehr über den Menschen hat. Geborgen in der Kraft des gegenwärtigen Augenblicks ist er frei, sein Schicksal zu gestalten.

Das Jenseits von Zeit und Raum als Erfahrung

Machen wir uns noch einmal klar, daß »Zeit«, wie wir sie kennen, ein Kunstbegriff unserer Erscheinungswelt ist. Sie entstand zusammen mit dem Kosmos, und es ist unerheblich, wann dies war – ob vor zehn oder zwanzig Milliarden Jahren. Zeit existiert nur für uns Menschen, ist aber sonst Schall und Rauch. Unabhängig von uns gibt es unseren Zeitbegriff nicht. Zeit ist immer nur mit der Schöpfung und dem werdenden, sich entfaltenden Bewußtsein möglich. »Die Gegenwart«, so sagt ERICH FROMM, der bekannte Psychoanalytiker, »ist der Punkt, an dem Vergangenheit und Zukunft aufeinandertreffen, eine Grenzstation in der Zeit, aber qualitativ nicht anders als die beiden Bereiche, die sie miteinander verbindet. Das Sein steht nicht notwendigerweise außerhalb der Zeit, aber die Zeit ist nicht die Dimension, die das Sein beherrscht.« (85/127)

Der Geist lebt in ewiger Gegenwart, und die ewige Gegenwart ist es auch, die mit dem Kairos gemeint ist, dem entscheidenden rechten Augenblick. Von diesem Augenblick an sind wir das bewußte Ich, von diesem Augenblick aus bestimmen wir unser Schicksal. Und dieses Wirken geht in alle Richtungen – in die Zukunft wie auch in die Vergangenheit.

»Die Tiefendimension taucht wohl nur auf, wenn die Zukunft in geheimnisvoller Weise mit der fernsten Vergangenheit zusammenfließt. Es ließe sich sogar sagen – mag dieser Gedanke zunächst noch so dunkel erscheinen –, Vergangenheit und Zukunft stürzten im Schoß der Tiefe ineinander, umschlängen einander in einem Bereich, der sich zur Gegenwart verhielte wie ein absolutes zum kontingenten Hier.« (155/260) Ewigkeit aber ist kein Zeitbegriff: »Ewigkeit kommt nicht nach der Zeit (das hieße, sie selbst zur Zeit zu machen), sondern sie ist das Andere zur Zeit, das ihr je heutig ist.« (225/20)

Einzutauchen in die Ewigkeit war stets das Ziel der Mystiker, die dadurch die Befreiung von Vergangenheit und Zukunft zu erreichen suchten. Wir sind aber im Hier und Jetzt durchaus nicht gezwungen, vor der Vergangenheit oder der Zukunft Angst zu empfinden, weil wir auf diese selbst einwirken können, und zwar von jenem magischen Augenblickspunkt aus, in dem alles in diesem Universum geschieht. Dieser Punkt unserer Freiheit, unserer definitiven Lebensentscheidung, ist sozusagen in die Gleichzeitigkeit aller Zeit eingebunden. Es führen von diesem Punkt aus Wege sowohl in die Zukunft als auch in die Vergangenheit.

»Die Vorwärtsbewegung bringt euch aus der Vergangenheit, aus der ihr hervorzugehen scheint, in die Zukunft. So verfolgt ihr scheinbar einen geraden Kurs durch die Zeit, ohne zu begreifen, daß erst die Rundbewegung des Rades – ja, eine Rundbewegung – euch erlaubt, auf dieser fortlaufenden Zeitlinie eurer Lebensstraße voranzukommen.« (215/181 f.)

Der Münchner Psychotherapeut THORWALD DETHLEFSEN hat dies mittels eines Kreises anschaulich dargestellt. In dem Kreis fließt die Gegenwart genauso in Richtung Zukunft wie auch in Richtung Vergangenheit. »Wir leben immer auf unsere Vergangenheit zu, beziehungsweise unsere Vergangenheit wurde durch unsere Zukunft bestimmt.« (52/94)

Vergangenheit und Zukunft sind zeitlich nicht voneinander getrennt. Es ist vielmehr unsere auf sinnliche Wahrnehmung gestützte Erfahrung, die diese Trennung bewirkt. Dieser zufolge treten eben künftige Ereignisse materiell-körperlich nicht zutage, bevor die »Zeit gekommen ist«. Vergangene Ereignisse treten nicht mehr hervor, weil »scheinbar ihre Zeit abgelaufen« ist. Die Wirklichkeit ist anders. Unsere Wahrnehmung kann sich auf den Gegenwartspunkt konzentrieren und hat von da aus volle Kraft, auf das scheinbare Zukünftige, aber auch auf das scheinbar Gewesene einzuwirken.

Dieses »Jenseits von Zeit und Raum« kündigte sich schon in der Traumanalyse Sigmund Freuds an. Freud spricht von der merkwürdigen Zeitlosigkeit des Unterbewußten. Carl Gustav Jung postuliert, daß das kollektive Unbewußte von vornherein jenseits von Zeit und Raum ist. In ihm, dem kollektiven Unbewußten, liege das größtmögliche empirische Äquivalent zu der religiösen Idee des Ewigen in der menschlichen Psyche. Der bekannte Wissenschaftspublizist und Professor der Psychiatrie und Neurologie Hoimar von Ditfurth schreibt, daß Zeit für einen Naturwissenschaftler eine Eigenschaft dieser Welt sei. Sie sei an die Existenz dieser Welt gebunden und ohne sie nicht vorhanden. »Sie ist keine die Welt insgesamt umgreifende, sie gleichsam ›von außen‹ bestimmende und enthaltende Kategorie. Wenn es ein solches ›Außen‹ gibt, wäre es daher erlaubt, sich dieses als in Zeitlosigkeit existierend zu denken. Von diesem in Zeitlosigkeit existierenden Jenseits aus aber wären die in unserer Welt zeitlich aufeinanderfolgenden Ereignisse nicht notwendig auf irgendeine Weise voneinander getrennt.« (54/144) Ditfurth betont übrigens, daß diese Aussagen nicht im Widerspruch zu irgendeinem Aspekt des modernen naturwissenschaftlichen Weltbildes stünden.

Welche Schlußfolgerungen sind daraus für unser praktisches Leben zu ziehen? Wir haben gehört, daß der Zeitbegriff an sich von unserer Vorstellung der Erscheinungswelt abhängig ist. Die Gleichzeitigkeit aller Zeit bedeutet keinesfalls, daß Zukunft oder Vergangenheit fixiert oder vorherbestimmt sind. Im Gegenteil: es gibt eine Unzahl von Wirklichkeiten sowohl in unserer Vergangenheit als auch in unserer Zukunft. Welche Wirklichkeit wir aus einer unbegrenzten Zahl von Wahrscheinlichkeiten zu erleben bereit sind, beruht einzig und allein auf unserer freien Entscheidung. Wie Hermann Hesse es sagt: »Wir befinden uns in einem Theater, in dem eine unendliche Zahl von Türen uns zur Wahl offensteht.« Und es mag zunächst wie ein schieres Wunder anmuten: Diese Türen stehen sowohl in der Zukunft als auch in der Vergangenheit für uns offen.

Zur Erklärung der Konsequenzen für das praktische Leben ist es leichter, uns eine Veränderung der Gegenwart durch eine wahrscheinliche Zukunft vorzustellen. Die Zukunft liegt noch vor uns, eine Veränderung ist daher sicher leichter vorstellbar.

Die Frage lautet hier und heute: Was soll ich tun, welchen Weg soll ich nehmen, welche Entscheidung soll ich treffen? Ist mein augenblicklicher Weg der für mich rechte, oder muß ich den Kurs ändern? Ein Mensch steht vor einer der Wegscheiden seines Schicksals. Die Zukunft wäre glückverheißend, könnte ein Blick in die Zukunft getan werden. Ist das aber möglich? Und wie ist es möglich? Seit jeher haben Wissende geraten: Höre auf deine innere Stimme! Achte auf deine Träume!

Wäre die rechte Gehirnhemisphäre infolge der ständigen Bevorzugung der logisch-kausal ausgerichteten linken nicht verkümmert, hätten wir es wahrscheinlich leichter. Die innere Stimme entstammt den Tiefenschichten unseres Wesens und hat deshalb Zugang zu allem Geschehen, unabhängig von Zeit und Raum. Intuitive Impulse sind daher in einer entscheidenden Situation oft ausschlaggebend. Wichtige Hinweise liefern uns auch Trauminhalte. Auch das Traumgeschehen ist ja, wie schon gesagt, Zeit und Raum unserer materiellen Welt weitgehend entzogen. Im Traum werden wir gewarnt, im Traum aber erleben wir auch vorweggenommene Verwirklichungen einer geplanten Entscheidung. Es gibt aber auch das plötzlich sich einstellende Wissen, eine spontane Eingebung, die uns zukünftiges Geschehen vor Augen führt, oder auch, weniger dramatisch, Einblicke in die Zukunft, die uns aufgrund innerer Wahrnehmung – die die Parapsychologie als außersinnliche Wahrnehmung (ASW), volkstümlich Telepathie und Hellsehen, bezeichnet – zukommen. Die ASW-Fähigkeit schlummert in jedem Menschen und kann durch geeignete Methoden aktiviert werden.

Konsultieren wir jedoch ein ASW-begabtes Medium, so ist Vorsicht am Platz. Sinn und Zweck einer solchen Konsultation ist nicht das Wissen über fix und fertige Zukunftsereignisse. Ganz im Gegenteil. Wie schon gesagt, gibt es eine starr feststehende Zukunft nicht. Es gibt aber Wahrscheinlichkeiten, und diese Wahrscheinlichkeiten fließen in die Informationen ein, die ein sensitives Medium zu empfangen vermag. Dies deshalb, weil eine fast greifbare Extrapolierung unserer Gegenwart zu dieser wahrscheinlichen Zukunft führt.

Wir können also über unsere Träume, unsere innere Stimme, unser intuitives Wissen oder aufgrund innerer Wahrnehmung etwas Wesentliches über unsere Zukunft erfahren. Da solche Informationen jedoch keineswegs bindende Vorhersagen sind – was nützen sie uns dann? Sie sollten für uns Anlaß sein, den Augenblickspunkt zur rechten Entscheidung zu nutzen.

In der Wirklichkeit unserer Wesenheit ist alle Zeit eins

Praktisch wird dies so vor sich gehen, daß wir entweder aufgrund einer Glück und Erfolg verheißenden Zukunftsschau ermutigt werden, auf unserem gegenwärtigen Weg fortzufahren. Oder – es kann ja auch umgekehrt sein – das Zukunftsbild ist düster. Schlimm? Nein! Denn das für uns freie Menschen Wunderbare daran ist: Wir müssen eine solch düstere Zukunft nicht erleben. Wir können sofort an die Veränderung unserer Zukunft gehen. Neue Entscheidungen können wir treffen, andere Menschen aufsuchen, vor allem können wir uns selbst verändern.

Es ist, wie wenn uns ein Echo von einem Ich der Zukunft aus einer fernen Zukunft erreichte, das »schon« in unserer Zeit lebt und seine eigene Gegenwart genau kennt. Wenn wir daher einstens an besagter Wegkreuzung diesem unserem vorläufig hypothetisch angenommenen Ich der Zukunft begegnen werden, können wir zurückschauend nur dankbar sein für dessen Aufmunterungen oder Warnungen. Denn wir konnten ja unsere Zukunft dadurch verändern, daß wir einen Blick hinter den Vorhang des Zeitphänomens machen durften. Die Ursache also unserer glückbringenden Veränderung liegt in der Zukunft, die Wirkung in der Gegenwart. Oder anders ausgedrückt: Wir reagieren im Gegenwartspunkt auf ein in der Zukunft liegendes Geschehen, das dann entsprechend unserer freien Entscheidung entweder eintritt – oder auch nicht.

So kann ein zukünftiges Schicksal, das bereits wahrscheinlich war, aus dem Gegenwartspunkt heraus verändert werden. Unsere Gegenwart ist nun aber für das Ich der Zukunft nichts anderes als dessen Vergangenheit. Also hat das Ich der Zukunft durch die Veränderung seiner eigenen Vergangenheit auch sein eigenes Schicksal verändern können. Das Ich der Zukunft hat eben auch nur eine wahrscheinliche und keine starre, nicht änderbare Vergangenheit.

Dieser Vorgang, der vorstehend beschrieben wurde, ist nichts Ungewöhnliches; er wird vielmehr von den bewußten, besser gesagt überbewußten Schichten unserer Persönlichkeit unentwegt praktiziert. Doch muß eingeräumt werden: Immer wenn der Begriff der »Gleichzeitigkeit aller Zeit« ins Spiel kommt, versagt mehr oder weniger der sprachliche Ausdruck. Wir sind gewohnt, jegliche Entwicklung in Form eines Zeitablaufes auszudrücken. Die Vorstellung der Gleichzeitigkeit aller Zeit im Gegenwartspunkt angesichts eines sich erst vollziehenden Prozesses erscheint uns absurd. Dennoch ist diese Wirklichkeit außerhalb der Zeitbegriffe unserer Erscheinungswelt durchaus real. Anstelle eines Zeitablaufes tritt die Zustandsempfindung eines Entwicklungs-, Reifungs- und Werterfüllungsprozesses. Eben dies aber läßt sich innerhalb unseres Sprachverständnisses kaum ausdrücken.

Unsere ganzheitliche höhere Wirklichkeit ist, wie in Kapitel 23 noch näher ausgeführt werden wird, vergleichbar einer großen vielköpfigen Familie. Das Gemeinsame aller Familienmitglieder besteht in der Zugehörigkeit zum selben Stamm, in der übergeordneten Zielvorgabe einer signifikanten Sinnverwirklichung und Entfaltung sowie einer geheimnisvollen Verflechtung und Vernetzung von Bewußtseinsinhalten aller Mitglieder dieser Familie. Obwohl sich die Familienmitglieder in sehr unterschiedlichen Stadien der Entwicklung befinden, stehen sie in ständiger Wechselbeziehung. Jede Entscheidung des einen Familienmitgliedes hat auch Auswirkungen auf alle anderen. Dennoch aber sind alle Wesenheiten unserer höheren Wirklichkeit mit Willensfreiheit ausgestattet.

Die vergangenen, gegenwärtigen und zukünftigen Manifestationen unserer Wesenheit finden gleichzeitig statt – jetzt. Doch es gibt keine definitiv abgeschlossenen Zustände. Alles fließt, nichts ist je fertig, nichts ist determiniert.

Mit unserem körperlichen Ich als einer spezifischen vollpersonalen Schöpfung entwickeln wir uns scheinbar aus unserer Vergangenheit herauf über die Gegenwart in eine für uns noch unerschlossene Zukunft. Da aber alle Zeit eins ist, leben die verschiedenen Persönlichkeiten unserer Wesenheit gleichzeitig. Sie alle sind im Gegenwartspunkt unserer Wesenheit gemeinsam präsent und können durch ihre jeweils eigene Lebensgestaltung auf alle anderen Persönlichkeiten der Wesenheit – seien sie in längst entschwunden gedachter Vergangenheit oder seien sie in kommend gedachter, erträumter Zukunft – einwirken. Es ist ja weder die Vergangenheit entschwunden noch die Zukunft erträumt.

So mag nun die Aussage vielleicht verständlicher sein, daß ein scheinbar imaginäres Ich der Zukunft auf unser Ich der Gegenwart einzuwirken vermag. Der höheren Wirklichkeit unserer Wesenheit ist ja der gesamte Erfahrungsbereich »vergangener« oder »zukünftiger« Ich-Persönlichkeiten zugänglich. Diese Einsicht ist jedoch von der Aufgeschlossenheit unseres Bewußtseins abhängig. Kurzum, wir können von der Erfahrungsfülle der Persönlichkeiten unserer multidimensionalen Wesenheit für unser gegenwärtig, hier und jetzt zu lebendes Leben profitieren!

Es kommen uns nämlich Erkenntnisprozesse anderer Persönlichkeiten unserer Wesenheit zugute, die wir in Form eigener Wandlung und somit der Veränderung eigener Entscheidungsprozesse in unserem Leben verwerten können (aber nicht müssen). Dank dieses erkenntnisgewinnenden Prozesses aus der »Zukunft« wird nun eben jene Zukunft tatsächlich verändert. Wenn unser Ich der Gegenwart infolge Reifung und Wandlung (nicht infolge Zeitablaufs) in die Lage versetzt wird, die Ebene seines Ich der Zukunft einzunehmen, dann wird infolge veränderter »Vergangenheit« auch dieses Zukunftsleben unter anderen Voraussetzungen, also *anders*, gelebt werden. Die Probleme des Ich der Zukunft wurden ja »seinerzeit« dem »damals« lebenden Ich der Gegenwart zugänglich, wodurch diesem sich zum Ich der Zukunft entwickelnden Ich der Gegenwart die Möglichkeit beliebiger Änderung und Korrektur zuteil wird.

Es gibt also die »zukünftigen« Stationen oder, besser gesagt, die Wege unserer Wanderung durch das ewige, umfassende Jetzt schon heute, schon jetzt. Diese Wege werden von den verschiedenen Persönlichkeiten unserer Wesenheit begangen, die als multidimensionale Entität zu verstehen ist. Wenn nun unser gegenwärtiges Ich mit seiner unverwechselbaren Persönlichkeit sozusagen in die »nächsthöhere« Lebensposition eines »seinerzeitigen« Ich der Zukunft eintritt und nun dieses Leben lebt und gestaltet, können die »bisherigen« Erkenntnis- und Reifungsentwicklungen mit eingebracht werden. Dies wird aber zweifellos Veränderungen in diesem neuen Leben bewirken. So »wird« dann dieses unser Leben aus solcher Zukunftserfahrung völlig anders aussehen als das Leben derjenigen Persönlichkeit unserer Wesenheit, die »einst« dieses Leben lebte und »zwischenzeitlich« längst ihr Leben in einer anderen Dimension lebt.

In den Versuch einer Erklärung solcher Wirklichkeit fließen notgedrungen ständig Zeitbegriffe mit ein, weil es eben an der dafür geeigneten Sprache mangelt, die Begrenzungen und Verzerrungen ausschlösse. In Kapitel 23 soll noch versucht werden, die Multidimensionalität unserer Wesenheit zu verdeutlichen. Dennoch werden auch dort die Grenzen unseres Sprachausdrucks das Verständnis des Gemeinten erschweren. Aber es wird klarwerden, daß die Vorgänge, die wir mit Wahrheit und Wirklichkeit umschreiben, höchst komplex sind und sich sehr wahrscheinlich der ganzheitlichen Erfassung für immer verschließen. Wir können immer nur in »strebsamem Bemühen« Teilwirklichkeiten erkennen.

Wenn wir also von der Zukunft her die Gegenwart verändern können, wird es schon viel leichter verständlich sein, daß von der Gegenwart her auch unsere eigene Vergangenheit zu ändern ist. Denn Vergangenheit ist, wie schon erörtert wurde, ja auch nur ein relativer Begriff. Vielleicht denken Sie jetzt an ein historisches Ereignis. Dieses historische Ereignis selbst ist, wohlgemerkt, nicht veränderbar. Was veränderbar ist, ist die *Vorstellung* von dieser Vergangenheit. Da aber für das Lebensentscheidende stets unsere Vorstellung bestimmend ist, muß auch hier mit einer Veränderung der Vorstellungswelt begonnen werden. Besonders wichtig ist dabei, Vergangenheitspunkte, in denen sich Wahlmöglichkeiten aufgetan haben, das heißt Erfahrungen an den berühmten »Weggabelungen«, die so oft schicksalentscheidend sind, neu zu durchleben.

Unsere Aufgabe besteht dann darin, in unserer Vorstellung eine *andere* Wahl zu treffen. Natürlich soll dies nicht nur als Denkspiel geschehen; die neue Situation unserer Wahl muß wiederholt und mit besonderer Gefühlsintensität durchlebt werden. Es werden sich dann Träume einstellen, die das vergangene Geschehen von Grund auf verändern und bewirken, daß die ursprüngliche Vorstellung von demselben allmählich verblaßt und schließlich gelöscht wird. Auf diese Weise wird nicht nur dieses bestimmte Geschehen verändert, sondern auch dessen Auswirkungen.

Wenn wir dies innerlich akzeptieren, wird durch solches Umdenken unser Leben auch in der Gegenwart positiv verändert. Hilfreich ist dabei unsere Vergegenwärtigung, daß unser vergangenes Selbst keineswegs nur eine hypothetische Wesenheit, sondern – in der Gleichzeitigkeit aller Zeit – tatsächlich präsent ist. Die Vergangenheit ist ja nichts Erstarrtes, sondern genauso unabgeschlossen und offen für die Wahl anderer Wahrscheinlichkeiten, wie auch die Gegenwart einer Veränderung von der Zukunft her offen ist. Es gehört zu echter Lebenskunst, sich nicht an eine belastende Vergangenheit zu klammern, sondern diese zum Guten hin zu verändern. Verurteilen wir unsere Vergangenheit, so hat dies unfehlbar negative Auswirkungen auf unsere Gegenwartssituation zur Folge.

Vielleicht mag der Inhalt dieser Ausführungen im ersten Augenblick etwas verwirrend klingen, zumal die ihnen zugrunde liegenden Thesen neu sind. Gelingt es jedoch, uns dieses Wissen anzueignen und zu verinnerlichen, so daß es uns zur lebendigen Erfahrung wird, so haben wir einen entscheidenden Schritt gemacht, unser Leben zu meistern. Wir können in dem Bewußtsein ruhig werden, weder unserer Vergangenheit ausgeliefert zu sein noch ohnmächtig einer dunklen Zukunft entgegenzugehen. Die kosmische Ordnung ist uns liebend zugewandt: Auch das wunderbare Räderwerk der Zeit entspringt einem Gedanken Gottes.

5
Wirklichkeit ist gedachtes Sein

> Das Wahre ist gottähnlich: Es erscheint nicht unmittelbar; wir müssen es aus seinen Manifestationen erraten.
>
> GOETHE

Wie wirklich ist nun eigentlich unsere Wirklichkeit oder, besser gefragt, das, was wir für die Wirklichkeit halten? Fest steht: Unsere Vorstellung von der Wirklichkeit ist trügerisch. Maßgebende Faktoren der von uns vorgestellten Wirklichkeit – Raum und Zeit, Ursache und Wirkung, Zufall und Polarität – haben sich als Täuschungen entpuppt. Ist die Erscheinungswelt, in der wir leben, eine Welt der Täuschung? Selbst wenn die auf dieser schönen, runden Erde von uns wahrgenommene Wirklichkeit nichts als Täuschung wäre, hätte sie doch Bedeutung und Gewicht für uns. Da überdies eine höhere Wirklichkeit diese unsere Welt geschaffen hat, muß selbst die uns vorgespiegelte Wirklichkeit tieferen Sinn und unverzichtbare Bedeutung haben.

Die wahrnehmbare Wirklichkeit ist eine Projektion der Psyche

Was wir als Wahrheit ansehen, bedeutet keinesfalls das Erfassen der Wirklichkeit. Es gibt keine unfehlbaren objektiven Kriterien der Wahrheit. Wir halten eine Erkenntnis dann für »wahr«, wenn sie sich bewährt, sich also überprüfen läßt. Hier sind wir bei einem Leitthema des Philosophen Sir KARL R. POPPER, der nicht müde wird zu postulieren, daß es »Wissen« im vollen Sinn des Wortes, somit »sicheres Wissen«, nicht gibt, vielmehr nur »Vermutungswissen«: »Es ist alles durchwebt von Vermutung.« Damit übernimmt

Popper XENOPHANES: »... sollte einer auch einst die vollkommenste Wahrheit verkünden, wissen könnt' er das nicht: Es ist alles durchwebt von Vermutung.« (185/221)

Ist unsere Sehnsucht nach absoluter Wahrheit zu stillen? Gilt nicht alles Ringen philosophischen Denkens, alles unermüdliche Forschen der Wissenschaften diesem Wahrheitsproblem? Wie schon IMMANUEL KANT sah, sind unsere Möglichkeiten begrenzt. Wann immer wir glauben, etwas wahrgenommen oder erkannt zu haben, richtet sich unsere Erkenntnis nicht nach den Gegenständen, sondern die Gegenstände richten sich nach unserer Erkenntnis. Wir erkennen also nicht die Wirklichkeit, erfahren nichts von der absoluten Wahrheit; die Wirklichkeit erweist sich vielmehr als Abbild unserer eigenen Vorstellungswelt. Die »Welt an sich« bleibt meinem Bewußtsein ein Fremdwort. Mein Denken bestimmt meine Wirklichkeit. Die uns umgebende Realität ist nichts anderes als eine Projektion unserer Psyche.

Diese Erkenntnis sollte uns nicht traurig machen, sondern uns überlegen lassen, warum dies so ist. Wäre denn angesichts des Entwicklungsstandes unseres Bewußtseins die Erkenntnis absoluter Wahrheit für uns überhaupt angemessen und richtig? Was wahr ist, muß noch lange nicht dem von uns Menschen bisher erreichten Reifezustand angemessen sein. Wirklichkeit ist stets aufgegeben, wandelbar und unabgeschlossen.

MARTIN HEIDEGGER spricht von der Wahrheit als »Entbergung des Seins«. MARILYN FERGUSON, eine Leitbild-Schriftstellerin der New-Age-Bewegung, überlegt, »daß die Art, wie wir die äußere Welt wahrnehmen, nur eine von vielen möglichen Konstruktionen darstellt. Gegensätze, die man für getrennt und unterschiedlich gehalten hat, werden als gegenseitig abhängig wahrgenommen. Kausalität, die man als linear erachtet, wird jetzt als etwas gesehen, welches das Universum durchdringt, in dem sie alles Geschehene miteinander verbindet.« (77/429) Der Philosoph und Psychologe PAUL WATZLAWICK, der sich mit dieser Frage sehr eingehend auseinandersetzte, weist nach, daß es keine absolute Wirklichkeit gibt, sondern nur subjektive, zum Teil völlig widersprüchliche Wirklichkeitsauffassungen, von denen naiv angenommen wird, daß sie der »wirklichen Wirklichkeit« entsprechen. (286/142 f.)

Offensichtlich ist jedoch jene Wirklichkeit, die wir als »zu lebende Wirklichkeit« auserwählt haben, die vorläufig für uns wesentliche Realität. Wir könnten uns nicht mit der Unendlichkeit aller existierenden Wirklichkeiten auseinandersetzen, obwohl all diese ineinanderwirken und miteinander in unauflöslichem Zusammenwirken verbunden sind.

Der Biologe J. B. S. Haldane begeistert sich daran, daß die Wirklichkeit nicht nur phantastischer sei, als wir sie uns vorstellen, sondern phantastischer sogar, als wir sie uns je vorstellen können. Unserem Erkennen sind Schranken gesetzt. Wir haben es mit einer Realität zu tun, die eine von den meisten Menschen akzeptierte Hypothese ist. Wir haben uns in souveräner Selbstbestimmung entschieden, eine bestimmte Wirklichkeit als Grundlage unseres menschlichen Lebens anzunehmen.

Das ist gut und schön und hat so seine Bedeutung. Nur müssen wir uns bewußt werden, daß wir als Beobachtende der Wirklichkeit alles das beeinflussen, was wir zu erkennen glauben. Wir reagieren auf unsere Vorstellungen von der Wirklichkeit, und unsere Erwartungshaltung verändert dann alles, was rund um uns geschieht, verändert tatsächlich unsere Realität.

Die Illusion, die Wahrheit wissenschaftlich exakt feststellen zu können, hat sich auch im religiösen Bereich schädlich ausgewirkt. Die irrige Vermutung, daß eine historisch-kritische Methode der Schriftauslegung Wahrheit im Sinne von Wissenschaftlichkeit hervorbringen müsse, hat vieles der eigentlichen Botschaft zerstört.

»In ihrer Abgetrenntheit vom Gefühl, in ihrer Isolation vom Subjekt, in ihrer Unfähigkeit, die innere, psychische Realität für unendlich wirklicher zu nehmen als die Ebene der äußeren ›Tatsachen‹, ist diese Form von ›Exegese‹ prinzipiell gottlos, sooft sie auch den Namen ›Gott‹ in ihrem Munde führen mag. In ihrer Konzentration auf das ›Wort‹ ist sie außerstande, die Welt der Bilder und Träume, der alle wahrhaft religiösen Worte ihren Ursprung verdanken, in adäquaten Sprach- und Handlungsgebärden im eigentlichen Sinne zur ›Sprache‹ zu bringen, und selbst dort, wo sie von dem ›Ereignis‹ Gottes in der Geschichte des Menschen spricht, kann sie dies nicht anders tun als in der historischen Distanz zu einer vergangenen Anschauung, an der wir Heutigen, getrennt durch den Staub der Jahrtausende, gerade nicht mehr teilzuhaben vermögen.« (61/I, 12)

Nicht die historische »Wahrheit« ist wesentlich, sondern die Botschaft, nicht das wissenschaftlich kaum beweisbare Ereignis, sondern der Sinn, die Aussage. Die Wirklichkeit erweist sich einmal mehr nicht an äußeren Fakten, sondern am inneren Sinn. Solange wir an den »Fakten« kleben, bleibt uns die innere Wahrheit verborgen. Die Wirklichkeit bleibt Geheimnis, wenn wir das Symbol, das dahinter Gemeinte nicht erkennen, nicht enträtseln können. Vergessen wir dabei nicht, daß wir selbst es sind, die diese Aufgabe zu bewältigen haben, die wir diese Sinngebung im jeweils zu Tuenden uns aufgegeben haben. »Wir: der menschliche Geist, unsere Träume, unsere Zielsetzungen«, sagt Sir KARL R. POPPER (185). »Wir sind Urheber des Werkes, des Produktes, und gleichzeitig werden wir von unserem Werk geformt. Das ist eigentlich das Schöpferische am Menschen: daß wir, indem wir schaffen, uns gleichzeitig durch unser Werk selbst umschaffen. Die Gestaltung der Wirklichkeit ist also unser Werk.«

Wie die Wirklichkeit auf uns reagiert

Jeder Mensch lebt in seiner Welt. Diese seine Wirklichkeit ist sein Standort, seine Orientierungshilfe und sein Handlungsspielraum. Von dort aus vollzieht sich sein Handeln, seine Tat. Und seine Tatentscheidungen formen seine ihm nun verändert entgegentretende Wirklichkeit um. Die Wirklichkeit reagiert auf unser Tun. Es gibt keine andere Realität als die durch unser Bewußtsein geschaffene Wirklichkeit.

»Die Wirklichkeit eures eigenen Seins kann von niemandem außer von euch selbst definiert werden.« (215/55) Wir verändern die Welt dadurch, daß wir sie in unserer eigenen Vorstellungswelt definieren. Wenn wir also unsere Vorstellungen, Glaubensüberzeugungen, unsere Hypothesen und Vorurteile von dieser Welt ändern, so verändern wir die Welt. Und damit verändern wir auch unser Leben, unser Schicksal. Wir müssen wissen, daß unsere Überzeugungen, ob sie nun richtig oder nicht richtig sind, in unserem Leben zur Geltung kommen. Das heißt nicht mehr und nicht weniger, als daß wir im Leben genau *die* Erfahrungen machen, die wir erwarten. Unsere Erwartungshaltung ist maßgeblich für den Erfahrungsinhalt unseres Lebens. Worauf wir Gewicht legen, bekommt Gewicht. Wir können eben unsere Wirklichkeit nur nach unserer Vorstellungswelt interpretieren.

Die Wirklichkeit unseres Lebens stellt das Ergebnis der körperlich-materiellen Verwirklichung unserer Gedankenwelt dar. »Der Gedanke erschafft die Realität. Darauf nimmt dann der Schöpfer des Gedankens den Gegenstand wahr, ohne die Verbindung zu sehen, die zwischen ihm und diesem scheinbar selbständigen Ding besteht. Diese Fähigkeit, Gedanken und Gefühle in physische Realität zu verwandeln, ist ein charakteristisches Attribut der Seele.« (214/109)

Was bedeutet dies letzten Endes für unser Leben, für unser Schicksal? Die Wahrheit und Wirklichkeit unseres Lebens sind ausschließlich das getreue Abbild unserer eigenen Vorstellungswelt und der daraus resultierenden Entscheidungen. Verantwortetes Sein bedeutet also stetes Bemühen, unsere Vorstellungswelt so zu wandeln, daß sinnerfülltes Leben möglich wird.

6
Wenn ihr aus den Zweien eines macht ...

Coincidentia oppositorum –
das hier zu Lernende!

Nikolaus von Kues

»... und wenn ihr aus dem Männlichen und dem Weiblichen eines macht, dann werdet ihr ins Himmelreich eingehen.« Dieses apokryphe Christuswort fordert uns zur Überwindung der Gegensätze auf. Nicht die Hinnahme der Polarität ist verlangt, noch ist eine Vertröstung des Menschen auf Einheit und Harmonie im Jenseits gemeint. Im Gegenteil: hier auf dieser Erde ist der handelnde Mensch aufgerufen, von seiner Freiheit Gebrauch zu machen, das scheinbar auf ewig Auseinanderklaffende zu harmonisieren. Nur wenn diese Harmonie zumindest im Ansatz gelingt, »werdet ihr ins Himmelreich eingehen«. Die Conjunctio oppositorum, die Vereinigung der Gegensätze, ist eine vom Menschen hier und jetzt zu leistende Aufgabe.

Da es sich um eine fast unlösbare Aufgabe zu handeln scheint, haben so manche Erlösungswege die Notwendigkeit der Überwindung der Polaritäten aufgezeigt, jedoch auch wissen lassen, daß dies im »Jammertal« menschlichen Daseins ein eitles Bemühen wäre. Sie vertrösteten den Menschen deshalb auf ein Jenseits in Harmonie, ein Jenseits ohne Gegensätze.

Die Entscheidung zwischen Gegensätzlichem – ein Lernprozeß

Unsere Welt ist erfüllt von Gegensätzlichkeiten: Höhe und Tiefe, Richtiges und Falsches, Sein und Nichtsein, Verstand und Intuition, Sein und Schein, Licht und Dunkel, Freiheit und Zwang, Leben und

Tod. Und wer denkt da nicht auch an die Polarität des Männlichen und des Weiblichen! In der chinesischen Kultur wurde Yang mit dem Männlichen und Yin mit dem Weiblichen assoziiert, und daraus folgte über ganze Assoziationsketten die Zuordnung zu Plus und Minus. Männlich war das Licht, weiblich war das Dunkel. Männlich war logisch-rationales Denken, weiblich intuitives Fühlen. Männlich war analytisch, weiblich nach einer überbauenden Synthese strebend. Männlich wurde zum Sinnbild der Aktivität, weiblich zum Sinnbild der Passivität.

Welche Auswirkungen die einstige Höherbewertung des Männlichen in der patriarchalischen Gesellschaftsordnung hervorgebracht hat, tritt in den Fehlentwicklungen der heutigen Welt anschaulich zutage. Es ist höchste Zeit, daß der Mensch lernt, die »weibliche« rechte Gehirnhemisphäre seinem Bewußtsein zu integrieren, um dadurch Gegensätzliches zu vereinigen, zu harmonisieren. Dabei gehört es zum gesicherten Wissensgut der Forschung, daß die scheinbaren Gegenpole in Wirklichkeit in jedem Menschen, wenn auch in verschiedener Gewichtung vorhanden sind. Jeder Mann hat auch weibliche, jede Frau auch männliche Komponenten.

Die inspirierte Lehre CARL GUSTAV JUNGS über den Animus und die Anima war wegweisend. Der Mensch hat demnach in sich Anlagefaktoren, die ihn durchaus dazu befähigen, das gegenpolare Du zu verstehen. Und so vermag er auch entgegengesetzte Thesen in einer zielführenden Synthese zu vereinigen.

Die wohl heikelste und auch am schwersten begreifbare Polarität ist die scheinbare Gegensätzlichkeit von Gutem und Bösem.

Was ist Gut und Böse wirklich? Und welche Abgründe haben sich vor dem mißverstehenden Menschen aufgetan? Gut und Böse ist eine Vorstellung von der Wirklichkeit im körperlich-materiellen Sein. Es ist kein göttliches Gesetz. Gut und Böse ist die notwendige Voraussetzung für menschliche Entscheidungen, also Bedingung seiner freien Selbstbestimmung. Der Lern- und Reifungsprozeß des Evolutionsweges entwickelt sich in der Entscheidung zwischen Gegensätzlichem. Am eindrucksvollsten fällt diese Wahl aber zwischen Gut und Böse aus.

Die Gegensätzlichkeit von Gut und Böse stellt keine absoluten Werte dar, sondern Lernkriterien, an denen der Mensch die Konsequenz seiner Entscheidungen sehr bald im eigenen Leben und im

Leben seiner Mitmenschen erkennt. Ihr Sinn ist nicht Strafe, sondern sie ist die notwendige Voraussetzung zur Einübung freier Willensentscheidung. Wird durch meine jeweilige Entscheidung in wesentlichen Fragen Sinnerfüllung und Harmonie in der Welt verwirklicht, so wird dieses Handeln letztlich als gut anzusehen sein. Wir sollen lernen, was mit der uns geschenkten Lebensenergie bewirkt werden kann.

»Eure Begriffe von Gut und Böse helfen euch, die Heiligkeit der Existenz und die Verantwortung des Bewußtseins zu erkennen. Außerdem geben die Polaritätsbegriffe dem sich entwickelnden Ich notwendige Richtlinien. Das innere Selbst ist sich unterdessen der existierenden Einheit sehr wohl bewußt.« (214/390)

Vor der Schöpfung hatte der Mensch keinen freien Willen, keine bewußte Ich-Individualität. Nachdem er aber vom »Baum der Erkenntnis« gegessen hatte, das heißt durch die göttliche Schöpfung Selbstbewußtsein und freie Willensentscheidung geschenkt erhielt, mußte eine Wahlmöglichkeit geschaffen werden. Diese wurde über den Weg des Guten und Bösen und des Männlichen und Weiblichen gefunden. Aus der Einheit Adam wurde die Zweiheit Adam und Eva geschaffen, und daraus dann eine Vielzahl Repräsentanten der Bipolarität, also der »Zwei«. Nochmals: Nicht als Strafe, sondern als Aufgabe und Weg.

Das Ich sucht ersehnend das mitempfindende Du. Welch beglükkende Erfüllung können doch Liebende auf dem gemeinsamen Weg finden. »Einander nur von Liebe sagen …«, einander annehmen, einander verstehen, miteinander entscheiden, miteinander durch dick und dünn gehen, Hand in Hand und der Gegensätze spottend! Wenn wir dies so empfinden, ist ein Stück Harmonie auf dieser Erde verwirklicht und damit die Welt im Innersten berührt und verwandelt. Dies stellt zugleich die Verwirklichung des Christusgebotes, die Erfüllung eines Lebensgesetzes dar.

Leider aber wurde die Polarität zu einem Inbegriff von Mißverständnissen. Da war einmal die alte esoterische Lehre: »Wie oben so unten!« Dies würde in unserem heutigen Verständnis bedeuten, daß es übergeordnete Gesetzlichkeiten geistiger Welten gibt, die uneingeschränkt auch für alle materiellen Wirklichkeiten Geltung haben. Dies ist so. Bis jetzt blieb es allerdings ein Geheimnis, welche geistigen Prinzipien auch für diese unsere Erde Geltung haben. Denn allzumal war der Mensch versucht, sozusagen aus der Umkehrung des Prinzips, im schlichten logischen Umkehrschluß, der ein Trugschluß war, auf geistige Gesetze zu schließen. Es seien nur einige wenige dieser Irrtümer genannt.

Die von unserer Erscheinungswelt abgeleitete Illusion der materiell-mechanischen Zeitfolge von Vergangenheit über Gegenwart in die Zukunft verführte den Menschen an den Glauben an eine Ewigkeit als Zeitkontinuum. Wir wissen heute, daß der Ewigkeitsbegriff besser mit der »Gleichzeitigkeit aller Zeit« beschrieben werden kann. So und nicht anders widerfuhr es dem Menschen mit dem Begriff der Kausalität, die einem Vorstellungsbild des Menschen entspricht, aber nicht der Wirklichkeit. So ist es mit dem Zufall und eben nun auch mit der Polarität.

Alles dies sind Lernmittel für unseren Aufenthalt in der materiellen Welt, die wir kennen; in der geistigen Welt sind sie in dieser Form nicht existent. Und so schloß schwaches menschliches Erkenntnisvermögen vom offensichtlich bestehenden Guten und Bösen darauf, daß es diese beiden Prinzipien auch im Schöpfergott geben müsse. Die Lehre der Manichäer von den zwei Welten und dem guten und dem bösen Prinzip in Gott war problematisch genug. Aber auch die Lehre vom guten Gott und einem entgegengesetzten bösen Prinzip hatte natürlich Konsequenzen für den Menschen. Das Fatale daran war, daß die Schwierigkeit eigener Entscheidungsfindung in diesem System einen Entschuldigungsgrund fand.

»Das, was einem Menschen half, zu seiner eigenen Wesenheit zu finden, empfand er als lebensfördernd, als gut. Was ihn davon abhielt, hemmte seine Entwicklung (Ent-Wicklung!), es war für ihn schlecht. Daß aber im Grunde niemand als er, nur er selbst allein, Urheber dieser guten und schlechten Schritte seines Lebens war, machte ihn zugleich frei und unsicher. Darum suchte er sich festzuhalten an einem Traum von der Existenz des Bösen, das ihn von außen an seiner Entwicklung hinderte. Zugleich mit der Verselbständigung des Bösen durch dessen Benennung schuf er – gleichsam als Gegengewicht – auch das Gute, das er nun ebenfalls in unbegrenztem Maße Gott zuschrieb, der darum ›allgütig‹ genannt wurde.« (182/136)

Infolgedessen sehen wir uns aufgrund dieses falschen Rückschlusses dem »Bösen« unentwegt ausgeliefert. Daraus resultierten Angst,

Hilflosigkeit und Verzweiflung. Dabei ist es doch nur mangelndes Verstehen eines Lernweges. Ideen und Überzeugungen werden durch unsere freie Entscheidung in die Lebenswirklichkeit übersetzt und vom Leben geprüft. In der konkreten Tat muß es geschehen; es kann also nicht von der Spekulation, nicht in denkerischen Prozessen und nicht im Nichthandeln vor sich gehen. Die Notwendigkeit der physischen Existenz findet ihre Erfüllung, ihre Verwirklichung in der wagenden Tat, die wertend und wandelnd in die Welt tritt. Wirkt sie in Richtung von Sinnerfüllung und schöpferischer Fülle, so wirkt sie auch in Richtung der Vereinigung des scheinbar Gegensätzlichen. Der Gegenpol des Guten ist nicht das Böse, sondern die Unwissenheit, die Ignoranz, das mangelhaft entwickelte Bewußtsein.

In einer Kundgabe drückt das Gildas (285) folgendermaßen aus: »... ihr seid es selbst, die ihr die absolut polaren Gegensätzlichkeiten erzeugt. Sie existieren in dieser Weise nicht, wenn ihr das ›kleine Selbst‹ übersteigt!«

Alles ist wandelbar, alles offen

Das Nichthandeln ist die Antwort der Angst, daß man hätte eine falsche Entscheidung treffen können, aber auch der Angst, sozusagen nur eine Alternative der Möglichkeiten zu verwirklichen und die gegensätzliche Alternative der Nichtverwirklichung, dem Nichtsein, überantworten zu müssen. Auch dies ist natürlich eine Täuschung, da prinzipiell alle Möglichkeiten durchgespielt werden können. Jede Wahlmöglichkeit bleibt offen. Die wahre Bedrohung alles Lebendigen ist nie die freie und mutige Tat, sei sie auch irrig.

Das Gespenst alles Lebendigen ist Passivität, ist das Nichthandeln, das ängstliche Sichverweigern. Die Alternative eines jeglichen Nichthandelns wird sich im Sinne des Komplementärprinzips in einer Verwirklichung der anderen, selbst nicht gewählten Wahlmöglichkeit manifestieren. Das muß sich nicht unbedingt auf unserer Bewußtseinsebene abspielen, aber immer im Sinne schöpferischer Fülle und wunderbaren Neubeginns. Nichts ist unveränderlich; alles ist offen, wandelbar, göttlicher Fülle gewärtig. Nichts bleibt ungelebt.

»Gott als den einen anerkennen heißt sich einem einzigen Gesetz unterstellen: dem Gesetz Gottes, dem Gesetz des Guten, stets am Werk und stets gegenwärtig in unserer eigenen Erfahrung. Es gibt kein Gesetz, das uns an irgendwelche bösen Umstände fesseln könnte ...« (89/60)

Wenn wir erkennen, daß die Gegensätzlichkeiten, mit denen wir tagtäglich umgehen, nur scheinbare Wirklichkeiten sind und nichts anderes darstellen als unser Vorstellungsbild von der Realität, wird unsere Seele frei. In Wirklichkeit gibt es nur eine Macht: es ist die göttliche Allmacht des Guten. Es gibt nicht die Macht des Bösen, die Gewalt über uns hätte, außer wir selbst würden ihr diese Gewalt einräumen. Wer kann uns in dieser Einsicht bestärken? Wir selbst müssen es vollbringen, an uns liegt es, durch rechte Erkenntnis den Weg unserer Sinnerfüllung zur Harmonie zu finden.

Nur im Innewerden des Einen werden wir frei

»Die sinnliche Welt ist tatsächlich eine Offenbarung des Geistes. Alles ist Geist. Materie und Geist sind im Grunde dasselbe. Illusion und Wirklichkeit sind nur intellektuelle Spielgroschen für Anfänger, die damit spielen. Dualismus ist nur für den Unwissenden. Es gibt nur das Eine.« (64/464) Der Theologe, Gnostiker und Esoteriker EWALD NÖRR sagte einmal: »Aller Dualismus hat es zu tun mit Traurigkeit, mit Trennung und mit der Endlichkeit. Nur das Bewußtsein, daß Unendliches in uns lebt, daß wir im Unendlichen leben und daß es eine innere Einheit aller Dinge gibt, führt uns dahin, daß wir selbst innerlich zur Harmonie gelangen.« (173)

Der Sozialphilosoph und Erneuerer des Chassidismus MARTIN BUBER definierte das Böse einfach mit »Keine Antwort«. »Wenn es einen Teufel gäbe, dann wäre es keiner, der sich gegen Gott entschieden hat, sondern einer, der in alle Ewigkeit zu keiner Entscheidung kommt ...« Der Esoteriker JOEL S. GOLDSMITH formuliert es so: »Der universale Glaube an die zwei Mächte Gut und Böse wird so lange in unserer Erfahrung wirksam sein, als wir individuell – wohlgemerkt, jeder für sich – den Glauben an diese beiden Mächte nicht zurückweisen ... und uns nicht eine ständige Gewißheit der einen Gegenwart aneignen, der einen Macht, des einen Seins, eines

Lebens, einen Gesetzes, in dem es böse Mächte und verderbliche Kräfte nicht gibt. Es geschieht in dieser Innewerdung der Einheit, daß wir unseren Frieden finden.« (89/55)

Wir sollten in der Gewißheit leben, daß die augenscheinlichen Gegensätze nichts anderes sind als verschiedene Facetten, die uns zu immer mehr Kreativität befähigen. Es sind in Wirklichkeit keine Gegensätze, und es ist höchste Zeit, unsere diesbezüglichen Vorstellungen zu ändern. Die Botschaft CHRISTI kündet vom guten Menschen. Er war es, der das Böse mit *Unwissenheit* entschuldigte: »... denn sie wissen nicht, was sie tun!«

Die Gefahr für uns liegt auf der Hand: Alles, was in unserem Leben geschieht, vollzieht sich im Sinne unserer Vorstellungen, unserer Glaubensüberzeugungen, unserer Vorurteile. Wenn wir weiterhin Ursache und Wirkung, Gut und Böse als unabdingbare Gesetzlichkeiten ansehen, werden sie Gesetze für uns sein, und wir werden an sie gebunden bleiben. Wir werden die Folgen dieser starren Regeln überall wahrnehmen, überall erleben, überall erleiden. Je mehr wir ihnen Gewicht beimessen, je mehr Gewicht werden diese Vorstellungen in unserem Leben bekommen und uns hindern, unser Schicksal frei zu bestimmen.

»Wo viel Licht ist, da ist auch viel Schatten.« Was kann eine solche Vorstellung allein schon in unserem Leben anrichten! Kaum glauben wir uns lichtumgeben, sind wir schon von finsterem Chaos bedroht! Welche Einengung, welche Abschnürung von der lichtvollen Wirklichkeit! Vergessen wir doch endlich all das!

Noch verhängnisvoller ist die Fehlmeinung: Wenn wir das Gute verwirklichen wollen, wird sich sehr bald auch das Böse manifestieren! »Ein Glaube an das Gute ohne einen Glauben an das Böse mag euch schlechthin als unrealistisch erscheinen. Ein solcher Glaube ist jedoch die beste Rückversicherung für euer physisches Leben und für die Zeit danach ... und doch ist ein Glaube an das Gute ohne einen Glauben an das Böse in Wirklichkeit sehr realistisch, weil er zu Lebzeiten eure Gesundheit verbessert, euch psychologisch von neurotischen Problemen befreit und euch ein Gefühl der Leichtigkeit und Spontaneität schenkt, das die Entfaltung eurer Fähigkeiten begünstigt. Nach dem Tode bietet er Schutz gegen den Glauben an Dämonen, die Hölle und gewaltsame Strafe.« (214/194)

Lassen wir uns von dieser inspirierten Weisheit höheren Bewußtseins leiten. Sie ist nichts anderes als die Bestätigung des inneren Wissens aller Zeiten. JESUS CHRISTUS selbst erschien als Verkörperung der Coincidentia oppositorum, der Einheit aller Gegensätze. Seien wir uns stets gegenwärtig, daß uns die Verschmelzung der Gegensätze durch Christus vorgelebt wurde, damit wir ihm nachleben!

7
Freiheit – das göttliche Geschenk

Freiheit bedeutet Verantwortlichkeit.
Das ist der Grund, weshalb die meisten
Menschen sich vor ihr fürchten.
GEORGE BERNARD SHAW

Es waltet ein Geheimnis um die uns geschenkte Freiheit. Verantwortetes Sein setzt Entscheidung in Freiheit voraus. Wenn der Mensch nicht frei ist, nicht frei sein Schicksal bestimmen kann, ist seine Lage fatal. Er ist all den scheinbaren Gesetzlichkeiten unterworfen, deren Widersinn in diesem Buch aufgezeigt wird. Der Determinismus, der von der kausalen Bestimmtheit beziehungsweise Vorbestimmtheit allen Geschehens ausgeht und weitgehend das wissenschaftliche Denken beherrscht, deprimiert noch heute viele, ja die meisten Menschen. Die Verfechter dieser Lehre meinen, unser Leben sei determiniert durch Erbanlagen und Umwelteinflüsse, es sei dem Zufall anheimgestellt, dem ehernen Gesetz von Ursache und Wirkung überantwortet, in die Polarität verbannt, der eigenen Vergangenheit ausgeliefert – der Mensch wird auf eine Existenz reduziert, die in sich paradox ist und jenseits jeglichen sinnvollen Zusammenhangs steht. Er ist in ein zufälliges Sein geworfen und einer dunklen Zukunft ausgeliefert.

Determinismus und Fatalismus gehen Hand in Hand

Bei all dem läßt sich wirklich nicht sagen, das wissenschaftliche Denkmodell des Determinismus sei von vertrauenerweckender Hoffnung getragen. Die alles umgreifende Angst, die tiefe, verzehrende Depression, die letzte Verzweiflung der Menschen sind folgerichtige Resultate eines solchen »vernünftigen« Zeitalters. Angesichts eines derart deprimierenden Weltbildes mutet es wirklich wie ein Wunder an, wenn auf dieser Erde noch irgendwo ein fröhliches Lachen erklingt.

Obwohl der selbstbestimmende Faktor, die Freiheit, eine Grundvoraussetzung allen religiösen Denkens sein müßte, liegt auch diesbezüglich vieles im argen. »... jedoch gereicht uns Freiheit immer noch eher zum Fluch denn zum Geschenk. Wir erkennen in ihr noch immer nicht den Ausdruck göttlicher Liebe und göttlichen Vertrauens. Im Gegenteil, wir verwenden die fatalen Ergebnisse eben dieser Besinnungslosigkeit noch gegen Gott und lasten ihm die Verantwortung für alles Gräßliche, das wir selbst auf dieser Erde inszenieren, auch noch im einzelnen an. Von dort ist es nur noch ein kleiner Schritt bis zum Totalverzicht auf eigene Verantwortung und zu einer Anklage, die Gott für sämtliche Übel dieser Welt zur Rechenschaft zieht, alle Formen der Krankheit und des Leidens einbezogen. Wir meinen, den Hauptschuldigen gefunden zu haben.« (105/110 f.)

All dies führt den Menschen schließlich zu der Überheblichkeit der Theodizee, der vermeintlich notwendigen Rechtfertigung und Entschuldigung Gottes, daß er in dieser Welt soviel Leid und soviel Böses zugelassen hat. Und es geht leider noch darüber hinaus. Oft meint gerade der gläubige Mensch, daß Leid nicht nur von Gott zugelassen sei, sondern durch Gottes Willen über ihn oder andere Menschen verhängt werde. Welch ein Mißverständnis, welch ein Widersinn und welch eine Verkennung göttlicher, teilnehmender Liebe!

Von diesem Fehlglauben aus ist es dann nur noch ein Schritt zum Fatalismus, ein kurzer Augenblick nur zum unerbittlichen »So mußt du sein, dir kannst du nicht entfliehen!« Leider ist dieses orphische Urwort GOETHES immer wieder mißverständlich zitiert worden. Die einmal geprägte Form und die Geburtskonstellation sind für das von uns gewählte Dasein, für dieses zu lebende Leben sicherlich nicht mehr änderbar. Wir sind jedoch dazu aufgerufen, seinen Sinn zu erfüllen, den von uns übernommenen Lebensaufgaben nachzukommen, unsere Lernprozesse zu absolvieren. Daß selbst dies mit Fremdbestimmung nichts zu tun hat, sondern frei gewähltes Leben ist, wird wohl die Krönung der Erkenntnis der uns geschenkten Freiheit sein.

»Wenn alles streng determiniert, also vorbestimmt ist, was hat es dann für einen Sinn, sich anzustrengen, Risiken auf sich zu nehmen; wie kann ich für mein Tun verantwortlich gehalten werden, was hat es dann mit Moral und Ethik auf sich?« Der österreichische Philosoph und Schriftsteller PAUL WATZLAWICK weist übrigens in diesem Zusammenhang auch darauf hin, daß der aus einer solchen Haltung resultierende Fatalismus noch an einer argen Paradoxie leidet. Um sich dem Fatalismus zu verschreiben, muß man eine nichtfatalistische Entscheidung treffen, muß man sich »in einem Akt freier Wahl zur Ansicht entscheiden, daß alles, was geschieht, voll vorausbestimmt ist und es daher keine freie Wahl gibt«. (286/212)

Nun, nicht nur der religiös verankerte Mensch weiß sich vor Gott und seinem ihm geschenkten Leben verantwortlich und deshalb mit Entscheidungsfreiheit ausgestattet. Selbstverständlich weiß auch der philosophierende Mensch, daß er sich nur dann ethisch oder moralisch schuldig machen kann, wenn er Handlungen aus freier Willensentscheidung setzen oder unterlassen kann. Und für den Juristen gilt die Willensfreiheit, im Sinne des Strafrechts die Zurechnungsfähigkeit, als eine selbstverständliche Voraussetzung für jede Schuld. Er weiß, daß diese Schuldfähigkeit nur aufgrund vorübergehender dauernder Bewußtseinsstörungen und geistiger oder seelischer Krankheitszustände beschränkt oder aufgehoben werden kann, Zustände also, die dem Menschen eine freie Willensentscheidung verunmöglichen.

Ewig lastende Schuld oder Herausforderung?

Immer wieder stellen sich Menschen, insbesondere Christen, die Frage: Bin ich schlecht? Ist der Mensch schlecht? Müssen wir, ausgestoßen vom Paradies, im Jammertal dieser Welt leben, weil wir schlecht sind? Ist die Frucht der Erkenntnis verschuldetes Schicksal, ewig lastende Schuld? Ist Angst die Folge der Ursünde? Gewiß – es handelt sich um einen Mythos, eine Legende. Doch auch Legenden haben ihren Sinn. So vieles, was uns überliefert ist, kann unserem heutigen Wissen zufolge so, wie es dargestellt wird, gar nicht geschehen sein, ist also historisch nicht denkbar, geschweige denn nachgewiesen. Dennoch und vielleicht gerade deshalb tragen solche

Überlieferungen eine Botschaft weiter. So muß auch die Botschaft dieser Legende von Schuld und Bestrafung ihrem wahren Sinn nach erkannt werden.

Wie sollten denn die ersten Menschen schuldig geworden und deshalb mit bitterster Strafe für sie selbst und alle ihre Nachkommen bedacht worden sein, wenn das Bewußtsein für die Schuldhaftigkeit ihres Tuns nicht geweckt war? Um schuldhaft handeln zu können, muß vorher Erkenntnis da sein. Vom Baum der Erkenntnis sollten sie ja eben nicht essen. Erst als sie es doch taten, wurde ihnen Erkenntnis zuteil, und erst damit hätte der Mensch die Wahl gehabt, sich zu entscheiden.

Tatsache ist, daß infolge dieser Überlieferung sich des Bewußtseins des Menschen eine Schuld bemächtigte, die für viele zur Lebenswirklichkeit wurde. Die Folge des Schuldgefühls ist Angst vor einem nicht beeinflußbaren, dunklen Schicksal, der Mensch fühlt sich getrennt von Gott. PAULUS hat es anders verkündet: »Ihr habt doch nicht einen Geist empfangen, der euch zu Sklaven macht, so daß ihr euch noch immer fürchten müßt, sondern ihr habt den Geist empfangen, der euch zu Söhnen (und Töchtern) macht. Den Geist, in dem wir rufen: Abba – Vater!« (Römer 8, 15)

Es handelt sich um die symbolische Darstellung der Geburt des Bewußtseins. Die Trennung von Gott im Bild des Vaters seiner Geschöpfe ist keine Strafe! Ganz im Gegenteil: es ist der ureigentliche Gnadenakt der Schöpfung! Infolge dieser Schöpfung ist der Mensch ein freies, selbständiges Wesen. Aufgrund der ihm geschenkten Freiheit trägt er aber auch die Verantwortung für sein Schicksal. Als erkenntnisfähiges Geschöpf kann er unterscheiden und wählen.

Jetzt sollten wir auch verstehen, warum sich der Mensch nach dem einstigen Paradies zurücksehnt. Es ist der Raum der Geborgenheit des noch ungeborenen Wesens in Gott, bevor noch Gott seinen Traum einer von ihm unabhängigen Schöpfung verwirklicht hat. Der Mensch ist daher nicht gefallen; er wurde von Gott, indem er ihn mit eigener Individualität, Erkenntnisfähigkeit und freier Entscheidungswahl ausgestattet hat, erhöht und ermächtigt.

Mit dem vorstehend zitierten Auszug aus seinem *Brief an die Römer* hat PAULUS einmal mehr versucht, gegen die alte erbsündige Angst vor Gott aufzutreten. Natürlich empfindet der heranreifende Mensch die ihm geschenkte Freiheit oft als Last. Erkennt er doch immer mehr, daß er selbst nun für sein Schicksal verantwortlich ist, und so fürchtet er auch die Möglichkeit, in Irrungen und Wirrungen hineinzugeraten, in Schuld und Scheitern. Es ist höchste Zeit, daß der Mensch sich endlich von dieser Urangst befreit. Er ist nicht schuldig geboren, sondern gesegnet. Wir können heiter und gelassen sein, ganz einfach weil wir *sind* und jeder einzelne von uns einen Grund hat, warum er auf dieser Erde lebt.

Und dieses Leben hat Sinn. Wir sind als Geschöpfe Gottes ins Leben gerufen, um unsere Aufgaben in diesem Leben zu bewältigen. Dies wird uns aber in viel höherem Maße gelingen, wenn wir erkennen, daß unser Leben ein gesegnetes Leben ist, und wenn wir diese wahre Herausforderung annehmen.

Freisein als Voraussetzung menschlicher Sinnerfüllung

Erst die Freiheit gibt den Menschen die Chance, die Welt zum Besseren zu verändern. Und nur diese Freiheit befähigt uns Menschen, uns selbst zu wandeln. Diese beiden Ziele aber sind Inbegriff menschlicher Sinnerfüllung, Aufgabe und Verantwortung. »Freiheit ist die höchste Form des Selbstbesitzens. Zugleich ist aber zu bemerken, daß Freisein ›sein eigenes Schicksal sein‹ bedeutet. Frei ist, wer das in ihn ›Geschriebene‹ bis zum letzten erfüllt.« (25/81)

Leben heißt Probleme lösen. Probleme können aber nur gelöst werden, indem wir zu einer Entscheidung finden und zwischen gegebenen Möglichkeiten wählen. Zu den Wesenszügen des Menschen gehört, wie der Wiener Neurologe und Psychiater Viktor E. Frankl sagt, »seine ewige Unabgeschlossenheit und Sich-selbst-Aufgegebenheit: seine Wirklichkeit ist eine Möglichkeit, und sein Sinn ist ein Können. Niemals geht der Mensch in seiner Faktizität auf. Menschsein – so könnten wir sagen – heißt nicht faktisch, sondern fakultativ sein!« (83/217)

Der Mensch ist ein ständig auswählendes Wesen und deshalb frei, seinem Leben eine eigene, unverwechselbare Note zu geben. Seine Sehnsucht geht dahin, das »Mensch, werde wesentlich!« in seinem Leben zu erfüllen, seinen Idealen nachzustreben, die Vision des Einmaligen und Unverwechselbaren glücken zu lassen. Im Vollbesitz seiner Freiheit ist es dem Menschen vergönnt, durch kühnes

Wagen Einmaligkeit zu erlangen. LADISLAUS BOROS spricht einmal davon, daß die Freiheit im Grunde nichts anderes sei als die Fähigkeit, sich in seiner endgültigen Gestalt »auszeugen« zu können. Wozu ich hinzufügen möchte, daß diese »Endgültigkeit« eine im Zeichen ewigen Frühlings konstante »Unvollkommene« bleibt im Sinne von »immer weiter zu neuen Ufern«!

Wenn wir uns mit GOETHES Leitspruch »Wer will, ist dem nicht alles möglich?« unserem Lebenssinn, unserer Berufung, dem an uns ergangenen Ruf öffnen, geschieht etwas Heiliges. Wenn wir uns bis zur letzten Phase unserer Existenz unserem Ideal widmen, gelangt vieles in Bewegung. Auf geheimnisvolle Art stimmt plötzlich alles. Die Ereignisse kommen »wie gerufen«!

Das Schicksal neigt sich uns zu, und alles gelingt. Es mag wie ein Wunder erscheinen. Und dennoch ist es nichts anderes als das Abwerfen der Ketten und die Neubesinnung auf die uns geschenkte Chance, unser Schicksal selbst zu gestalten und unser Leben nach unseren Vorstellungen zu verwirklichen. Diese Vorstellungen sind es einmal mehr, die den entscheidenden Wendepunkt darstellen. Wir müssen uns der eigenen Kraft bewußt werden – in der Gewißheit, daß wir würdig sind, im Licht göttlicher Liebe unser Leben nach unseren eigenen Vorstellungen gestalten zu können.

Der Philosoph und Begründer einer revidierten Astrologie THOMAS RING bekennt: »Ich bin die selbstbestimmende Mitte innerhalb meines Schicksals.« Immer wieder werden wir in seiner Lehre darauf hingewiesen, daß unser Verhalten nicht festgelegt ist und der ethischen Selbstbestimmung offenbleibt. IMMANUEL KANT sieht in der Willensfreiheit »das Vermögen, die Motive des Wollens schlechthin hervorzubringen«. Der katholische Theologe und Sozialethiker JOHANNES MESSNER definiert in seiner *Kulturethik* (159): »Das Vermögen des Menschen zur Selbstverwirklichung ist sein Wille als Selbstbestimmungsmacht.« Und er fährt fort: »Die Willensfreiheit ist demnach das Vermögen des Menschen zur Selbstverwirklichung in seinem wahren Selbst ... die Willensfreiheit ist eine Fähigkeit des Willens zu der Verantwortung des Menschen für sein dem wahren Selbst entsprechendes Verhalten.« PAULUS wird nicht müde zu bekräftigen, daß JESUS CHRISTUS uns zur Freiheit freigemacht hat: »Alles ist mir erlaubt. Jedoch nicht alles fördert. Nicht alles baut auf.« (Galater 5, 13)

»Freiheit ist also nicht nur ein Ethos, sondern eine Lebenskraft, die den Menschen aus der Gewalt der Mächte herausführt und ihn auf die anbrechende Gottesherrschaft ausrichtet. Auf dieser Basis erst kann sich jenes Ethos entwickeln, das man mit Recht als ›eschatologisches Ethos‹ ... bezeichnet hat.« (175/315) Unser Geist ist frei, wir sind die Herren unserer eigenen Entwicklung und haben freie Entscheidungswahl. Das postulierten schon die Mystiker JAKOB BÖHME und MEISTER ECKHART, aber auch EMANUEL SWEDENBORG. Der Philosoph und Religionskritiker BARUCH DE SPINOZA versteht unter Ethik die »Eroberung der Freiheit«. Aber der Mensch muß sich mehr darum bemühen, als die meisten Menschen zu tun bereit sind. KARL RAHNER, der große christliche Denker und Philosoph, erkennt: »Indem der Mensch durch seine Transzendenz ins Offene gesetzt ist, ist er gleichzeitig sich selbst überantwortet, ist er nicht nur erkennend, sondern handelnd sich selber anheim- und aufgegeben und erfährt er sich in dieser Überantwortetheit an sich selbst als verantwortlich und frei.« (194/46)

Auf den Zusammenhang zwischen Freiheit, eigener Berufung und Handeln weist nachdrücklich ANTOINE DE SAINT-EXUPÉRY hin: »Es gibt keine Freiheit außer der Freiheit, die einer erfährt, wenn er seinen Weg in Richtung auf irgend etwas nimmt.« Der eigene Weg, das ist das Berufensein zu einem Lebensziel hin – und ist das notwendige Handeln.

Der Begriff der Freiheit birgt schließlich immer die Offenheit auf eine nicht vorbestimmte Zukunft hin in sich. Nichtvorherbestimmtheit, Nichtvoraussehbarkeit bedeuten keinesfalls Chaos. »Alle Ordnung entspringt den schöpferischen Elementen der Nichtvorhersehbarkeit. Tatsächlich ist das Verhalten eines Individuums in eurem Universum nur ›vorhersehbar‹, weil ihr euch auf so begrenzte Ausschnitte eurer Wirklichkeit konzentriert.« (213/I, 240)

Der Mensch ist in seiner Zukunft vor allem deshalb »vorhersehbar« und kalkulierbar, weil er sich nur einem engen Spektrum seiner Möglichkeiten voll und ganz hingibt. Der Prognose offen sind nur die Fortschreibung der eigenen Anlagenstruktur und die Befangenheit in bestimmten Vorstellungskategorien. Diese beiden Faktoren also sind dafür verantwortlich, daß wir so vieles »vorhersehen« können. »Vorhersehbarkeit ist bloß ein anderes Wort für Signifikanz.« (213/I, 60)

Wir gestalten unser Leben aus der Fülle unserer Vorstellungen, denen wir Gewicht beimessen. Alles, was in der von uns selbst geschaffenen inneren Welt Bedeutung hat, kommt im Leben zur Geltung und ist der Prognose offen. Je mehr sich das Bewußtsein weitet, der Erkenntnisrahmen sich öffnet, die Augen sehend werden, die Gewißheit wächst, daß wir gesegnete Wesen sind, wandelt sich die scheinbar eindeutige Möglichkeit der Vorhersagbarkeit in eine Unermeßlichkeit der Wahlchancen und mündet so in die Offenheit zukünftigen Schicksals im Sinne der Selbstbestimmung aus. Wir werden uns der reichhaltigen Chancen bewußt, die uns im Leben offenstehen. Wir sind niemals gezwungen, niemals determiniert und niemals Opfer.

Aus der uns geschenkten Freiheit erwachsen uns nicht nur Verantwortung, sondern auch beglückende Freude und pulsierendes neues Leben. Alles Bewußtsein sehnt sich nach Ausdruck, nach Leben. Das Geschenk der Freiheit hat daher einen unmittelbaren Sinn. Alles Leben will ausgekostet sein, will gelebt sein. Aufgrund unserer Entscheidungsfreiheit haben wir die Möglichkeit zu lernen. Wenn wir falsche Entscheidungen treffen, wird uns das Leben korrigieren. Wir werden anhand der darauffolgenden Erfahrungen erkennen können, welche eigentliche Richtung wir hätten einschlagen sollen; wir haben die erneute Chance, uns zu wandeln und nunmehr die rechte Entscheidung zu treffen.

Entscheidend sind Erkenntnis und Urvertrauen

Die Freiheit ist uns aufgegeben, aber so oft fängt der Mensch mit der Freiheit nur das Falsche an. Auch sind die Ratschläge, die er aus Werken der Lebenskunst erhält, oft allzu einfach. Mit »positivem Denken« ist zwar durchaus das Richtige gemeint, doch müssen zuerst Grundvoraussetzungen erkannt, verinnerlicht und erarbeitet werden, bevor positives Denken zu positivem Handeln führen kann. Ich werde auf die praktischen Aspekte noch näher eingehen, die sich aus der in diesem Buch entwickelten neuen Weltsicht ergeben. Einige Grundvoraussetzungen sollen aber jetzt schon aufgezeigt werden.

Handeln in freier Selbstbestimmung kann der Mensch nur dann, wenn er die notwendigen Erkenntnisse hat und seine Vorstellungswelt entsprechend ändert. Sonst ist trotz guten Willens und trotz positiven Denkens die Gefahr des Scheiterns eher groß.

Am Anfang allen Beginnens steht das Urvertrauen in eine kosmische Ordnung, die keinen absurden Zufall kennt und kein sinnloses Schicksal zuläßt. Ich setze mein Vertrauen in eine Welt jenseits kausaler Vorbestimmtheit, in eine Schöpfung, die mir die Herrlichkeit freier Entscheidung einräumt. So kann ich meinen Lebenssinn erfüllen, unabhängig von meinem Herkommen und meiner Vergangenheit.

Wahre Freiheit gedeiht nur auf dem Boden dieses Urvertrauens zum Leben selbst. Unsere Vorstellungswelt wird sich also wandeln müssen. Dies ist eine der Voraussetzungen für den rechten Gebrauch unserer Freiheit.

Die andere Voraussetzung ergibt sich wie von selbst aus der Forderung nach der Sinnerfüllung dieses Lebens. Ich muß wissen, wer ich bin und was ich hier soll. Das Mahnwort »Erkenne dich selbst!«, das einst den Besucher des Apollontempels zu Delphi aufrüttelte, gilt noch heute. In Kapitel 9 werde ich die Möglichkeiten der Selbsterkenntnis aufzuzeigen versuchen. Selbsterkenntnis ist für die Meisterung unseres Lebens unentbehrlich.

Wir haben uns hier und jetzt Ziele gesteckt, die es zu erreichen gilt. Wie es KARL JASPERS, der Begründer der Existenzphilosophie, ausdrückt: »Unserer Freiheit werden wir uns bewußt, wenn wir Ansprüche an uns anerkennen.« Tatsächlich handelt es sich um etwas Großartiges, dem Anspruch an uns zu entsprechen, Freiheit in wagende Tat umzusetzen und dabei uns selbst, aber auch die Welt zum Besseren zu verändern.

8
Wissenschaft ohne Sinn, ohne Ziel?

> Wer will was Lebendiges erkennen und beschreiben,
> Sucht erst den Geist herauszutreiben,
> Dann hat er die Teile in seiner Hand,
> Fehlt, leider! nur das geistige Band ...
>
> GOETHE

Nein, die folgenden Überlegungen sollen in keiner Weise die großartigen Errungenschaften der Wissenschaft schmälern! Ihr ist es doch zu verdanken, daß sich unsere Lebenserwartung seit kurzem um rund zwanzig Jahre erhöht hat. Moderne Technologie führte, zumindest in den Industriestaaten und im allgemeinen, zu stark gestiegenem Lebensstandard und wachsendem Wohlstand. Seuchen wurden ausgerottet, Krankheit und Schmerz erfolgreich bekämpft. Die heutige Operations- und Gentechnik bewerkstelligt fast Unmögliches, und das anbrechende Computerzeitalter verheißt geradezu das Ende allen Arbeitsleides. Auch darf nicht übersehen werden, daß wir dem wissenschaftlichen Denken die Ablösung von vielen Auswüchsen mittelalterlichen Aberglaubens verdanken. All dies sei hier nur beispielsweise und stellvertretend für die Fülle der Leistungen genannt, für die wir großen Wissenschaftlern zu danken haben.

Doch hinter dem schönen Bild der Fassade traten nach und nach Probleme zutage, die, vom heutigen Augenblick aus beurteilt, als fast unlösbar erscheinen müssen. Waren die wahllosen Eingriffe in die Natur nicht letztlich verhängnisvoll? Warum herrschen soviel Hunger und soviel Not in der Welt? Bot die Erfindung immer schrecklicherer Waffen einen Ausweg aus den weltpolitischen Krisen? Muß es nach dem Unglücksfall von Tschernobyl, der wissenschaftlicher Statistik zufolge nur einmal in zehntausend Jahren vorkommen dürfte, aber im April 1986 die Welt erschütterte, zu weiteren nuklearen Katastrophen kommen? Und wo denn wird die Genmanipulation ihre Grenzen finden? Was soll das frivole Spiel mit »Leihmüttern«? Warum ufern Drogensucht und Verzweiflung über die Sinnlosigkeit des Lebens aus? Trug das wissenschaftliche Weltbild bei, den Menschen in seiner Wesentlichkeit glücklicher zu machen? Wies es ihm den Weg zu sinnvollen Zielen?

Nun, ich habe nicht die Absicht, all die belastenden Menschheitsprobleme zu erörtern, die es zu lösen gilt. Es gibt dazu eine reichhaltige einschlägige Literatur. Mir geht es darum herauszustellen, worin die Wurzel allen Übels zu suchen ist. Warum stößt die Wissenschaft heute überall auf die Grenzen der Machbarkeit, auf Grenzen, die mit herkömmlichem Denken und mit herkömmlichen Methoden offensichtlich nicht zu überwinden sind? Woran krankt also unsere Wissenschaft?

Beweisbarkeit: Fetisch des Intellekts – Geist will Erleuchtung

Angesichts solcher Überlegungen sollen vor allem profunde Denker und anerkannte Wissenschaftler zu Worte kommen. Sie vermitteln uns in der Zusammenschau ein Bild der Wirklichkeit, das bereits die Ansätze des Aufbruchs zu neuen Ufern enthält.

Martin Heidegger warnte: »Die Wissenschaft denkt nicht.« In der Sprachgewalt seines Philosophierens hieß es auch: »Das Bedenkliche in dieser bedenklichen Zeit ist es, daß der Mensch noch nicht denkt!« Ist es wirklich richtig, daß der wissenschaftliche Mensch nicht denkt? Im Spiel ist die alte Verwechslung zwischen Intellekt und Geist, auf die schon Carl Gustav Jung hinwies: »Geist ist etwas Höheres als Intellekt, indem er nicht nur diesen, sondern auch das Gemüt umfaßt. Er ist eine Richtung und ein Prinzip des Lebens, das nach übermenschlichen, lichten Höhen strebt ...« (115/277 f.)

Der Intellekt nämlich strebt lediglich nach beweisbaren Theorien, der Geist aber nach Erleuchtung.

Der Wiener Physiker Herbert Pietschmann meint kritisch: »Statt auf die Möglichkeit gemeinsamer Erkenntnisse zu achten, erklärten sie [die Menschen] Messen, Objektivieren und Vereinfachen selbst schon zum Ziel und alle dadurch gewonnenen Ergebnisse als allgemein verbindlich, unabhängig davon, ob sie andere überhaupt interessierten oder ihnen gar auf ihrem persönlichen Weg helfen konnten ... So mußten Messen, Objektivieren und Analysieren zum Sinn aller menschlichen Tätigkeit überhaupt erklärt werden.« (182/192)

Das alte wissenschaftliche Postulat, alles, was meßbar ist, zu messen und, was nicht meßbar ist, meßbar zu machen, war eine gewollte Reduktion, mündete aber in einen schmerzlichen Reduktionismus. Der Geist blieb ausgeklammert; unberücksichtigt auf der Strecke blieben Sinn und Ziel. Und da der Zufall das Gegenteil des Zweckes ist, meinten Materialisten wie der durch seine Arbeit am Pasteur-Institut in Paris bekannt gewordene physiologische Chemiker und Nobelpreisträger JACQUES MONOD, »der Mensch möge endlich begreifen, daß er in dieser Welt weder Sinn noch Zweck haben kann«. Dagegen wandte zu Recht RUPERT RIEDL ein, daß »unverträglich damit aber allein schon unser Erleben des Zwecks, unser Gefühl, daß das nicht stimmen kann, ist«. (201/166)

Sir KARL R. POPPER hat, wie schon dargelegt wurde, darauf hingewiesen, daß Wissen im vollen Sinn des Wortes »sicheres Wissen« sein sollte. Da es aber kein sicheres Wissen gebe, werde uns immer nur Vermutungswissen zuteil: »Es ist alles durchwebt von Vermutung.« Ihm haben wir die prinzipielle Entdeckung zu verdanken, daß es keine »wahren« Theorien, keine »wahre« Erkenntnis gibt. Wissenschaftliche Thesen könne man nicht verifizieren, sondern ausschließlich falsifizieren, also nicht in ihrer Richtigkeit beweisen, sondern nur allenfalls widerlegen.

Seit GALILEI, DESCARTES und NEWTON wurde objektive Meßbarkeit und nachprüfbare Quantifizierung das dominierende Paradigma der Naturwissenschaft. Das Universum bestand aus Materie und funktionierte wie eine Maschine. Dieses Funktionieren nach mechanischen Gesetzen konnte erforscht werden, wohlverstanden: indem man das Ganze in Teile zerlegte. Die Phänomene, die man fand, hatten dann aber leider keinen sinnvollen Zusammenhang mehr. Und auf dieses »fehlende geistige Band« eben wies GOETHE in den eingangs dieses Kapitels zitierten Versen aus seinem *Faust* hin.

»Kann es eine Naturwissenschaft geben, die nicht ausschließlich auf Messungen beruht? Kann es ein Verständnis der Wirklichkeit geben, das Qualität und Erfahrung einbezieht und dennoch wissenschaftlich ist?« fragt der Atomphysiker FRITJOF CAPRA, und er bejaht diese Frage (40/422). Verhaltensforscher KONRAD LORENZ räumt ein: »Es ist ein bei nicht biologisch denkenden Philosophen weitverbreiteter Irrtum zu meinen, wir seien imstande, uns durch den bloßen ›Willen zur Objektivität‹ von allen persönlichen, subjektiven, einseitigen Stellungnahmen, Vorurteilen, Affekten usw. zu befreien und uns zu dem Standpunkt allgemein gültiger Urteile und Wertungen zu erheben.« (153/12). Und WERNER KARL HEISENBERG ermahnt uns, wir sollten uns darüber im klaren sein, daß die Forschung nicht die Natur schlechthin, sondern nur einen durch Methode und Fragestellung gegebenen Ausschnitt der Natur umfaßt. KURT HERBERTS, Schriftsteller und selbst auch Forscher, stellt bedauernd fest: »Gibt man einem Forscher einen Zweig blühender Rosen in die Hand, wird er ihn in sein Laboratorium mitnehmen, die Gewebe und Zellen untersuchen, zur chemischen Analyse übergeben und schließlich bei Kohlehydraten, Eiweißen, Fetten und Nukleinsäuren enden ... Doch die Rose als solche blieb aus dem Spiel. Sie ist für den Forscher gleichsam gar nicht existent.« (105/85)

Die Wirklichkeit läßt sich nicht auf das Meßbare reduzieren

Die orthodoxe Naturwissenschaft hat im Universum nur die materielle Wirklichkeit der Erscheinungswelt erforscht (so, wie sie uns eben erscheint). Es gab für sie nichts außer Materie und Energie. Geist oder Bewußtsein wurden als Epiphänomene, als zufällige Nebenprodukte der Materie angesehen. Ohne Materie konnte sich die Naturwissenschaft Geist oder Bewußtsein nicht vorstellen. Geist oder Bewußtsein durfte es, da nicht vorstellbar, ohne Materie ganz einfach nicht geben. Dieser Reduktionismus beherrscht noch heute wesentliche Bereiche der Naturwissenschaft.

Der Geist, so meinte man ziemlich vermessen, sei aus immer komplexeren Strukturen der Materie hervorgegangen. Natürlich konnte keine Erklärung gegeben werden, wie durch eine Addition von Materieteilchen, die selbst ohne Geist seien, plötzlich, wie aus dem Nichts, Geist hätte »entstehen« können. KONRAD LORENZ führte zu solchen qualitativen Sprüngen in der Natur den Begriff der

»Fulguration« ein. Wie ein Blitz sei plötzlich etwas qualitativ Neues da.

Wie dies alles zu erklären sei, verschweigt uns die Wissenschaft, und sie muß das auch, da mit den Mitteln rationalen logischen Denkens hier nichts, aber auch gar nichts gewonnen werden kann. Solange die Wissenschaft noch auf dem Postulat beharrt, daß Materie den Geist erschafft, kann ein Ausweg aus der Misere nicht gefunden werden. Der Begriff »Geist« ist der positivistisch orientierten Naturwissenschaft überhaupt odios. »Die naturwissenschaftliche Methode beschränkt sich ... in der Tat auf die Erforschung materieller und räumlich ausgedehnter Systeme und Zustände. Insofern ist sie ohne Frage ›materialistisch‹.« HOIMAR VON DITFURTH geißelt die »ideologische Berufskrankheit« der Naturwissenschaftler, die zu »der grotesken Überzeugung führen kann, daß es geistige Phänomene in Wirklichkeit überhaupt nicht gebe. Ein konsequenter Behavourist erklärt ungerührt sogar die eigene psychische Selbsterfahrung zur bloßen ›Illusion‹.« (54/252 f.)

Der amerikanische Verhaltensforscher JOY FORRESTER bekennt, es sei sein Grundthema, »daß der menschliche Verstand nicht dazu geschaffen ist, das Verhalten von Sozialsystemen zu verstehen. Wenn der Mensch antrete, die Welt zu verbessern, ist das Resultat die Zerstörung derselben.«

Der große Astronom und Physiker Sir ARTHUR EDDINGTON wies schon 1931 in seinem »Gleichnis von den zwei Schreibtischen« auf das sich offenbarende Paradoxon hin: der Tisch, wie er uns erscheint, und der Tisch, wie ihn der Physiker erkennt. Für den Physiker besteht er nämlich aus nichts als aus leerem Raum, aus schierem Nichts, von unvorstellbar kleinen Teilchen durchsetzt, von Elektronen, die um ihre Kerne wirbeln, von ihnen jedoch durch Entfernungen getrennt, die hunderttausendmal größer als ihr eigenes Volumen sind. Er kommt dann zu dem Schluß, daß die Welt der Physik das Drama des Lebens im Schattenspiel betrachte. »Das Schattenbild des Ellbogens ruht auf einem schattenhaften Tisch, und die Schattentinte fließt über schattenhaftes Papier ...« Ist das noch die einfache Welt von Ursache und Wirkung, von Materie und sonst nichts?

Für die Wissenschaft war die längste Zeit die Dominanz der linken Gehirnhemisphäre kennzeichnend. Logisch, berechenbar und kalkulierbar mußte alles sein. Keine Aussage durfte ohne »Beweisführung« erfolgen. Sonst wurde sie jedenfalls nicht ernst genommen. Ein »Beweis« nach Kriterien wissenschaftlicher Strenge beruht auf logischer Folgerung. So wurden zur Diskussion stehende Hypothesen als folgerichtig »erwiesen«. Der Beweis ist jedoch keinesfalls gleichbedeutend mit Wahrheit. Wahrheit würde ja bedeuten, daß eine Aussage der Wirklichkeit dieser Welt entspricht. Und dies ist, nachdem die materielle Wirklichkeit unserer Erscheinungswelt nur ein Ausschnitt unserer Realität ist, nicht möglich. Wir verfügen daher wohl über wissenschaftlich anerkanntes Wissen, das aber nur Vermutungswissen sein kann und keineswegs der Wirklichkeit entsprechen muß. Und das nennen wir nun »objektive Wissenschaft«.

»So hat die Wissenschaft, wie erinnerlich, jahrhundertelang jenen archimedischen Punkt der absoluten Gewißheit gesucht, triumphiert, wenn sie einen zu fassen glaubte, verzweifelt, wenn er sich ihr entzog ...« (201/185)

Der Physiker und Philosoph CARL FRIEDRICH VON WEIZSÄCKER fragt: »Bleibt ... nicht mehr übrig, als daß neben die beiden alten Aspekte der Welt: das Leid und die Schuld, als dritter die Sinnlosigkeit getreten ist?« Aber Erkenntnis, auf dem Boden heutiger wissenschaftlicher Forschung, vermag eben weder einen Sinn noch das Ziel des Lebens zu vermitteln. Werte oder gar Werterfüllung sind ihr Fremdwörter. Doch so manche Wissenschaftler haben die Sackgasse wissenschaftlichen Forschens erkannt. So sagte beispielsweise anläßlich eines im Januar 1985 in Salzburg gehaltenen Vortrags der Wiener Biologe ROBERT KASPAR: »Es gibt keine gefährlichere Geisteskrankheit als den kollektiven Glauben, daß sich die Wirklichkeit auf das Meßbare reduzieren läßt.«

Was ist also zu tun, damit die offensichtliche Krise wissenschaftlichen Denkens überwunden werden kann? KARL JASPERS bekannte, für unsere Zukunft sei entscheidend, »daß das Denken durch Vernunft in der Helligkeit des Willens aus der tiefsten Verantwortung zur Wirklichkeit gelangt«.

Der Glaube, man könne mit den heute praktizierten wissenschaftlichen Methoden zu wahrer Erkenntnis gelangen, ist leider ein Irrglaube – wie auch der an die Allmacht der Wissenschaft und an den unbegrenzten materiellen Fortschritt. Der Glaube, das Kriterium des Wirtschaftswachstums sei allein seligmachend, ist eine Verhöhnung der Menschheit. Längst schon fühlt sich der Mensch auf dieser Erde allein und isoliert, von einer feindlichen Natur umgeben und einem irrationalen Schicksal ausgeliefert. Das ist nicht verwunderlich, solange die Wissenschaft sich nur auf die Erforschung der materiellen Wirklichkeit der Erscheinungswelt beschränkt und alles Geistige – Bewußtsein wie auch Seele – vom Materiellen der Materie abhängig macht.

Wahr ist doch genau das Gegenteil dieser unsinnigen Annahme. Es mangelt uns nicht an Wissen und immer noch mehr Wissen – es vervielfältigt sich ohnedies in immer kürzerer Zeit –, wir bedürfen vielmehr eines qualitativ neuen Wissens, neuer Denkformen, neuer Denkinhalte. Die Wissenschaft sollte endlich erkennen, was auch das wert ist, was sich nicht messen, nicht wägen läßt und nicht einem naturwissenschaftlichen Beweis unterzogen werden kann. Die Zeit wird kommen, und es wird wie ein Erwachen nach langer, langer Zeit tiefen Schlafes sein ...

Allen voran sollten unsere Philosophen »erwachen«. Die Philosophen ergehen sich in immer komplizierteren Gedankengebäuden, die fast nur noch für »Erwählte« verständlich sind. Die »Freunde der Weisheit«, die Philosophen, sollten aber endlich einen neuen Geist beschwören, sollten erkennen, »was die Welt im Innersten zusammenhält«.

In einer bemerkenswerten Sendung des Nachtstudios des Österreichischen Fernsehens ORF im Januar 1985 berichtete der prominente Wiener Mediziner Erwin Ringel von einem Gespräch mit einem Kollegen, der ihn mit dem Anspruch überraschte, das naturgeschichtliche Zeitalter müsse zu Ende gehen, weil nirgends in diesem naturwissenschaftlichen System die Liebe enthalten sei. Daraufhin meinte Professor Ringel, daß dann aus der Medizin (von der gesprochen wurde) eben statt einer Naturwissenschaft eine Geisteswissenschaft gemacht werden müsse. »Nein, lieber Freund«, sagte sein Gesprächspartner, »eine Kunst müssen wir daraus machen.« Dies wäre, so bestätigte Ringel, keineswegs eine Degradierung der Medizin, sondern eine Aufwertung.

Die alten Griechen sahen die Welt als ein Kunstwerk an. Ist Medizin nicht tatsächlich eher als eine Naturwissenschaft eine Kunst, nur bis zu einem gewissen Grad erlernbar? Auf dieses Thema komme ich in Kapitel 16 zurück.

Der Mensch, der sich in »seiner Welt« orientieren will, ist auch der vorläufig unüberwindbaren Kluft zwischen Wissenschaft und Religion ausgesetzt. Die Wissenschaft gelangt zu logischen Schlüssen, die Religion aber sagt etwas über Sinn, Wert und Ziel des Menschen. Zwischen Wissenschaft und Religion muß, so sind sich die Wissenden einig, irgendwann Übereinstimmung hergestellt werden. Papst JOHANNES PAUL II. ist seiner Verkündigung im Kölner Dom 1980 zufolge optimistisch: »Zwischen einer Vernunft, welche durch ihre gottgegebene Natur auf Wahrheit angelegt und zur Erkenntnis der Wahrheit befähigt ist, und dem Glauben, der sich der gleichen göttlichen Quelle der Wahrheit verdankt, kann es keinen grundsätzlichen Konflikt geben.«

Da heute aber die Erkenntnisse der Wissenschaft dem Wissen der Religion diametral entgegenstehen, ist die Frage aufzuwerfen, wer sich wem nähern soll. Im Augenblick ist eher zu befürchten, daß für notwendig befunden wird, die Inhalte der Religion immer mehr wissenschaftlicher Beweisbarkeit anzunähern. Doch ist die Schöpfungsgeschichte, wenn sie nicht fundamentalistisch buchstabiert, sondern symbolisch ausgelegt wird, nicht wesentlich näher der Wahrheit als die Evolutionslehre eines CHARLES DARWIN? Ist der Sinn evangelischer Botschaft nicht wesentlicher und wichtiger als die vermeintliche »historische Wirklichkeit«?

In den vorangegangenen Kapiteln dieses Buches wurde wiederholt ausdrücklich darauf verwiesen, daß sich gerade aus Bibelworten die Gleichzeitigkeit aller Zeit, die Fragwürdigkeit der Kausalität und die Ausschließung des Zufalls ergeben. Sicherlich ist alle Religion aufgefordert, sich neuem Bewußtsein, neuer Wirklichkeit zu öffnen – aber bestimmt nicht in Richtung materialistischer Wissenschaftlichkeit!

Will der Mensch nun in seiner Not die Psychologie befragen, begegnet er auch auf diesem Wissensgebiet den mit wissenschaftlichem Denken verbundenen Abgründen. Wie weit ist doch die Wirklichkeit des Psychologen in der Regel von der seelischen Wirklichkeit eines lebendigen Menschen entfernt! Der Mensch ist eben in keinem Fall nur »ein Fall« oder »nichts als ...«. Er ist keinesfalls »nichts als« das Produkt eines funktionierenden oder eben nicht funktionierenden Gehirns!

Der unorthodoxe Vordenker moderner Psychologie und langjährige Rektor der Salzburger Universität WILHELM JOSEF REVERS faßte in einem Vortrag über das »Unbehagen an der Psychologie« zu diesem Thema sehr Wesentliches zusammen:

»Den Menschen, den der Psychologe wissenschaftlich zu analysieren gelernt hat, gibt es in der Wirklichkeit der Praxis nicht. Und den Menschen, der den Psychologen in der Praxis um Hilfe ersucht, gibt es im wissenschaftlichen Laboratorium nicht ... Das Problem der menschlichen Erfahrung ... ist dem Zugriff des Experimentes und der quantitativen Analyse entzogen ... Die Frage, ob die Psychologie das alte Dogma der Naturwissenschaft ›Wirklich ist, was sich messen läßt‹ übernehmen kann, ist kaum gestellt, geschweige denn beantwortet ... ›Kriterium der Wirklichkeit ist die Meßbarkeit‹ ist ein – wenn auch tautologisches – auf jeden Fall metaphysisches Axiom ... Die Psychologie, welche die Wirklichkeit ihres Gegenstandes in seiner Meßbarkeit sieht, hat das Auge verloren für das Problem der Einzigartigkeit der Person und der Subjektivität. Und folglich werden dann psychische Phänomene, die der Subjektivität entstammen, wissenschaftlich suspekt. Gefühle zum Beispiel, sind für Psychologen, die auf das wissenschaftliche Ideal der Meßbarkeit eingeschworen sind, zumindest unbehagliche, wenn nicht sogar wissenschaftlich bedeutungslose, irrationale Epiphänomene von noch nicht entdeckten neurologisch-physiologischen Prozessen. Es ist ›wissenschaftlich‹, von Kontakt und Kommunikation als von Liebe, von Erwartung statt von Hoffnung, von Furchtreaktionen statt von Angst zu reden ...«

Die Konklusion des aufgeschlossenen Professors ist die, daß die Wirklichkeit, die wir erleben, in der Fühlbarkeit und nicht in der Meßbarkeit besteht.

Die Wissenschaft ist tatsächlich noch weit davon entfernt, ein echtes Verständnis vom Leben zu haben, von seinem Sinn, von seinen Werten, von den Sehnsüchten des Menschen und ihrer Erfüllung. Intellektuelle glauben nicht an die Wirklichkeit von Träumen. Intellektuelle sind so oft auch Zyniker, die der Intuition und innerer Wahrnehmung keinen oder nur sehr beiläufigen Wert beimessen. Gefühle, Stimmungen, Ängste, all dies ist offensichtlich nur ein Resultat chemischer Prozesse in einem noch genauer zu erforschenden Gehirn. Welch eine Abwertung menschlicher Werte und menschlicher Wirklichkeit! Was weiß eine materialistisch ausgerichtete Wissenschaft schon von geistigen Welten, von innerer Wirklichkeit? Was kann sie mit dem Instrumentarium wissenschaftlicher Methodik und immer noch komplizierteren Maschinen denn wirklich erfahren? Was läßt sich wissen von einem Musikerlebnis, das das Innerste des Zuhörers zuoberst kehrt, wenn man eben diesen Zuhörer an einen Elektroenzephalographen oder einen Elektrokardiographen anschließt?

Voraussetzungen für sinnvolles wissenschaftliches Forschen

Wir erkennen, daß der Weg der gestrigen Wissenschaft der Menschheit keinen Ausweg aus den Krisen weist. Und sie kann dem Menschen auch nicht einen Weg zu glücklichem, sinnerfülltem Leben zeigen. Es ist hoch an der Zeit, einen Katalog für den Paradigmenwechsel zu erarbeiten, der all die notwendigen neuen Voraussetzungen enthält, unter denen künftig geforscht werden sollte. Wissenschaftliches Forschen sollte der folgenden Anliegen eingedenk sein:

- Die eigentliche Wirklichkeit des Menschen beginnt dort, wo die meßbare, mechanische Erklärbarkeit aufhört.
- Der Sinn allen Seins muß Mittel- und Zielpunkt allen wissenschaftlichen Bemühens sein.
- Der Menschheit müssen Zielvorstellungen über das, was das Leben lebenswert macht, gegeben werden.
- Ein wissenschaftlicher Beweis allein kann niemals letzte Erfüllung wissenschaftlicher Arbeit sein.
- Bei allen Strebungen muß zuerst gefragt werden, ob eine solche Entwicklung, eine solche Forschung dazu beiträgt, den Menschen glücklicher und erfüllter zu machen.
- Die Forschung muß dem Menschen in seinen innersten Problemen weiterhelfen und echte Lösungen anbieten.
- Stets muß das Bewußtsein offen sein für geistiges Neuland.
- Immer muß die Wissenschaft der Not und des Leids der Menschen dieser Erde eingedenk sein und dazu beitragen, das Leben menschenwürdiger und liebevoller zu gestalten.
- Nie sei die Wissenschaft naturfeindlich. Die Forderung heißt: Mit der Natur und nicht gegen sie leben.

○ Notwendig ist die Erkenntnis, daß der Geist Materie erschafft und nicht umgekehrt. Das Leitbild wissenschaftlichen Denkens und Forschens muß ein sinnvolles Universum sein, das keinen Zufall kennt, das nicht im Sinne althergebrachter Kausalität »funktioniert« und in dem Begriffe wie Zeit und Polarität nur mehr den relativen Wert haben, der ihnen zukommt.

Die Menschheit bedarf einer neuen Wissenschaft, die nicht mehr ausschließlich dem Materiellen verpflichtet und rational ausgerichtet ist, sondern auch das ihr wesentliche Seelisch-Geistige einbezieht. Dabei werden zweifellos intuitives Wissen, träumendes Ahnen, erfühlte Gewißheit und aufgrund innerer Wahrnehmung gewonnene Einsichten zu den Erkenntnisquellen des Menschen zählen. Wenn ein solcher Paradigmenwechsel gelingt – und dies muß er, wenn die Menschheit überleben soll –, wird uns eine Wissenschaft zuteil, die der Menschheit endlich liebevoll den Weg in eine lebenswerte Zukunft weist.

9

Werde dir bewußt, wer du in Wirklichkeit bist!

Wer die Menschen kennt,
ist ein Weiser;
wer sich selbst kennt,
ist ein Erleuchteter.

LAOTSE

Am schwersten, so scheint es, fällt dem Menschen die Erfüllung des herausfordernden altgriechischen Gebots »Erkenne dich selbst!« So fragten sich selbst viele Mystiker: Was bin ich in meinem wahren Wesen?

In einem apokryphen Christuswort sind Botschaften überliefert, die uns erstaunen:

»Wenn ihr euch erkennt, dann werdet ihr
erkannt werden und werdet wissen, daß ihr
die Söhne und Töchter des lebendigen Vaters seid.
Wenn ihr euch aber nicht erkennt, so seid ihr
in Armut, und ihr seid die Armut!«

Selbsterkenntnis ist notwendiges Vorauswissen für jegliche Selbstwerdung und Sinnerfüllung. Selbsterkenntnis bedeutet eine Art Erwachen aus tief unbewußtem Schlaf. Bei allem Neubeginn gilt es zuerst, sich selbst zu entdecken. Wie sonst könnten wir die Realität der Welt erkennen, wenn wir von unserer Wirklichkeit nur eine nebulose Vorstellung haben? Wer verbirgt sich hinter diesem rätselhaften »Ich bin ich«? Wie kann dieses aufregende Abenteuer gelingen?

Selbsterkenntnis als ein Entfaltungsprozeß

Uns allen wohnt die Sehnsucht inne, Wesentliches über das eigene Selbst zu erfahren. Geduldig wird man sich Zeit nehmen müssen. Manchmal aber ist es wie ein Blitz aus heiterem Himmel plötzlich da: wir erfahren unser Ichbewußtsein, fühlen erschauernd die Mächtigkeit unserer Wesenheit. Diesen geheimnisvollen Vorgang der Selbstfindung finden wir in Märchen und Erzählungen vorgezeichnet.

Im Sinne CARL GUSTAV JUNGS psychologischer Lehre (114) bedeutet Individuation: »Zum Einzelwesen werden und, soferne wir Individualität als unsere innerste, letzte und unvergleichbare Einzigartigkeit verstehen, zum eigenen Selbst werden. Man könnte ›Individuation‹ darum auch als ›Verselbstung‹ oder als ›Selbstverwirklichung‹ bezeichnen.« Von sich selbst zu erfahren bedeutet den Beginn einer Initiation, eines Einweihungsweges zu einem »höheren« Reifungsgrad, zu vertieftem Bewußtsein seiner selbst, das uns zunehmend unsere menschliche Wesentlichkeit erkennen läßt.

Auf diesem Läuterungsweg zum Heil, das heißt dem Weg zur Selbstfindung, gibt es Prüfungen und Gefahren zu bestehen. Ist der Entfaltungsprozeß des Individualbewußtseins vollzogen, haben wir zu uns selbst, also zu unserer Wirklichkeit gefunden. Jetzt erst ist der Weg frei, Aufgabe und Auftrag in schöpferischer Vollendung eigener Sinngebung zu erfüllen.

An diesem Punkt ist es von ausschlaggebender Bedeutung, Unterscheidungen zu treffen. Gerade religiös oder philosophisch ausgerichtete oder auch esoterisch orientierte Menschen können Selbsterkenntnis und Selbstverwirklichung leicht mißverstehen. Nur bis zu einem gewissen Grade geht es um das physische Ich, um das Ego. Selbstverständlich ist es notwendig, auch die Eigenart unserer physischen Persönlichkeit zu erkennen und zu verwirklichen. Damit wird dem verantwortlich handelnden Menschen das Werkzeug in die Hand gegeben, seine Fähigkeiten und Begabungen zur Geltung zu bringen. Selbsterkenntnis in diesem Sinne ist zweifellos von wesentlicher Bedeutung, und ich werde in weiteren Kapiteln auf geeignete Methoden solcher Selbsterkenntnis noch zurückkommen.

Wenn aber hier von Selbstfindung, Selbstwerdung und Ichbewußtsein die Rede ist, meine ich den viel umfassenderen Begriff nicht der Persönlichkeit, sondern unserer Wesenheit. Die meisten Einweihungswege verbinden allerdings mit diesem Prozeß das Symbol eines mystischen Todes, des sterbenden Ich, als Voraussetzung initiatischen tieferen Wissens. Das gibt Anlaß zu so manchem Mißverständnis: Das Streben nach Verwirklichung des eigenen Selbst wird als Trivialisierung aufgefaßt, und es tönt, als ob wir erst unser Ich aufgeben müßten, bevor wir an das Heil denken könnten, daß wir zuerst sterben müßten, bevor wir wissend werden könnten. Das ist ein echter Irrtum und das Gegenteil des Gemeinten!

Die Selbstfindung unserer höheren Wesenheit

Selbstfindung, Selbstwerdung und Erkenntnis des Ichbewußtseins haben nur Wert, wenn das Ganze, also die Entität, die Wesenheit des Menschen, und niemals nur das körperlich-materielle Ich gemeint ist. Selbstwerdung bedeutet das Werden der Wesenheit, und mit Ihrer Individuation tragen Sie zum großen Schöpfungswerk Ihr eigenes Mosaiksteinchen bei! Lehren, die uns ermutigen, von unserer Freiheit Gebrauch zu machen, unser Schicksal selbst in die Hände zu nehmen und souverän zu gestalten, bauen regelmäßig auf dem Begriff der multidimensionalen Persönlichkeit, dem Gesamtselbst, der höheren Entität des Individuums, auf.

Solche Lehren dienen zweifellos nicht der Aufplusterung banaler Egozentrizität oder Belanglosigkeit. »Die erste Voraussetzung jeder Lebenskunst ist der entschlossene Verzicht auf das banale Glück, bei dem jeder tun kann, was er will, und sich verschafft, was er begehrt. Der Mensch hat sein Dasein nicht deshalb, um auf diese zweifelhafte Weise nach Glück zu streben, sondern er hat seine irdische Existenz, um sein Wesen zur Entfaltung zu bringen.« (15/216) Ja – es geht wirklich nicht darum, sein physisches Ich in uferlosem Erfolgsstreben oder grenzenlosem Hedonismus zu verwirklichen!

Der eminente Theologe Karl Rahner drückt das in einer »anthropologischen« Kurzformel so aus: »Der Mensch kommt nur wirklich in echtem Selbstvollzug zu sich, wenn er sich radikal an den anderen wegwagt.« (194/437 f.) Der Mensch bedarf liebender Hinwendung zum Du oder der Hingabe an ein idealistisches Werk!

Selbsterkenntnis ist niemals Selbstzweck, sondern stets Mittel zum Zweck: Mittel zur Sinnerfüllung unseres Lebens und somit auch zur Bewältigung der uns gestellten Aufgaben. Unter Aufgaben meine ich in erster Linie Erkenntnis- und Reifungsprozesse und nicht bloß Existenznöte. Die Aufgaben zur Bewältigung unserer Existenz können allerdings in den sich ergebenden Problemstellungen auch die jeweils zu durchlaufenden Lernprozesse verdeutlichen. Solches Finden zu sich selbst ist ein Prozeß, der gelingen sollte, um das Leben gelingen zu lassen. Selbstfindung ist stetes Bemühen, dennoch aber stets auch Gnade, uns zufallendes Geschenk.

Selbsterkenntnis ist zweifellos nicht nur eine Leistung des Verstandes; sie ist im wesentlichen eine Erfahrung besonderer Art, ein aufrüttelndes Erlebnis. Ewald Nörr spricht einmal über Selbsterkenntnis als »vom Umdenken als der fröhlichmachenden Metanoia, denn sie führt uns dahin, daß wir uns unseres göttlichen Wesens immer stärker bewußt werden und so zu immer größerer Freude und Harmonie gelangen.« (173)

Begeben wir uns also auf die Reise, uns selbst zu entdecken. Wobei die Seele, wie Arthur Schnitzler sagte, »ein weites Land ist«. Und der Weg ist weit und ewig. Dennoch gibt es Hilfen. Der Mystiker Jakob Böhme zeigt uns eine der wichtigsten: »So ich mich selber lese, so lese ich in Gottes Buch.«

10
Gedanken über den Sinn meines Lebens

> Mut, Kraft, Sorgfalt, Gewissenhaftigkeit
> und Eifer gewann ich dadurch,
> daß ich meine Seele stille werden ließ
> vor dem Ewigen.
>
> NOSTRADAMUS

Es will Sommer werden. Die wärmenden Strahlen der Sonne umschmeicheln das Blütenmeer, kosen die Wellen des Sees. Der Duft der Blütenpracht, das Plätschern des klaren, smaragdenen Wassers, der warme Südwind, der Jubelgesang der Amsel ... Ich empfinde all die Fülle, die mir da geschenkt ist. Mir wird der Glanz einer Schöpfung zuteil, die mich gewollt hat, die mich ins Leben gerufen hat. Wenn es aber so ist, daß ich meinem Ruf gefolgt bin – welchem Ruf, welchem Sinn? Was ist gemeint mit dem Schillerwort »Wisset, ein erhabener Sinn legt das Große in das Leben, und er sucht es nicht darin«?

Neue Fragen drängen sich auf

Längst habe ich erkannt, daß ich mein Leben nicht einem Zufall verdanke, sondern einem liebevollen Gedanken des Schöpfers. Darf ich mich demütig wagend eine »Idee Gottes« nennen? Hat nicht der Allmächtige seine Schöpfung schon so unendlich vollkommen gestaltet, daß ich darin eigentlich nichts mehr dazutun kann? Aber worin würde dann noch der Sinn meines Lebens bestehen?

Vielleicht hat mich ein liebender Gott doch zu seinem Mitvollzieher aufgerufen. Vielleicht ist dieses zweifelnde und angstvolle Wesen, der Mensch, doch ausersehen, ein Mitgestalter dieser gewaltigen Schöpfung zu sein. Habe ich, hat jeder Mensch die Gabe, in

Freiheit zu wählen und zu handeln, nicht aus gutem Grund erhalten? Was aber soll ich wählen, was ist der Sinn meines Lebens? Will ich nicht vor allem glücklich sein, Lust, tiefe, tiefe Lust empfinden, Erfolg haben?

Wenn ich mich an Stunden des Erfolgs, an Stunden fragloser Lust erinnere, fehlt doch immer etwas; wahre Glückseligkeit wollte sich nicht einstellen. Offenbar vermitteln Erfolgs- und Lusterlebnisse nicht die Gewißheit, den Sinn des Lebens gefunden zu haben. Die Wissenden aller Zeiten wußten dies. Selbst EPIKUR, für den »reine Lust« höchstes Ziel bedeutete, verstand darunter eher die Gelassenheit seelischer Ruhe und das Fehlen von Schmerz und Leid. Lusterfahrung allein verschafft dem Menschen, wie Rauschgift, bloß ein trügerisches Glücksempfinden. Dem Augenblick folgen bald Unlust und Depression.

Der Depression aber liegt Sinnverlust zugrunde. Wenn ich mich in meinem Leben nicht geborgen fühle, wenn ich in ihm keinen Sinn finde, dann nisten sich destruktive Gedanken und Gefühle in mir ein. Ich habe dann für all die Propheten des Untergangs, für die von JACQUES MONOD (162) formulierte Sinnlosigkeit ein offenes Ohr: »Der Mensch weiß nun, daß er seinen Platz wie ein Zigeuner am Rande des Universums hat, das für seine Musik taub ist und gleichgültig gegenüber seinen Hoffnungen, Leiden oder Verbrechen.«

Solche Philosophen des Unterganges muß ich mir vom Leibe halten. In einer materialistischen Welt kann der Mensch natürlich weder Sinn noch Zweck erkennen. SIGMUND FREUD meinte, wer nach dem Sinn des Lebens frage, sei ohnehin krank, aber er wies immerhin darauf hin, daß der Mensch selbst es sei, der den Sinngehalt des Lebens ausmache. Viele Menschen kommen allerdings nie auf die Idee, den Sinn ihres Lebens ausfindig machen zu wollen oder auch nur darüber nachzudenken. »Primum vivere, deinde philosophare!«

Zuerst muß für das Leben gesorgt sein, bevor man beginnt, über den Sinn seines Lebens nachzudenken. Zuerst muß man etwas »werden«, muß man viel lernen und versuchen, sich im Leben »da draußen« zu bewähren; man gründet eine Familie, braucht Gesundheit und ein mit einem Minimum an Wohlstand abgedichtetes schützendes Dach über dem Kopf. Dann erst ist der Zeitpunkt gekommen, zu dem sich neue Fragen aufwerfen, Fragen nach dem Sinn. Das spielt sich meist in einer Lebensperiode ab, die, mit dem eher vagen Begriff der Midlife-crisis umschrieben, etwa ins Alter zwischen dem zwei- und neunundvierzigsten Lebensjahr fällt, in dem das ökonomische Prinzip, also mit den geringsten Mitteln einen maximalen Nutzen zu erzielen, nicht mehr ausreicht.

Plötzlich frage ich mich nicht mehr nach dem Maximum, sondern nach dem Optimum meines Lebens. Ich frage nach der Richtung, der ich nachgehe, nach dem Wesentlichen und Grundlegenden, von dem alles andere in meinem Leben abhängt. Ich möchte ein ordnendes Prinzip, einen größeren Zusammenhang erkennen und verstehen. Wie ist dies alles gekommen, und was soll daraus werden? Ist das Bekannte schon alles, was das Leben zu bieten hat? Soll alles im Trott so weitergehen, oder steht das Eigentliche des Lebens noch bevor?

So stellen sich neue Fragen, die dem Gefühl seelischer Verarmung und innerer Leere erwachsen, oder zumindest Gefühle des Unbehagens ein. Große, entscheidende Fragen werden nur selten gestellt. Welche Rolle kommt mir im kosmischen Geschehen zu? Wie habe ich daran Anteil? Was ist die eigentliche Aufgabe in meinem Leben?

Die Herausforderung zu einem Leben der Wesentlichkeit

»Der Mensch vollzieht sein eigentliches Wesen«, sagt LADISLAUS BOROS, »in einem Hinausgehen aus sich selbst, in einem suchenden und deshalb mit Furcht erfüllten ›Entwurf‹ seines eigenen Wesens in die Zukunft. Er kann nicht Ende und Erfüllung von sich selbst sein, sonst nimmt sein Wesen ab, das Sein selbst ›verdirbt‹ in ihm.« (26/172) Oder wie es MARTIN BUBER formuliert: »Mit sich beginnen, aber nicht bei sich enden, bei sich anfangen, aber nicht sich selbst zum Ziel haben ... Jeder soll sich erkennen, soll sich vervollkommnen, aber nicht um seiner selbst willen – auch nicht um eines vorübergehenden Glücks willen oder um ewige Seligkeit zu erlangen –, sondern um der Arbeit willen, die er auf dieser Welt ausführen muß.« (36/68)

Ein Hinausgehen aus sich selbst, ein Entwurf des eigenen Wesens in die Zukunft, ein Erkennen, wer ich bin, eine Vervollkommnung, aber nicht um meinetwillen, eine mir abverlangte Arbeit, die ich für die Welt erbringen muß? Habe ich nicht Pflichten genug zu erfüllen, um meiner Existenz, meiner Familie Genüge zu tun? Da wird zweifellos mehr verlangt als nur dieses Offenkundige.

Wer bin ich denn? Kann ich denn überhaupt wissen, wer ich bin? Ich weiß: Es gibt so manchen Weg, sich kennenzulernen. Aber diese Wege liegen noch vor mir. Eines aber glaube ich zu ahnen: Ich selbst bin es, der entscheidet, wer ich bin. Ich definiere mich durch meine Vorstellungswelt und erkenne meine Freiheit, meinem Leben eine unverwechselbare Note zu geben. Gewiß kann es auch in Routine und Gleichgültigkeit versinken. Aber ich kann mich durch wagendes Tun auch zu höheren Lebenswerten aufschwingen. Ich will die Spannung zwischen So-Sein und Seinsollen ertragen. Es soll meine Herausforderung zu einem Leben der Wesentlichkeit sein. Immer wieder trachte ich, ich weiß, nach ein bißchen Ausgewogenheit und Ruhe. Aber weiß ich nicht auch, daß eine tiefinnere Sehnsucht mich immer wieder zu neuen Ufern aufbrechen läßt, daß mich meine schöpferischen Fähigkeiten ständig zu neuem Wagnis und Vollbringen drängen? Sicherlich, der Ruhepunkt ist angenehm und wohl auch verdient. Doch Leben ist nicht Ruhe, sondern ewig neues Werden, neues Streben, neues Tun. Bleibe ich stehen, werde ich seelisch-geistig krank angesichts des Bewußtseins, das Drama meines Lebens nicht ausgeschöpft und die Vision göttlicher Idee nicht verwirklicht zu haben. Am schlimmsten ist doch die Gefahr der Durchschnittlichkeit und innerer Leere. Dieses »Mensch, werde wesentlich!« verstehe ich als Anruf an mich selbst, ein erfülltes, bedeutungsvolles Dasein zu leben.

»Unsere Existenz soll den Charakter des Einmaligen und Unverwechselbaren tragen; für möglichst viele Menschen oder – wenn es nicht anders geht – nur einen einzigen möchten wir ›alles‹ werden, gänzlich unvertretbar, unersetzlich und bis zum letzten Grund des Wesens bejaht ... wir verlangen nach großen Erlebnissen. Wir möchten über alles Erfaßbare und Einschätzbare hinausgelangen.« (23/83)

Ich habe mich endgültig für den mir innegewordenen Sinn entschieden. Es ist in Wirklichkeit meine eigene Entscheidung, ob ich in einem sinnlosen oder in einem sinnvollen Universum lebe. Ich weiß, daß ich zur Antwort aufgefordert bin, und sage ja zum Sinn und somit in entscheidender Instanz auch ja zu meinem Leben. Die herrschende Wissenschaft mit ihren materialistischen Lehren über das »zufällige« Entstehen eines in sich sinnlosen Universums bot mir dazu wirklich keine Hilfe. Antworten über Sinn und Ziel menschlichen Lebens sind ja auch von einer Wissenschaft, von der man zu Recht sagt, daß sie immer mehr von immer weniger verstehe, kaum zu erwarten. Aus religiösen und esoterischen Lehren kamen so mancher Trost, so manche Aufmunterung. Wird doch von ihnen allen von einem sinnvollen Leben gekündet. Doch auch so manches entmutigende Wort konnte ebenfalls nicht mit meiner inneren Gewißheit übereinstimmen. Wie soll denn zum Beispiel ein »gefallener Mensch« ein Mitstreiter Gottes und Mitvollbringer des Göttlichen sein? Aber all dies, so tröste ich mich, wird sich noch im Licht neuer Deutung, die JESUS CHRISTUS in uns verbürgt, sinnvoll aufklären.

In der Frage nach dem Sinn des Lebens ist der Mensch – wie auch sonst oft – sich selbst voraus. »Unser Dasein ist rätselhaft in einer Weise, die das Bekannte mit dem Unbekannten, das Verfügbare mit dem Nichtverfügbaren, das Endliche mit dem Unendlichen verbindet ... Welt und Transzendenz sind miteinander verwoben – in welcher Weise versuchen wir ein Leben lang herauszufinden. Das bloße Sein genügt nicht, um zu sein. Es muß sich einem ›Sollen‹, einem Auftrag oder Ziel unterstellen, wenn es sich nicht durch die Hingabe an die Zerstreuungen der Welt in die Uneigentlichkeit verlieren will.« (105/169 f.)

Auch meinem Sinn liegt eine Herausforderung zugrunde. Von mir wird etwas verlangt, und auf mich kommt es an. Es wäre ein müßiges Unterfangen, das Orakel darüber zu befragen, was ich vom Leben noch zu erwarten habe. Stets wird es darauf ankommen, was das Leben von uns erwartet! Das mir geschenkte Leben hat Sinn und Ziel und fordert mich auf, zu wählen und zu handeln. Die Fragestellung, was in Zukunft das Leben wohl bringen werde, ist schon deshalb kurzsichtig, da das Leben ja von mir selbst gestaltet wird. Es ist also so, daß ich aufgrund der gewonnenen Selbsterkenntnis und des mir zur Gewißheit gewordenen Lebenssinns auf die Welt zugehen muß, um zu handeln. Die Gottesidee ist für mein persönliches Leben Aufgabe und Auftrag zugleich. Ich bin voll verantwortlich für diesen meinen Lebensauftrag.

So wird es wohl sein, daß mein eigentlicher Lebenssinn zwar ganz klar mich selbst meint, jedoch allemal über mich selbst hinausweist.

Die Aufgabe kann in einem schöpferischen Werk bestehen, das nur durch mich geleistet werden kann, oder sie kann auf ein Du hinzielen, dem ich liebend begegne. Entscheidend wird die Hingabefähigkeit sein, Hingabe an das Werk, das zu tun ist, oder in der liebevollen Begegnung zum Menschen. Stets wird mit solcher Wesenserfüllung auch ein sinnvolles Miterleben und Mitwachsen der inneren und höheren Wesenheit mitbewirkt.

Es gilt, den Lebensauftrag zu erfüllen

Ich fühle zutiefst, daß ja hinter allen Erfahrungen und Geschicken meines menschlichen Seins ein höheres Sein steht, ein geistiger Lebensentwurf. Nicht das routinierte Können ist mir abverlangt. Dies ist wohl ein Nebenprodukt meiner Existenzgrundlage. Nein, das »Gesollte« ist mir abverlangt, das zu verwirklichende Ideal. So wird es wohl auch in meinem Leben manchmal zu einer Spannung zwischen Existenznotwendigem und dem kommen, was zu tun »wert und würdig« ist, also zwischen dem realen Sein und dem inneren Sinn. Wie aber erfahre ich, was zu tun »wert und würdig« ist, was meine Wesentlichkeit ausmacht? Wie erfahre ich, ob die eingeschlagene Lebensrichtung zu dem von mir abverlangten Ausgerichtetsein dazugehört?

THOMAS RING hat einmal in einer Vorlesung diese Frage so beantwortet, daß uns das Schicksal nötigt, das zu werden, was wir sein sollen. Auch in meinem Leben ist alles, was mir begegnet, alles, was mir scheinbar »zustößt«, nichts als eine chiffrierte Botschaft. Alles ist Symbol und will mir etwas sagen. Darüber gilt es nachzudenken, über jedes einzelne Geschehnis, das ich ja nur erfahren konnte, weil in mir die dazu notwendige Affinität, die entsprechende Resonanz vorhanden waren. In unzähligen kleineren und größeren Begebnissen werde ich immer wieder auf das, was zu tun ist, hingewiesen. Nichts kann so unscheinbar sein, daß es für das lernende und reifende Wesen des Menschen nicht von Bedeutung wäre. Es muß nicht immer gleich die große Herausforderung sein. Es kann die kleine Ermahnung sein, die mich zu einer geringfügigen Verhaltensänderung auf diesem oder jenem Gebiet veranlaßt. Sinnerfüllung ist stets auch

Metamorphose, stets auch Wanderung auf einen ersehnten Zielpunkt jenseits des Horizonts zu. Ich selbst muß ein anderer werden!

Dies ist der ewigliche Anruf, der uns auch aus jedem alten Kunstwerk erreicht. »Erkenne dich selbst!« ist das erste, »Ändere dein Leben!« das zweite große Gebot, das einzuhalten uns auferlegt ist. »Es gibt kein Vergangenes, das man zurücksehnen dürfte. Es gibt nur ein ewig Neues, das sich aus den erweiterten Elementen des Vergangenen gestaltet, und die echte Sehnsucht muß stets produktiv sein, ein Neues, Besseres zu schaffen.« Dieses Neue, dieses Bessere ist stets der gewandelte, herangereifte Mensch – MARTIN HEIDEGGER (96) zufolge ein Mensch »bereit dem Anspruch des höchsten Himmels und aufgehoben im Schutz der tragenden Erde«.

Dann werde ich mehr sein, als ich vorher je sein konnte. Mein Bewußtsein »spannt weit seine Flügel aus«. Selbst der »Lebenskampf« wird mir fröhlich beschwingt erscheinen. Denn ich erkenne, daß ich Mitwirkender in einem großen Schauspiel bin und die Chance erhalte, durch meine Lebenskunst und mein Lebenswerk dieses Spiel zu frohem Gelingen zu bringen. Ich erkenne, daß ich in diesem Akt meines Lebens meinen Part zu spielen habe. Werde ich die Rolle wohl gut spielen? KARL JASPERS erklärt (113): »Das, was ein Mensch ist, erkennt man an der Sache, die er zu seiner eigenen macht.«

Also werde auch ich erkannt werden können an dem, was meine Sache ist, was ich vertrete, was »mein Eigenes« ist. Dieses »Eigene« gilt es herauszufinden. Es ist das Zentrum meines Selbst, das mir Wesentliche, das mir am Herzen liegt. Dieses »Herzensliebste« soll mein Heiligtum und mein Wertfundament sein. Indem ich mein Lebensthema in allen dramatischen Ausformungen durchspiele, werde ich lernen, werde ich reifen, aber so werde ich auch lieben und der Menschheit auf meine Weise einen Dienst leisten können. So wird mein Leben gelingen und zutiefst befriedigend und beglückend sein können. Ich werde den spontanen Eingebungen meines inneren Selbst folgen, wissend, daß ich nie allein stehe und mir im richtigen Augenblick stets Hilfe aus meinem höheren Selbst zuteil wird. Und dies gerade dann, wenn es um die Erfüllung meines Lebenssinns geht.

Mein Vertrauen zu mir selbst ist gewachsen. Ich habe, ich weiß es, den rechten Weg und zu meiner eigentlichen Lebensmelodie gefunden, die wie eine allumfassende Komposition tief in das Geheimnis des Lebens hineinreicht. Ich erfasse in meiner Mitte das Ganze der Wirklichkeit. Ich weiß, daß ich den mir gestellten Lebensauftrag erfüllen kann, für den mich Gott in dieses irdische Dasein gerufen hat. All mein Denken ist auf dieses ideale Ziel ausgerichtet. So werde ich aufgrund eigener Wandlung dazu beitragen, daß auch die Welt sich zum Besseren wandelt. Die Vision meines Lebens wird sich erfüllen – im Jubel und im Licht!

Die Sonne steht im Zenit. Ich habe den Ruf vernommen. Zeit ist's, ans Werk zu gehen und das »Eigentliche« zu vollbringen.

11

Astrologie – ja, aber mit Aussagegrenzen

Der wissende Mensch
beherrscht die Gestirne.
THOMAS VON AQUIN

Wenn es einen Nobelpreis für Astrologie gäbe, so müßte er THOMAS RING für das nach Kriterien ihrer »Aussagegrenzen« von ihm erarbeitete System der revidierten Astrologie verliehen werden. Zweifellos ist die Astrologie ein Erkenntnisweg von Wert, jedoch nur in der Hand des um die Grenzen solcher Erkenntnismöglichkeit Wissenden. Viele Menschen erwarten sich zuviel von der Astrologie, so manche hingegen halten gar nichts von ihr.

Der selbstbestimmende Faktor bleibt im Vordergrund

Führen wir uns zunächst einmal – in einer beispielsweise, nicht erschöpfend aufzufassenden Aufzählung – die Aussagegrenzen der Astrologie vor Augen:

- Es gibt keine Wirkung der Gestirne auf den Menschen.
- Einen »fertigen« Charakter des Menschen gibt es nicht, er kann daher ohne ein persönliches Interview mit dem Betreffenden nicht aus dessen Horoskop abgelesen werden.
- Noch weniger können »fertige« Ereignisse im Schicksal eines Menschen aus dem Horoskop abgelesen werden.
- Ein Horoskop ist ein Lehrplan, dessen Deutung eine Kunst ist, nicht aber eine Prognose zukünftiger Ereignisse.
- Die Astrologie arbeitet mit Symbolen, und Symbole sind vieldeutig; sie richtig zu deuten ist nicht einfach.

- ○ Im Kosmogramm finden wir die Problematik, nicht aber die Lösung aufgezeigt.
- ○ Konstellationen zeigen Chancen auf; sie fordern zu entsprechendem Handeln oder Unterlassen auf.
- ○ Ob sich der Mensch in einer Aufwärts- oder Abwärtsbewegung befindet, kann nicht aus dem Horoskop abgeleitet werden.
- ○ Die Wende ist unberechenbar, präzise Aussagen über das Ergebnis sind nicht möglich.
- ○ Über Tugend oder Laster, Segen oder Fluch sagt ein Horoskop nichts aus.
- ○ Entscheidungen dürfen einem Menschen nicht abgenommen werden; es können allerdings die Voraussetzungen hierfür geklärt werden.
- ○ Der Grad der Individualisierung und der Zustand der erreichten Reife stehen nicht im Meßbild.
- ○ Ob eine Lösung von Fehlern, Krisen und Konflikten gefunden werden kann, ist nicht abzuleiten.
- ○ Erbfaktoren und Beeinflussungen aus der Umwelt können nicht abgelesen werden.
- ○ Astrologie ist keine Glaubens-, sondern eine Erfahrungssache.
- ○ Wertungen sind unzulässig. (Zum Beispiel wäre die Feststellung einer starken Ichbezogenheit zulässig, unzulässig aber die von Egoismus.)

»Die wahre Kontrapunktik«, so schrieb mir THOMAS RING im Dezember 1978 in einem Brief, »steckt in jedem Menschen; wie er sie herausholt oder verpatzt, liegt bei ihm.« Die vorstehende Aufzählung von Aussagegrenzen der Astrologie, die in der Folge noch vermehrt werden, sollen den Wert astrologischer Aussagen nicht mindern, sondern erhöhen. Es ist hoch an der Zeit, den seriösen Erkenntnisrahmen der Astrologie aufzuzeigen und die darin schlummernden Möglichkeiten zur Selbstfindung zu nutzen.

Die Mahnung »Dies können wir aus dem Kosmogramm nicht ableiten!« ist in jedem Seminar, das Ring durchführte, mehrmals gefallen. Die Aussagegrenze ist ja, so erklärte er mir in dem erwähnten Brief, »einer der Gelenkpunkte, und da muß man ganz deutlich sein«. Er hat das, was Vorsicht gebietet, auch an anderer Stelle verdeutlicht, indem er auf die Verschiedenheit von Persönlichkeit und Schicksal zweier Menschen *mit gleichem Horoskop* hinwies. Napoleon und ein Kommis aus einem Knopfgeschäft – die dasselbe Horoskop hätten – gingen zu einer Wahrsagerin und würden dort Ähnliches über ihre Zukunft und ihr Schicksal hören. »Napoleon und der besagte Kommis hätten aber nicht dasselbe Gesicht.« (210/9)

Damit soll zum Ausdruck kommen, daß das Einmalige der Persönlichkeit aus einem Horoskop nicht gedeutet werden kann und daß das persönliche Wesen des Menschen mit der Freiheit beginnt. Die freie Entscheidungswahl trotz gleichgelagerter Struktur, also gleichem Horoskop, hat eben zur Konsequenz die Herausbildung grundverschiedener Charaktere und unvorhersehbarer, verschiedener Schicksale.

Nicht die leiseste Schicksalswirkung haben die Sterne; sie sind uns Symbole zur Deutung, sonst nichts. Andere moderne Lehrsysteme der Astrologie betrachten das Kosmogramm schlicht und einfach als Meßbild, als Meßinstrument, nach dem dem Wissenden mit beliebiger Genauigkeit Aussagen über ein zu absolvierendes Lernprogramm möglich sind.

Zwischen der fatalistischen Vulgärastrologie von einst und dem verinnerlichten Denken eines THOMAS RING klaffen Welten. Nicht zufällig hat er gerade im letzten Lebensjahrzehnt besonderen Wert darauf gelegt, nicht als »Astrologe« bezeichnet zu werden. Dieser Begriff wäre für den universalen Denker und ausübenden Künstler tatsächlich zu einengend gewesen. Immer und immer wieder werde ich an die Altersweisheit dieses genialen Mannes erinnert, die, in vier Punkten zusammengefaßt, gut lesbar, über meinem Schreibtisch ihren Niederschlag gefunden hat:

1. Ich bin die selbstbestimmende Mitte innerhalb meines Schicksals.
2. Der Sinn meines Daseins ist mir von Geburt an mitgegeben.
3. Alle Probleme, die an mich herantreten, wurzeln in meinem Wesen.
4. Die Begierden spiegeln den Zustand meiner Geschöpflichkeit; Verantwortung aber betrifft, was aus den Anlagen gestaltet werden kann.

In diesen vier prägnanten Leitsätzen ist alles Wesentliche ausgesagt. Die menschliche Willensfreiheit, den selbstbestimmenden Faktor, vermag ein astrologisches System niemals auszuschalten. Freiheit und Souveränität in der Gestaltung des Schicksals bleiben stets unangetastet. Die Sinngebung aber ist das Gesetz, wonach wir angetreten sind. Sie ist das »Eigentliche«, das nicht aus dem Horoskop abgelesen werden kann, sondern intimste Essenz der Persönlichkeit ist. Darüber wurde in Kapitel 10 philosophiert. Probleme, die an uns herantreten, haben ihren Grund nicht in Gestirnswirkungen; sie wurzeln vielmehr in unserem Wesen. Auf sein Horoskop kann sich der Mensch niemals ausreden. Stets hat er bei sich selbst zu suchen, wo es fehlt. Er hat seine Gaben zu entfalten und zu verantworten, was aus den Anlagen gestaltet werden kann. Und der Mensch hat vor allem die zentrale Aufgabe seines Lebens zu erfüllen, das in ihm schlummernde Ideal der Verwirklichung zuzuführen.

Wie hell es plötzlich wird, wenn all der mittelalterliche Aberglaube auf dem Misthaufen der Geschichte landet! Die Konkretisierung eigenen Schicksals ist Sache der individuellen Entwicklung: Dieser Art ist das »Gesetz«, nach dem wir angetreten sind. »Die Selbstverwirklichung, das schöpferisch gelebte So-Sein, enthält mit der Freiheit Unberechenbares, im Durchschnitt wie im Extremfall.« (210/10)

Für uns, die wir uns schon in Kapitel 4 mit der Fragwürdigkeit von Vorhersagen beschäftigt haben, ist die Verwerfung astrologisch gewonnener Prognosen willkommen. Sie stellt auch einen echten Brückenschlag zur christlichen Lehre hin dar. Wie sollte denn ein vor Gott verantwortliches Leben geführt werden, wenn durch die Sterne alles vorherbestimmt wäre!

Verantwortungslose Beratung setzt Erfüllungszwang

In unserer Zeit, die als Reaktion auf die allzu nüchterne Rationalität leicht zu überstiegener Irrationalität neigt, findet man leider unglaubliche Auswüchse fatalistischer Schicksalsdeuterei. Natürlich ist Astrologie dieser Art populär und findet so manch geneigtes Ohr. Der Sache selbst wird aber damit mehr geschadet, als man glauben mag. »Eben erst werfe ich«, schrieb THOMAS RING in dem vorerwähnten Brief, »eine Anpreisung in den Papierkorb: Ein ›Computer-Service‹ bietet ein ›Karmagramm‹ für so und so viel Mark an, mit Zeichnung Aufschlag von so und so viel ... Da wird man vorsichtig mit allem Hintergründigen.«

Stellen wir uns jetzt die Frage, was uns trotz aller notwendigen

Einschränkungen die rechte Deutung eines Kosmogramms bieten kann. Wie schon erörtert wurde, handelt es sich nicht um Gestirnswirkungen, sondern um Symbole. Es geht also um die Deutung der Symbole und die Findung ihrer Entsprechungen. Da jedes Symbol der Natur nach vieldeutig ist, ergibt sich die Deutungsschwierigkeit, die auf den jeweiligen Menschen zutreffenden Entsprechungen zu finden. Jedes Symbol kann auch als das jeweils geltende Prinzip bezeichnet werden, und die Entsprechung ist dann das Konkretum. Das Bleibende wird uns also als Symbol dargeboten, »seelische Grundgehalte umschreibend«. Denn: »Jedes Leben«, meint HERMANN HESSE, »steht unter seinem eigenen Stern.«

Deswegen muß die gleiche Konstellation, das gleiche Horoskop von zwei Menschen, die zum selben Augenblick am selben Ort geboren sind, differenziert gedeutet werden. Meisterschaft im Umgang mit den erlernbaren Stufen der »Technik« sind Voraussetzung für jede Deutung. Dann aber kommen die Stufen, die kaum mehr erlernbar sind. Es handelt sich eher um Divination, das Ahnungsvermögen, vom Symbol auf die Wirklichkeit schließen zu können, also aus unbewußten Fähigkeiten heraus richtige Entsprechungen zu finden. Im letzten bleibt es somit eine Kunst des Deuters, vom Symbol auf die konkrete Lebenssituation schließen zu können.

In den *Werkstattblättern* der Thomas-Ring-Stiftung, Zürich, findet sich der Leitsatz: »Prognosen, die einen Erfüllungszwang setzen, werden überhaupt vermieden.« Die Gefährlichkeit prognostischer Methoden und des daraus folgenden Erfüllungszwangs machte THOMAS RING mit einem Experiment deutlich. Als Schitrainer warnte er im Ersten Weltkrieg einmal seine Soldaten vor einer auf einem völlig übersichtlichen Hang alleinstehenden, einsamen Fichte. Sie sei eine Gefahr, und die Anfänger wurden gewarnt, ja nicht auf diese Fichte aufzufahren. Was war die voraussehbare Folge der Warnung? Zahlreiche Schifahrer kollidierten mit der Fichte! Dabei ist zu bedenken, daß es sich hier um eine Warnung und nicht um eine Prognose gehandelt hat. Jede Warnung und natürlich noch mehr jede Prognose setzen einen Erfüllungszwang. Dies sei mit dicken Ausrufungszeichen allen wie immer gearteten Beratern ins Stammbuch geschrieben – besonders aber Astrologen und Ärzten. Was in dieser Hinsicht an Unfug angerichtet wird, ist kaum beschreibbar. Und das Wort »Unfug« ist zweifellos nur eine milde

Umschreibung einer grenzenlosen Unverantwortlichkeit und der totalen Unkenntnis psychischer Wirklichkeit.

Wenn somit zu Recht nicht oft genug vor Prognosen gewarnt werden kann, so ist dennoch zu bedenken, daß alles Leben in Rhythmen verläuft. Relativ bekannt ist der Sieben-Jahre-Rhythmus, der für den menschlichen Lebenslauf von entscheidender Bedeutung ist. Astrologisch wiederkehrende Rhythmen errechnet man aufgrund von Transiten und Direktionen; Progressionen, Solaren, Lunaren oder dem Alterspunktprogreß. Es sind dies uns innewohnende Rhythmen oder Tendenzen, »deren Verwirklichung uns nötigt, zu dem zu werden, was wir wesensmäßig werden sollen. Und diese ›Nötigung zu sich selbst‹ ist individuelles Schicksal. Manchem Menschen sind schwere Schicksale eine Voraussetzung seiner Reife; ob er ihren Sinn erkennt und dadurch weiser wird, steht bei ihm. Schicksal geschieht kommentarlos. Die Verwirklichung solcher Tendenzen ist Sache der in der Umwelt vakanten Entsprechungen, zusätzlich der eigenen Entscheidungswahl. Beides ist unberechenbar.« (208/51)

Selbst wenn ein genialer Deuter die von einem Transit oder einer Direktion gemeinte Entsprechung in der Wirklichkeit korrekt erfassen würde, wäre der zweite Faktor der Entscheidungswahl eine unlösbare Unbekannte. Es geht letztlich einmal mehr um den selbstbestimmenden Faktor, um die Entscheidungsfreiheit. Der Deuter, der sich mittels Transit und Direktion bemüht, einen Blick in die Zukunft zu werfen, kann unmöglich wissen, wie der betreffende Mensch mit der ihm aufgegebenen Problemstellung fertiggeworden ist. Die Folge ist: Transit oder Direktion gleicher Art wirkt sich selbst bei Auffinden der richtigen Entsprechungen ungleich aus. Derjenige, für den das Problem nicht gelöst und der von der Meisterung der angesprochenen Aufgabe noch weit entfernt ist, erleidet einen Schicksalsschlag. Der andere, der Glückliche, der seine Problemstellung wahrgenommen hat und »sich redlich bemüht«, wird vielleicht als einziges »Resultat« einen Abend leichter Benommenheit bei sich feststellen können. Es ist also nicht nur Erfüllungszwang, der von Prognosen jeder Art abraten läßt, sondern dies gebieten auch die Unberechenbarkeit und Unvorhersehbarkeit.

Sicherlich, es gibt eine Vielzahl von Menschen, die infolge ihrer Vorstellungswelt derart eingeengt sind, daß sie einem vorhersehbaren Zwangslauf folgen müssen. Sie sind in ihrer Eingeengtheit nicht in der Lage, von ihrer Freiheit auch nur marginal Gebrauch zu machen. Die Vergangenheit führt sie in eine berechenbare Zukunft, ohne daß sie die Chance des Kairos, den günstigen Zeitpunkt freier Entscheidung, nutzen können. Besonders in diesem Zusammenhang gilt die Warnung des großen Mahners THOMAS RING: »Bei fatalistisch anfälligen Menschen jedoch, und das sind die meisten, wird jeder Vorausblick besser unterlassen.« (205/IV,13)

Die Erklärung des Sinns vergangener Erfahrungen ist für den Menschen meist wesentlich wichtiger. Vor Prognosen von Beratern sei aber auch aus einem anderen Grunde gewarnt. Ein untergründiger Sadismus ist so oft – nicht selten unbewußt – im Spiel, wenn etwas in der Zukunft Liegendes dem »armen Unwissenden« gesagt wird. Dies trifft aber nicht nur auf okkulte Wissensgebiete zu, sondern vor allem auch, wie bereits erörtert wurde, auf das Gebiet medizinischer Praktik.

Auch verbietet sich selbstverständlich jede astrologisch gewonnene Blinddiagnose, für welche nur Zeit und Ort der Geburt vorliegen. Für eine seriöse Aussage ist die persönliche Kenntnis des Menschen unabdingbar, das Wissen um seine Herkunft, sein Erbe, sein Milieu und das Wissen, welche der Anlagekonstellationen im Augenblick besondere Probleme schafft. Nur unter solchen Voraussetzungen kann seriös beraten werden.

Ein astrologischer Berater sollte ferner niemals durch selbständige Lösung des anstehenden Problems dem Ratsuchenden »sein Leben aus der Hand nehmen«. Der Berater hat Beratungsfunktion und nicht die Verantwortung für eine Problemlösung zu übernehmen. Aus einem Kosmogramm können Schwierigkeiten geklärt und erklärt und somit Lösungsmöglichkeiten angeboten werden. Das Meßbild enthält ja die komplette Anlagestruktur mit allen synthetischen, aber auch analytischen Konstellationen. Synthese ist in diesem Zusammenhang der Zusammenklang von Kräften, Analyse aber das Auseinanderklaffen oder das Auseinanderstreben derselben.

Astrologie als »Seelsorge« zum Erkennen des eigenen Weges

Die Vulgärastrologie hat Trigone und Sextile in den Himmel gehoben, hingegen Horoskope mit starken Spannungsaspekten, also mit Quadraten und Oppositionen, als »leidvoll« oder »schwer lebbar« bezeichnet. Sie verkennt völlig, daß es sich nur um das Aufzeigen der Problematik, nicht aber um die Lösung handelt. »Das trigonale ›harmonische‹ Horoskop eines Himmler oder Goebbels steht im Gegensatz zum ›problematischen‹ von Albert Schweitzer! Wo liegt hier gut und schlecht?« (208/23)

Ein problemreiches Kosmogramm birgt wesentlich höhere Entwicklungschancen als das immer als erstrebenswert dargestellte, »in sich ruhende« harmonische Bild. Jeder Mensch ist gleich weit von seinem Optimum, seiner Mitte, seinem »Eigentlichen« entfernt. Es gibt nicht gute oder schlechte Horoskope; dessen sollte man sich bewußt werden.

Schon eingangs dieses Kapitels wurde angedeutet, daß auch Wertungen aus dem Meßbild allein nicht möglich sind. Sehr wohl läßt sich beispielsweise erkennen, daß es sich um einen egozentrischen Menschen handelt, dessen Wesenskern sich mehr aus dem eigenen Persönlichkeitsaufbau ergibt als aus dem Kontakt mit dem Du oder der Andersheit der Menschen. Diese Aussage ist zulässig, nicht jedoch die Wertung, er sei egoistisch. Oder: Introversionsneigung kann aus dem Horoskop abgelesen werden, nicht jedoch die Wertung, ein Mensch sei in sich versponnen.

Jede Aussage über einen Menschen ist genaugenommen schon ein Eingriff in ihn. Um so mehr steigt die Verantwortung, »wenn man mit Gestirnnamen umgeht, sei es auch symbolisch, also sozusagen die Ewigkeit im Rücken hat«. (208/70 f.) Die erwähnten Einschränkungen hat auch PETER NIEHENKE in einer statistischen Untersuchung der Gültigkeit astrologischer Aspekte, veröffentlicht in *Esotera*, bestätigt. Niehenke ist Diplompsychologe und Vorsitzender des Deutschen Astrologenverbandes. In seinem aufsehenerregenden Beitrag »Jupiter-Trigone machen keine Sonnyboys« sagt er wörtlich: »Es gibt viele Kollegen, die scheinbar der Ansicht sind, die Gesetze der kosmisch-menschlichen Beziehungen erfüllten sich mit der Präzision eines Uhrwerkes. Sie sind der Überzeugung, daß das Horoskop, wenn man adäquat deutet, Tatsachen liefert, eventuell sogar nach Minuten genau deren Eintreffen vorherzusagen erlaubt. Wenn diese Kollegen durch die Ergebnisse dieser Studie nachdenklich werden sollten, wenn sie beginnen sollten, Astrologie in einem anderen Lichte zu sehen, dann hätten sich die negativen Resultate und hätte sich die damit verbundene Enttäuschung sogar gelohnt.«

Und in einem weiteren Zusammenhang führt er dann aus: »Ich kann in jedem Falle in Zukunft *nicht* mehr sagen, Menschen mit Sonne-Saturn-Quadrat neigen zu Depressionen – und ich kann eine ganze Reihe anderer Sätze dieser Art, die zuhauf in astrologischen Lehrbüchern stehen, nicht mehr gutheißen, zumindest nicht mehr mit Recht!« Und eine der Schlußfolgerungen dieses Berufsastrologen lautet: »Haben vielleicht Untersuchungen recht, die zeigen, daß richtige Horoskopdeutungen mehr eine mediale Begabung des deutenden Astrologen belegen?«

Genau dies ist der Punkt. Es ist eben eine Begabung, eine psychische Fähigkeit, eine besondere Kunst, auf die es entscheidend ankommt. Durch die Heranziehung zusätzlicher Überprüfungsmethoden wird die Chance treffsicherer Aussagen erheblich größer. Das gründliche Interview, die eingehende Befragung des Ratsuchenden sind überhaupt primäre Voraussetzungen jeder seriösen Deutung. Dann ist, wie schon dargelegt wurde, das »Gesicht«, somit die Psychophysiognomik, dran (Kapitel 12 ist dieser Erkenntnismethode gewidmet). Dem Pendelpraktiker wird das Pendel Anhaltspunkte geben, wie dem zu beratenden Menschen geholfen werden kann (Kapitel 15). Erst durch eine Vielzahl von Methoden wird eine treffsichere Selbsterkennung möglich sein.

So dient denn Astrologie nicht der Wahrsagerei, sondern eher einer »Seelsorge« zum Erkennen des eigenen Weges. In diesem Kapitel sollten wir uns auch noch mit einem anderen Problem auseinandersetzen. Jeder, der sich mit Astrologie intensiver befaßt hat, wird natürlich die Frage stellen, warum ein Mensch, so bevorrechtet, mit einem relativ leicht zu lebenden »harmonischen« Kosmogramm beschenkt wird und ein anderer ein unendlich schwieriges, »kompliziert« zu lebendes Spannungshoroskop mit in die Wiege bekommen hat. Woher kommen die Unterschiede?

Die Reinkarnationserklärung ist unzutreffend

Da Zufall und Willkür illusorische Begriffe sind, müssen andere Gründe oder Notwendigkeiten gegeben sein. Nun gibt es die in esoterischen Kreisen übliche Antwort, der Grund sei in der Tatsache der Reinkarnation zu finden. Jedes Leben baue auf einem »vergangenen Leben« auf und »Nichtgelerntes« sei eben in der nächsten Inkarnation in den aufgegebenen Spannungen – in den Quadraten und Oppositionen – wiederzufinden. So ist es zu verstehen, daß man in Therapien, rückblickend in Reinkarnationsvergangenheit, in »alten, abgelebten Zeiten« den Grund für seine Probleme, seine Depressionen, seine Krankheiten suchte.

Diese Auffassung basiert noch auf der linearen Zeitfolge, also auf der irrigen Annahme, daß ein Leben zeitlich dem anderen Leben folge. Daß dieser Zeitbegriff überholt ist, wurde im Kapitel 4 dargelegt. Nein, ein Horoskop hat mit »Vergangenheit« absolut nichts zu tun! »Fortschritt hat nämlich nichts mit Zeit zu tun, sondern mit psychischer und geistiger Zielrichtung. Jedes Stück ist vollkommen anders als jedes andere. Es ist daher unrichtig zu vermuten, daß eure Handlungen in diesem Leben von einem früheren Leben verursacht werden oder daß ihr in diesem Leben die Verbrechen eines früheren Lebens abbüßen müßt. Die Leben sind gleichzeitig!« (214/78 f.)

Angesichts der Gleichzeitigkeit aller Zeit ist das alte Reinkarnationsverständnis überholt. Für die hier und heute lebende Persönlichkeit heißt die Devise aus Hugo von Hofmannsthals *Jedermann:* »Hier wird kein zweitesmal gelebt.« Dies gilt, wohlgemerkt, für die Ich-Persönlichkeit, hier und in diesem Leben – nicht für die multidimensionale Persönlichkeit, die Wesenheit, der wir entstammen und zugehören. Ich werde mich in Kapitel 22 eingehend und ausführlich mit der Thematik der Reinkarnation beschäftigen. Für das astrologische Verständnis ist es wichtig zu wissen, daß die Vorstellung einer aufeinanderfolgenden Reihe von Leben aufgrund unseres heutigen Wissens nicht mehr denkbar erscheint.

»In einem Leben kann der Intellekt absichtlich hochgespielt werden, und die Geistesgaben des Intellekts können soweit entwickelt werden, wie sie sich entwickeln lassen. Diese Fähigkeiten werden sodann von der Gesamtpersönlichkeit analysiert und die Vor- und Nachteile des Intellekts sorgfältig gegeneinander abgewogen. In den

Erfahrungen eines anderen Lebens könnte dasselbe Individuum sich auf Gefühlsentwicklung spezialisieren und die intellektuellen Fähigkeiten absichtlich unter den Tisch fallenlassen.« (214/183)

Es gibt eine Gesamtkontinuität in der Wesenheit, nicht aber in der inkarnierenden Persönlichkeit. Um es noch mehr zu vereinfachen: Die Persona, im physischen Dasein in einem Lernprozeß begriffen, hat einen Zusammenhang mit der multidimensionalen Persönlichkeit oder Entität wie Vater und Sohn oder wie ein Blatt eines Baumes im Verhältnis zum Baum selbst.

Streifen wir doch endlich alle einengenden Etikettierungen ab! Es sind Begrenzungen, die nicht notwendig sind. Zu der Wahl des Lern- und Lehrprogrammes dieses Lebens haben wir sehr wohl ein Wort mitzusprechen gehabt. Wir waren sozusagen unsere erste Schöpfung. Wir selbst sind die Botschaft. Wir tragen einen codierten Informationsspeicher in uns, und darin ist alles enthalten, was wir zu unserem »Eigentlichen« in diesem Leben brauchen. Aber nochmals: »... genau wie ihr nicht eure Eltern oder eure Vorfahren seid, so seid ihr auch nicht euer ›Reinkarnationsselbst‹.« (213/II, 552)

Zusammenfassend ist also zu sagen, daß es den Zwang weder der Gestirne noch der Vererbung, noch Reinkarnationszwänge gibt. Das Bewußtsein wählt aus, der Geist schafft sich den Körper, schafft die Persönlichkeit. Wir haben schier unbegrenzte, wahrhaft unzählige Möglichkeiten der Wirklichkeit vor uns. Das ist eine tröstliche Gewißheit.

Zum guten Ende sei noch aus Thomas Rings »nicht gesprochenem Schlußwort« anläßlich seines neunzigsten Geburtstages auf Burg Stettenfels zitiert: »Symbolisch hebe ich mein Glas und spreche für uns alle: Carpe diem! Pflücke den Tag! Machen wir aus dem Wirklichen das Mögliche, unser Bestmögliches, gestalten wir unseren Sinn, unsere Wahrheit!«

12
Das Gesicht – ein Abbild der Seele

Symbole sind Gleichnisse des
Unvergänglichen in Erscheinungsformen
der Vergänglichkeit.

JOLANDE JACOBI

Wer hätte nicht Ähnliches erlebt: Es findet ein Gespräch, eine Verhandlung statt. Viel hängt vom Ausgang ab. Den Gesprächspartner, von dem die ausschlaggebende Entscheidung abhängt, haben Sie noch nie gesehen. Gründlich bereiten Sie sich vor. Sie haben alle Informationen, alle Argumentationen bei der Hand. Aber wie sollen Sie das Gespräch anlegen? Persönlich oder eher sachlich, sehr direkt oder vorsichtig aufbauend? Wie sollen Sie vorgehen? Volkstümlich oder mit gewähltem Ausdruck, vertraulich oder auf Distanz bedacht, mit Hard-pressure-Technik oder mit Glacéhandschuhen?

Das alles läßt sich gegenüber einem Unbekannten vorher in keiner Weise einkalkulieren. Auch sein Geburtsdatum kennen Sie nicht, so daß auch nicht mit leichter Hand eine rasche »Blinddiagnose« erstellt werden kann. Kurz, trotz aller Gründlichkeit der Vorbereitung fehlt Ihnen die wichtigste Information, das Wissen nämlich, was für ein Mensch dieser Gesprächspartner ist, der möglicherweise für Sie wichtig ist. Alle Kurse, alle Seminare, in denen Menschenkenntnis oder erfolgversprechendes Verhandeln gelehrt wird, sind vergeudete Liebesmüh, wenn Sie den Menschen nicht kennen.

Alles im Leben ist Symbol

Symbol ist vor allem das Gesicht, aber auch die gesamte Erscheinungsform des Menschen. Ein Symbol ist etwas, hinter dem »eine unsichtbare, tiefere Bedeutung verborgen liegt«. (273/93) Das Gesicht ist gleichsam das Abbild der unsterblichen Seele in ihrer vergänglichen körperlichen Erscheinungsform. Es zu deuten heißt, ein Symbol zu deuten. Oder umgekehrt: Jedes Symbol hat seine Entsprechung in der Wirklichkeit, ist Zeichen für ein Konkretum.

Mit der Deutung der symbolisch als »Gleichnisse des Unvergänglichen« aufzufassenden Erscheinungsformen befaßt sich die Psychophysiognomik, die Lehre vom Seelenausdruck. Es ist einfach großartig, wie sich Astrologie und Psychophysiognomik ergänzen! Das astrologische Kosmogramm vermittelt einen Einblick in die Anlagestruktur eines Menschen, die Psychophysiognomik aber zeigt im Antlitz den Menschen von *heute*. Sie leitet ihn von seiner gegenwärtigen Wirklichkeit her ab – wie er jetzt ist und wozu er sich unter Einschluß seiner Erbanlagen entwickelt hat. Erinnern Sie sich, wie es THOMAS RING beschrieben hat: Zwei Menschen, Napoleon und der Kommis vom Knopfgeschäft, haben den gleichen Geburtsmoment, nicht jedoch das gleiche Gesicht!

Der Unterschied fällt auf. Vieles ist vom Gesicht eines Menschen abzulesen, was als Horoskopaussage mit dem Warnruf »Aussagegrenze!« belegt werden müßte. Aus dem Gesicht kann man den Grad der Entwicklung und Reife eines Menschen erkennen, die Spuren der von ihm gelebten Wirklichkeit, den Ausdruck von Verwirklichung oder Scheitern, von Gesundheit oder Krankheit. Alles das, was in der Geburtsstunde angelegt war, ist im Augenblick persönlicher Begegnung als eine Art Wirklichkeit des Erreichten zu messen. In der Praxis der Menschenkenntnis diese beiden Symboldeutungssysteme miteinander zu verquicken und nebeneinander anzuwenden macht nicht nur viel Freude, sondern stellt auch eine große Hilfe im Alltagsleben dar.

Zum Beispiel sind die Paarung eines stark ausgeprägten Kinns mit einer markanten Nase, noch dazu bei einem auffallend ausgeformten Hinterkopf, Merkmale, die auf eine durchsetzungsfähige Persönlichkeit schließen lassen, die eigenen Lebensdirektiven folgt und stets weiß, was sie will. Sind die Ohren eng anliegend, wird der »Lebenskampf« eher mit friedlichen Mitteln ausgetragen. Ist aber das sprichwörtliche »Grüberl« im Kinn, muß auf Empfindsamkeit, Zartheit und Verletzbarkeit geschlossen werden. Die Durchsetzungskraft im Lebensalltag kann in diesem Fall mit ausgeprägter

Sensibilität einhergehen. Eine etwas harte Oberlippe deutet auf erlebte Gefühlsfrustrationen, auf Versagungen im Leben hin. Die Falten auf der Wange können auf gastritische Beschwerden hinweisen, gewisse Symptome unter dem Auge auf Nierenbeschwerden. Aus den beiden letztgenannten Symptomen läßt sich wiederum auf mögliche Kontaktprobleme rückschließen.

Welch großen Wert hätten doch Grundkenntnisse der Psychophysiognomik für den Arzt! Das Ohrläppchen und der Nacken sagen viel über die Vitalität eines Menschen aus, und der Augenausdruck gibt einen tiefen Einblick in die Eigenart dieses Menschen.

Auf die Gabe der Zusammenschau und Kombination kommt es an

Ich habe mit den vorstehend gestreiften Merkmalen natürlich nur eine Andeutung der Aussagemöglichkeiten der Psychophysiognomik gegeben. Ein Meister seines Faches, nämlich Ruedi Hangartner, der in St. Gallen, Schweiz, ein Institut für Menschenkenntnis leitet, hat mir eine Probe seines Könnens vermittelt, die wirklich erstaunlich war. Ohne näheres Kennenlernen, sozusagen »prima vista«, konnte er Aussagen über mich machen, die mich verblüfften. Das ging bis zu den Dichtern, die ich bevorzuge, und zur Musik, die für mein Leben wesentlich ist. Nichts entging seinem Kennerblick. Er ließ sich über die Art meines Denkens, die Methodenwahl, über Talentanlagen und Schwächen aus.

Die Kunst besteht darin, nicht so sehr anhand einzelner Merkmale, sondern in deren Zusammenschau zu einer gültigen Deutung zu finden. Dabei spielen natürlich auch die Größe, der Knochenbau, die Hautbeschaffenheit, die Glieder, der Rumpf, das Becken, die Schultern, Hals- und Kopfform als für die Deutung wichtige Eigenarten eines Menschen mit. Selbstverständlicherweise lohnt sich auch ein Blick auf die Haare, nicht nur des Mannes, sondern auch der Frau, auch wenn es sich um eine vom Friseur kunstvoll komponierte Damenfrisur handelt – weil ja die bevorzugte Frisur ebenfalls Symbol ist und einiges auszusagen hat. So sind zum Beispiel die beliebten, in die Stirn fallenden Ponyfransen, früher Bubikopf genannt, ein Zeichen dafür, daß diese Frau ein Gutteil ihres Lebens noch unbewußt lebt. Die Freigabe der ganzen Stirn aber deutet auf Sehnsucht nach Öffnung zu voller Bewußtheit hin.

Natürlich sind auch die Ohren aufschlußreich: ob fein und klein, ob groß und länglich, ob im unteren Teil am stärksten entwickelt oder nicht und so weiter. Wenn Sie es beispielsweise mit einem Gesprächspartner zu tun haben, der zwar konziliant erscheint, aber abstehende Ohren hat, dann können Sie davon ausgehen, daß es sich um einen eher streitbaren Menschen handelt.

Sehr wichtig ist die Ausformung des Hinterkopfes, des Seiten- und des Oberhauptes, der Stirn, der Nase, des Kiefers, des Kinns und des Mundes. Volle Lippen an einem Menschen, der offensichtlich eher ein Ernährungsnaturell ist, sagen natürlich etwas anderes als volle Lippen bei sonstigen Merkmalen eines Empfindungs- oder Bewegungsnaturells. Dem Ausdruck der Augen, der »Fenster der Seele«, kommt zweifellos die größte Bedeutung zu. Er widerspiegelt das höchst individuelle Menschliche und ist darum nie gleich einem anderen.

Menschenkenntnis auf der Grundlage der Psychophysiognomik setzt die Fähigkeit scharfer Beobachtung und Kombinationsgabe voraus, will man einen Menschen im Gesamtbild aller wichtigen Merkmale beurteilen. Und natürlich geht nichts ohne Lernen, ohne gründliches Studium dieses Wissensgebietes. Durch solches Lernen kommen wir der Forderung »Erkenne dich selbst!« tätig nach. Optimale Erkenntnis aber erlangen wir nur, indem verschiedene Symboldeutungssysteme miteinander kombiniert, vergleichend studiert und dann im praktischen Leben angewendet werden. Das bietet uns Lebenshilfe, wie sie praxisbezogener nicht gedacht werden kann.

13
I-Ging-Botschaften des Überbewußten

Ein Mehr an Information,
aus »höherer« Perspektive,
aus »größerer«, überindividueller
Sicht kann uns nur willkommen sein.
NORBERT EICHLER

Bisweilen stehen wir im Leben vor einer schicksalhaften Entscheidung. Die Qual der Wahl – eine Konsequenz unserer Freiheit – liegt bei uns. Von unserer Entscheidung wird es abhängen, ob der von uns beschlossene Umschwung gelingt und uns das erhoffte Gute bringt. Der rational-logisch Denkende wird alles herbeischaffen, was zur Entscheidungsfindung beitragen kann. Er wird recherchieren, Informationen anhäufen, Rechtsauskünfte einholen, Expertengutachten beschaffen und schließlich in endlosen Überlegungen und Diskussionen zu klären versuchen, welche Entscheidung in der gegebenen Situation die optimale Lösung einbrächte. Aber es ist ein Kreuz!

Der Mensch ist noch nicht in der Lage, alle Konsequenzen seines Tuns oder Lassens bedenken zu können. Er kann vieles vorhersehen; doch alle Möglichkeiten und Risiken, die sich an den vielen Wegkreuzungen und den Schlängelungen des eingeschlagenen Pfades ergeben werden, kann er nicht vorauswissen – zumindest noch nicht. Im Augenblick hat der Mensch nur einen Bruchteil seiner Gehirnkapazität zur freien Verfügung, so daß trotz allen Fortschritts der Wissenschaften das Christuswort »... denn sie wissen nicht, was sie tun!« gültiger denn je ist.

Noch weniger aber als seiner rationalen Fähigkeiten ist sich der Mensch der Fülle seiner inneren Fähigkeiten bewußt. Und doch ist kein Mensch auf sein bescheidenes physisches Ego angewiesen. Das

Wesen einer jeden Persönlichkeit reicht tief hinein in unterbewußte und überbewußte Bereiche, in das unermeßliche Innenreich höheren Wissens. Gerade an wichtigen Wendepunkten des Lebens aber sollten wir der Tatsache eingedenk sein, daß wir Rat und Hilfe herbeiholen können – die uns liebevoll zugedacht sind, wenn wir uns nur darum bemühen.

Wenn wir aufgrund der uns allen möglichen Öffnungen unseres Bewußtseins unseren Horizont weiter stecken, werden wir in die Lage versetzt sein, mittels suggestiver Einrede ein Vorauswissen über die Folgen einer von uns zu fällenden Entscheidung zu erlangen. Dabei müssen wir uns jedoch wiederum vor Augen führen, daß die Zukunft nicht fixiert ist, nicht vorbestimmt ist, nicht vorhersehbar ist. Dies ist scheinbar ein Widerspruch. Aber wirklich nur scheinbar: Wir haben viele Zukünfte vor uns! Die Wahl liegt bei uns! Unsere jeweilige Lebensentscheidung leitet die Verwirklichung einer bestimmten Art Zukunft ein, die wir aufgrund der von uns getroffenen Entscheidungen selbst so gewollt haben! Wie aber können wir wissen, welche Entscheidung dem eigenen Lebenssinn und unserem »Lebenseigentlichen« entsprechen wird?

Der leistungsfähigste »Computer« ist in uns

Der Mensch von heute hat, wie schon gesagt, die Möglichkeit, sein »privates Orakel« zu befragen. Auf im Grunde simple, primitiv-materielle Weise wird dies heutzutage von Wissenschaftlern und Computerfachleuten bereits praktiziert. Man gibt eine bestimmte Entscheidung vor, und der Computer errechnet über komplizierte Programme, welche Folgen aus dieser Entscheidung, aus dieser Maßnahme resultieren.

Auf wesentlich komplizierterer Grundlage beherrscht diese »Technik« das unendlich komplexere und tiefgründigere Wesen Mensch schon längst. Eine einmal geistig vorgegebene Entscheidung wird in eine scheinbare Wirklichkeit übersetzt, geprüft und überprüft, mit der eigenen Anlagestruktur, dem inneren Sinn und der Aufgabenstellung dieses Lebens verglichen, das Ergebnis herausgefiltert. Dies geschieht, wohlverstanden, innerhalb unserer unbewußten und überbewußten Erfahrungswelt. Wir können so erfahren, ob eine getroffene Entscheidung sich zu unserem Besten auswirkt oder aber besser anders hätte gefällt werden müssen.

Da wir aber eben noch nicht soweit oder nur wenige dazu befähigt sind, können wir uns verschiedenster Hilfsmittel bedienen. Bei der Auswahl der Hilfsmittel ist darauf zu achten, daß diese uns eine Wahlmöglichkeit belassen und somit unsere Willensfreiheit nicht antasten. Das Kriterium eines jeden guten persönlichen Beraters wie auch sachlichen Ratgebers besteht darin, dem Ratsuchenden die Freiheit seiner Entscheidung nicht zu rauben. Deswegen müssen stets Alternativen gegeben sein.

Wenn wir etwas über die Auswirkungen einer Entscheidung in der Zukunft wissen wollen, sind im Hinblick auf die Offenheit jeder Zukunft und im Sinne der uns heiligen Willensfreiheit Ja- oder Nein-Fragen unzulässig. Deswegen sind auch Systeme, die ausschließlich mit Ja- und Nein-Antworten arbeiten, wie zum Beispiel die Radiästhesie, auf andere Anwendungsgebiete zu verweisen. Das schließt nicht aus, daß ein sensibler Pendler den Zwangslauf einer Entwicklung mit einem Ja oder Nein richtig vorhersehen kann. Dies ist genauso möglich wie die Möglichkeit einer richtigen, astrologisch ermittelten Prognose. Menschen aber, die sich ihrer Freiheit bewußt sind, die ihre Vorstellungswelt der Wirklichkeit anpassen, die die Multidimensionalität des Wesens ihrer eigenen Persönlichkeit erkennen und nutzen, erheben sich souverän über solche Schmalspurigkeit.

Das I Ging des kosmischen Zeitalters ist echte Orientierungshilfe

Ein Ratgeber, der uns viel zu geben vermag, ist ein Buch uralter Weisheit; sie ist fast fünftausend Jahre alt. Ich meine das *I Ging*, das fast einzige mystisch-esoterische Werk der chinesischen Philosophie. KONFUZIUS hat in seinen Altersjahren eine grundlegende Bearbeitung vorgenommen, und LAOTSE hat tief aus der unauslotbaren Weisheitslehre des I Ging geschöpft.

Die Schwierigkeit für uns besteht in der Problematik der Übertragung nicht nur aus der chinesischen Sprache, sondern auch aus der uralten Kultur in die Jetztzeit. Eine unkritische Übertragung des zweitausendzweihundert Jahre alten Textes führt unweigerlich zu Wirrnis und Ratlosigkeit. NORBERT A. EICHLER fällt das Verdienst zu, mit seinem Werk *Das Buch der Wirklichkeit – Das I Ging des kosmischen Zeitalters* eine geniale neue Deutung erarbeitet zu haben, die als Orientierungshilfe auf dem Weg zur Erkenntnis von großem praktischem Wert ist. Er sagt: »Der ›Originaltext‹ des I Ging in seinen verschiedenen zirkulierenden Versionen mag in Zukunft zu Zwecken des Quellenstudiums sicher noch nützlich sein – in seiner Bedeutung ... als einem Weg zur Vervollkommnung und Erleuchtung dürfen wir ihn getrost als abgelöst betrachten.« Und er kennzeichnet sein Werk wie folgt: »Diese Arbeit ist revolutionär, und sie in Inhalt und Form geleistet zu haben nimmt das vorliegende Buch in Anspruch.« (73/7)

Wenden wir uns der Praxis zu. Das I Ging ist kein Wahrsagebuch. Dies sollte schon aus den einleitenden Bemerkungen zu diesem Kapitel hervorgegangen sein. Es zeigt vielmehr die Richtung einer vorgegebenen Lösung an und gibt deutliche Hinweise auf die Folgen einer in Gang befindlichen Entwicklung. Ohne Codierung, ohne Chiffrierung ist schwarz auf weiß zu lesen, wohin ein einmal eingeschlagener Weg führt und in welche Richtung eine notwendige Wandlung gehen würde. Die Entwicklungstendenzen und vor allem die Gründe für die augenblickliche Lage werden sichtbar. Dies führt zur Erkenntnis der augenblicklichen Lebenssituation. Welche Frage auch immer im Leben eines Menschen zur Weichenstellung werden kann, das I Ging gibt Antwort.

Es ist tatsächlich eine sprudelnde Quelle erhellender Erkenntnis, die auch ein Skeptiker einmal probieren sollte. Der Zyniker versperrt sich selbst den Weg. Er, der über andere geringschätzig lächelt, ist in Wahrheit der »arme Teufel«, der sich mit einem Bruchteil der zur Verfügung stehenden Erkenntnismöglichkeiten abspeisen läßt. Ihm fehlen die notwendige Reife und die notwendige Sensibilisierung für eine Welt, die sich nicht nach althergebrachtem Schema materiell-naturwissenschaftlich erklären läßt.

Wenn wir aus der Fülle dieses »Buches der Wirklichkeit« Antworten auswählen, so sollte der Sinnfrage Vorrang eingeräumt werden. Die Frage, welcher Sinn wohl unserem Leben innewohnt, ist eines der höchsten Anliegen an das Überbewußte, das an unser höheres Selbst herangetragen werden kann. Gerade an den entscheidenden Wendepunkten wird die Sinnfrage zum eigentlichen Anliegen des im Drama seines Lebens ringenden Menschen. Großartig, wenn die Antwort der Geistessphäre dann zum Beispiel lautet: »Verkünde die Wahrheit, die dir gegeben ist ... Der erleuchtete Mensch, frei von Irrtum und Fehlern und befreit von der Notwendigkeit der Suche nach Erkenntnis und Wahrheit: sie fällt ihm mühelos zu. Seine Wirkung auf die Mitmenschen, auf seine Umwelt und die Gesellschaft ist ungehindert, er findet Anerkennung, und man folgt seinen Einsichten. In dieser Klarheit lassen sich die größten Probleme lösen.« (73/54)

Nicht immer wird das Orakel solch hymnische Verkündigung offenbaren. Oft werden es Ermahnungen sein, das oder jenes zu tun, dies oder jenes zu unterlassen, das eine oder andere zu ändern, sich selbst zu wandeln.

Eine Art Krönung eines Lebens kann es allerdings sein, wenn bei sich neigender Sonne im Abendrot nochmals gefragt wird und es gleichsam aus den unendlichen Weiten des Kosmos verheißungsvoll tönt: »Ein Erleuchteter, künftiger Stern am Firmament, sehnt sich nach Vollendung seiner irdischen Mission: die hat er in sich längst realisiert. Doch ehe das Universum ihn in den Kreis der Unsterblichen, Wahrer des Lebens und der Ordnung aller Existenz aufnimmt, verlangt es von den Menschen, ihn zu sehen und zu erkennen: als Vorbild und Beispiel für kosmische Realität.« (73/191)

Wahrhaftig, in einem solchen Buch der Weisheit können wir uns immer, wenn es notwendig ist, Rat und Hilfe holen!

14
Außersinnliche Wahrnehmung (ASW) als Lebenshilfe

> Entwicklung und Anwendung der
> außersinnlichen Wahrnehmung,
> die in jedem Menschen schlummert,
> werden unsere Welt
> von morgen verändern.
>
> MILAN RÝZL

Und wieder das vertraute Bild! Die letzten Strahlen der Abendsonne durchfluten nochmals den Salon. Der Kreis vertrauter Freunde, die sich zu einem guten Gespräch hier getroffen haben, begibt sich in den rückwärtigen Teil des Raumes.

Anordnung und Ablauf einer ASW-Sitzung

Unser Medium, die bekannte Ärztin Dorli H., die ihre Gabe der außersinnlichen Wahrnehmung (ASW) wie andere Menschen den Gesichtssinn einzusetzen versteht, sitzt auf dem Fauteuil am »Koordinationspunkt«. Ihr werden – das erleichtert ihre vertiefte Konzentration – die Augen verbunden. Ein Aufnahmegerät mit gutem Mikrophon wird in der Nähe plaziert. Dann tritt Ruhe ein. Wir konzentrieren uns auf das bevorstehende Geschehen. Nach wenigen Minuten ist das Medium in Trance, und wir können Fragen stellen. Die Fragen liegen schriftlich vor und werden mit einem Code versehen; das Medium erfährt sie gar nicht. Es nimmt die Fragen telepathisch auf.

Der Sitzungsleiter hat für den ersten Teil dieses Zusammenkommens folgende geheimgehaltene und nur auf telepathischem Weg an das Medium weiterzugebende Fragen, die von anwesenden und auch von nicht anwesenden Personen gestellt wurden, vorbereitet:

1. Eine geplante Wende im Leben eines Geschäftsmannes: Gelingt ihm mit dem sechsundfünfzigsten Lebensjahr der Ausstieg aus dem Berufsleben, und welche Sinngebung ist dominierend für die kommende Lebensperiode? Diese Frage wurde unter dem Code L 10 verschlüsselt an das Medium weitergegeben.
2. Ein Patient, der sehr lange schon unter gesundheitlichen Beschwerden litt und dem bisher nichts geholfen hatte: Kann er überhaupt noch Heilung erwarten? Diese Frage erhielt die Chiffre E 23.
3. Eine sehr sensible Persönlichkeit, die im Augenblick mit besonderer Lebensproblematik belastet war: Ist für sie eine Veränderung in Sicht? Dem Medium wurde diese Frage unter A 7 überantwortet.

Plötzlich beginnt unser Medium zu reden, wie meist in Bildern, in Symbolen: »Ich sehe viel klares Wasser. In der Tiefe sehe ich ein gläsernes Gefäß, in dem sich ein ansehnlicher Fisch befindet. Er kann aber aus seinem gläsernen Käfig nicht heraus.«

Der Sitzungsleiter versucht durch eine Intervention, dieses Bild zu verändern. Er meint, das Medium solle versuchen, den Fisch zu befreien. Und siehe, es gelingt! Der Fisch entkommt seinem gläsernen Käfig und schwimmt munter zu seinen Artgenossen ins freie Wasser. Die erste Frage erscheint damit geklärt.

Nun wird auf die gleiche Weise, wie sie vorstehend beschrieben wurde, die nächste Frage vom Sitzungsleiter telepathisch dem Medium übermittelt. Dazu lautet nun – verkürzt wiedergegeben – die Sicht des Mediums: »Ich sehe einen Kuhstall voll vergnügter Kühe.«

Im Hinblick auf die gestellte Frage war offensichtlich eine zusätzliche Frage, eine Intervention, nicht notwendig. Der Sitzungsleiter stellt die dritte Frage. Die Antwort des Mediums ist schon im Symbol etwas problematisch: »Eine dunkle Landschaft. Viel Nebel – kalt. Ein Haus, kann nicht hinein.«

Ein Teilnehmer der Runde versucht, helfend einzugreifen. »Ist der rückwärtige Eingang nicht offen?«

Nach einiger Zeit findet das Medium den rückwärtigen Eingang des Hauses und kann es betreten. »Dort sehe ich Kerzen, die aber erloschen sind.«

Der Sitzungsleiter versucht, dem Medium zu suggerieren, es möchte die Kerzen anzünden.

»Es geht nicht.«

Nach einigen weiteren Bemühungen muß vom Versuch, die Kerzen anzuzünden, abgerückt werden. Das Medium wird gefragt, ob in der Zwischenzeit vielleicht in der Natur vor dem Haus eine bessere Stimmung herrsche.

»Es scheint jetzt die Sonne. Aber die Strahlen wärmen nicht.«

Ich breche hier die Schilderung dieser Sitzung ab und möchte nun zu erklären versuchen, was da vor sich gegangen ist. Zunächst dies: Der Fauteuil, in dem das Medium saß, stand an einem »Koordinationspunkt«. Das ist im Sinne der in Kapitel 21 näher erklärten Seth-Lehren ein Punkt (in einer Landschaft, einem Haus, einem Zimmer), der die Freisetzung psychischer Energien begünstigt. »Eure eigenen Gefühle oder Empfindungen aktivieren diese Koordinationspunkte, ob ihr davon nun wißt oder nicht. Dadurch wird euer ursprünglicher Gedanke oder euer Gefühl mit Energie aufgeladen, und die Projektion in die materielle Erscheinungswelt wird beschleunigt ... Mit anderen Worten sind diese Punkte wie unsichtbare Kraftwerke, die, sobald ein Gedanke oder ein Gefühl von hinreichender Intensität sie berührt, zu arbeiten beginnen. Die Punkte selbst intensivieren, was immer sie aktiviert, auf völlig neutrale Weise.« (214/95)

An einem solchen Punkt ist die Entfaltung parapsychischer Gaben, in dem geschilderten Fall die Fähigkeit der außersinnlichen Wahrnehmung (ASW) einer Sensitiven – die Fähigkeit der Telepathie und des Hellsehens – begünstigt, und so wird dieser Ort nicht zufällig von unserem Medium bevorzugt. Nach Möglichkeit sollte an solchen, für sensible Menschen spürbaren Energiepunkten auch meditiert werden, da die durch intensive Gedanken und Gefühle freigesetzte Energie vielfach verstärkte Wirkung hat. Natürlich gilt das – leider – auch hinsichtlich depressiver Stimmungen.

Das »In-Trance-Gehen« des Mediums ist ein ziemlich alltäglicher Vorgang. Wir alle befinden uns, ohne daß wir uns dessen bewußt sind, sehr oft in einem mehr oder weniger tiefen Trancezustand, so etwa beim Musikhören. In diesem Zustand vermag sich ein Medium einfach leichter zu entspannen und sich von der Wirklichkeit der Erscheinungswelt auf eine andere, die innere Realität einzustellen. Das

Bewußtsein wird nach innen zentriert. Der veränderte Zustand zeigt sich daran, daß der Atemrhythmus verlangsamt, die Hirnstromtätigkeit auf die längeren Alphawellen reduziert und das Medium, wie gesagt, völlig entspannt ist.

Warum nun die telepathische Eingabe der Fragen in codierter Form? »Das Medium ist die Botschaft«, so sagen die Fachleute. Dies bedeutet, daß jede wie immer geartete Eingabe einer Frage die Persönlichkeitsstruktur des Mediums passieren muß und durch diese verändert wird. Wenn die Frage telepathisch eingegeben wird, besteht zwischen dem »Sender« und dem »Empfänger« ein bloß *unbewußter* Kontakt. So werden die bewußten Schichten der Ich-Persönlichkeit des Mediums umgangen. Damit aber wird die bewußte Vorstellungswelt des Mediums weitgehend eliminiert und somit erreicht, daß die Antwort oder die Botschaft des Mediums möglichst objektiv ausfallen kann. Sie wird freigehalten von Glaubensüberzeugungen und Vorurteilen des Mediums. Durch die codierte Eingabe, also beispielsweise unter dem Chiffrewort E 23, wird sichergestellt, daß Einflüsse aus der Vorstellungswelt des Mediums unterbunden sind, aber auch weder Wünsche noch Ängste in seine Antworten einfließen können.

An der Tatsache der Möglichkeit einer solchen telepathischen Weitergabe von Fragen erkennt man übrigens, wie wenig geheim Gedanken eigentlich sind. Unsere geheimsten Gedanken sind aufgrund telepathischer Übertragung anderen Menschen zugänglich; sie werden ihnen – bewußt oder unbewußt – offenbar.

Was sagen nun die Bilder, die Symbole, in denen das Medium seine innere Wahrnehmung ausdrückt? Wenn wir ganz unvoreingenommen an die Sache herangehen, müssen wir einräumen, daß wir doch lieber konkretere Aussagen erwarten würden. Aber: Was ist nicht alles im Leben Symbol! Und je konkreter die Botschaft ist, desto größer ist die Gefahr, daß die Aussage von bewußten oder unbewußten Überzeugungen des Mediums beeinflußt ist, die Botschaft uns also verzerrt zukommt und weniger sinngeladen sein wird. Das Symbol drückt unmittelbar aus, was das Medium wahrnimmt. Es sagt uns Wesentliches und erlaubt uns, die dahinterliegende Wirklichkeit zu erkennen. Konkrete Sprache vermag die Vielfalt menschlichen Erlebens immer nur unzulänglich auszudrücken. Wir bedürfen daher des Symbols, des Bildes.

In unserem speziellen Fall sind Ähnlichkeiten mit dem katathymen Bilderleben – wohlgemerkt: Bild-Erleben – gegeben, das auf den Einsichten der Tiefenpsychologie beruht und als heute allgemein anerkannte Imaginationstechnik in der Psychotherapie angewendet wird. Mit Hilfe dieser von HANSCARL LEUNER entwickelten Tagtraumtechnik entwirft der Patient ein Bild seiner Seelenlandschaft. Und dies im wahrsten Sinne des Wortes! Als immer wiederkehrende Motive wird von den Imaginierenden beispielsweise die Wiese als Bühne auftretender Symbolgestalten erlebt oder der zu besteigende Berg mit allen Schwierigkeiten des Aufstiegs, also der Lebensbewältigung. Ein anderes Motiv ist das Wasser, Symbol innerseelischer Vorgänge, wieder ein anderes das Haus als Symbol der Persönlichkeit selbst.

HENRY G. TIETZE, der bekannte Münchner Psychologe, erläutert: »Theoretisch ist das katathyme Bilderleben der Tiefenpsychologie zugeordnet und der Psychoanalyse verpflichtet ... Die dabei auftretenden Imaginationen werden als spontane Manifestationen des Drängens der Seele, sich selbst darzustellen, verstanden ... Von besonderer Bedeutung ist, daß im symboldramatischen Erleben sogenannte ›selbstregulierende Tendenzen‹ im Ich und somit Selbstheilungskräfte der Psyche angeregt werden. Es herrscht die Grundannahme vor, daß der Patient allein durch die symboldramatische Entwicklung, unter nur leichter Lenkung durch den Therapeuten, seinen therapeutischen Weg mit Befreiung von der Symptomatik in eigener Regie zu vollziehen vermag.« (273/137)

Präkognitives Hellsehen und katathymes Symboldrama haben Gemeinsamkeiten, aber auch Verschiedenheiten. Gemeinsam ist die Übermittlung der Botschaft durch Symbole, durch Bilder. Gemeinsam ist auch die Möglichkeit, das Verfahren therapeutisch zu nutzen. Das katathyme Bilderleben führt seitens des Patienten zur Erkenntnis seiner inneren Konflikte, seiner Seelenlage. Eine präkognitive ASW-Information zeigt eine wahrscheinliche Zukunft auf, die der Betreffende dann wählt – oder nicht.

Sie werden sofort verstehen, was gemeint ist, wenn die verschlüsselten Botschaften sowohl im Zusammenhang mit den dazugehörenden Fragen als auch im Licht der folgenden Symboldeutungen erklärt werden. Wie bei jeder Symboldeutung ist auch in diesem Fall ein Symbollexikon zur Dechiffrierung des »Gemeinten« völlig unzureichend. Es gehören Fingerspitzengefühl, Einfühlungsvermögen und auch ein gründliches Wissen über die Bedeutung der Symbole dazu.

Die Erklärung der Symbolbotschaften

Wie sollen nun die aus den drei Fragen resultierenden Antworten des Mediums praktisch entschlüsselt werden?

Die erste Frage bezog sich auf die Seelenlandschaft eines Beteiligten, der seit Jahrzehnten erfolgreicher Geschäftsmann war. Die Botschaft des Mediums war eindeutig: Das Beste dieses Menschen, sein seelischer Schatz, war in einem gläsernen Kasten versperrt. Das Symbol des Fischs wie auch des Wassers steht für innerseelische Vorgänge, für ein Wirken für die Menschheit, ein besonderes Talent. Dieser Fisch war in ein gläsernes Gefängnis gesperrt und konnte nicht »wirken«. Die Wege zur Verwirklichung des »Eigentlichen«, des ureigenen Lebenssinnes, waren versperrt, es wurde ja noch eine andere Wirklichkeit gelebt.

Aber die Freiheit der Änderung war gegeben. Das gläserne Gefängnis konnte geöffnet werden: der Fisch schwamm munter zu seinen Artgenossen. Dies bedeutet, daß dem Fragenden die Chance der Verwirklichung des eigentlichen Lebenssinns aufgezeigt und die Lebenserfüllung in einem Wirken für andere nahegelegt wurde.

Zur zweiten Frage nach der Aussicht auf Heilung kam ja die eigenartige Aussage des Mediums: »Ich sehe einen Kuhstall voll vergnügter Kühe.« Wer mit dem Umgang von Symbolen nicht vertraut ist, kann natürlich mit einer solchen Botschaft nichts anfangen. »Einen Kuhstall sehen« aber verheißt Heilung von einem Leiden. Und vergnügte Kühe im »Kuhstall unseres Daseins« sind ein besonderes Glückssymbol. Es ist also dem anfragenden Patienten über das Medium die frohe Kunde zuteil geworden, daß Heilung in Sicht sei.

Es ist schon großartig, wie hier Telepathie und Hellsehen, genaugenommen ASW in die Zukunft, also Präkognition (im Unterschied zu Retrokognition, ASW in die Vergangenheit), vermittelt durch Symbole, die natürlich übersetzt werden müssen, ineinandergreifen! Unser zuhöchst sensitives Medium erhielt ja keine andere Information als die Chiffre E 23!

Die dritte Frage beantwortete das Medium im Bild von einer

dunklen, von Kälte und Nebel gekennzeichneten Landschaft und einem Haus, zu dem der Eintritt verwehrt war. Die Bedeutung ist klar. Es ist eine depressive Seelenlandschaft, die so charakterisiert wird, und die Persönlichkeit selbst verwehrt da den Zugang zum Innersten, zum eigentlichen Selbst. Ein »Hintertürl« wird gefunden, um das Innere erkunden zu können. Man findet Kerzen, die erloschen sind. Vordergründig könnte sich dabei die Deutung erloschener männlicher Sexualität anbieten. Es handelt sich aber eher um das Lebenslicht, das in der augenblicklich gegebenen Lebenslage wie erloschen ist. Eine dramatische Vertiefung versinnbildlichen Dunkel, Kälte und Nebel. Wenn die Intervention des Sitzungsleiters, den Versuch zu unternehmen, die Kerzen anzuzünden, scheitert, so bedeutet dies, daß der Augenblick zum erlösenden Wandel noch nicht gekommen ist. Ein Hoffnungsschimmer ist die wiederkehrende Sonne, ein starkes Energiesymbol, in dem sich der Wesenskern widerspiegelt. Doch die Sonne verbreitet zwar Licht, vorläufig jedoch nicht Wärme, Vertrauen und Zuversicht. Die Zeit durchpulsten neuen Lebens ist noch nicht gekommen.

Wir konnten an den drei eingangs dieser Sitzung gestellten Fragen erkennen, welch rätselhafte Prozesse in uns vorgehen. Das Medium ist in der Lage, telepathisch die vom Sitzungsleiter suggerierte Frage mit der kompletten, damit involvierten Problematik zu erfassen und zu verstehen. Dann aber erfolgt das Hinabsteigen in die »Tiefenschichten« der Persönlichkeit, die die Frage gestellt hat. Diese Tiefenschichten werden mit Vorliebe »das Unbewußte« genannt. Nun sind aber diese Persönlichkeitsschichtungen uns nur deswegen unbewußt, weil wir durch unsere Lebensausrichtung speziell auf die praktische Lebensbewältigung innerhalb der materiellen Welt zentriert sind.

Engen wir aber unsere Bewußtheit nicht durch solche Einseitigkeit ein, so sind alle »unbewußten« Schichten unserer Persönlichkeit im höchsten Maße bewußt – sicherlich wesentlich bewußter als unser angeblich so waches, in Wirklichkeit aber stark eingeengtes Tagesbewußtsein. Die antwortende Bewußtseinsschicht in unserem Inneren gehört der unsterblichen Geistessphäre unserer Wesenheit an, die einen präzisen Überblick über unsere momentane Situation und unsere wahrscheinlichen Zukünfte hat. Ich spreche von wahrscheinlicher Zukunft deshalb, weil eben unsere Zukunft nicht fixiert, nicht vorbestimmt und deswegen nicht definitiv vorhersehbar ist.

Es gibt jedoch eine wahrscheinliche Zukunft als Resultat einer bestimmten Entwicklung. Ich werde darauf noch näher eingehen. Je freier ein Mensch ist, je weniger er von seiner nicht der Wirklichkeit entsprechenden Vorstellungswelt eingeengt ist, um so besser. Dies bedeutet, daß einem solchen Menschen jederzeit eine Wandlung seines Schicksals möglich ist und er das Steuer auch »im letzten Moment« noch herumreißen kann. Dies bedeutet wiederum, daß selbst von zuhöchst ASW-begabten Sensitiven wahrgenommene Wahrscheinlichkeiten eben *nicht* eintreffen müssen!

In der zweiten Hälfte unserer Sitzung stieß ein Doktor beider Rechte dem Kreis zu, der nach hervorragend durchlaufenem Universitätsstudium nicht wußte, welcher Berufung er folgen sollte. Er hatte auf einem Stück Papier die möglichen Alternativen seiner weiteren Laufbahn – es waren fünf – aufgelistet. Dieses Dokument blieb jedoch unserem Medium unbekannt. Die fünf Fragen wurden codiert und dem Medium unter Chiffrezahlen weitergegeben. Die Problematik dieses begabten Juristen lag darin, daß er intellektuell sicher befähigt war, ein guter Anwalt zu werden. Er befürchtete aber, in einem solchen Beruf nicht glücklich werden und seine hohen Ideale nicht verwirklichen zu können. Nebenher hatte er nämlich Theologie studiert und lebte in seinem praktischen Alltag eher idealistischen als praktischen Interessen. Selbstverständlich war dies alles dem Medium völlig unbekannt. Damit höchstmögliche Objektivität und Unvoreingenommenheit gewährleistet blieb, wurde ihm davon auch nichts gesagt.

Um es abzukürzen: Seine erste Frage bezog sich auf seinen Werdegang als Anwalt und Teilhaber in der Kanzlei seines Vaters, eines bekannten Staranwaltes des Landes. Als Antwort kam die Symbolik einer ziemlich bewölkten Landschaft, im gesamten ein Bild eher unfreundlicher Art. Auf die Frage, wie sich der Entwicklungsgang in einem Abschnitt von zehn und zwanzig Jahren darböte, ergaben sich gewisse sonnige Aufhellungen, jedoch immer noch mit gewittrigem Hintergrund.

Die zweite Frage bezog sich auf die Verwirklichung einer theologischen Laufbahn. Die Frage wurde dem Medium unter Chiffre 2 übermittelt. Es beschrieb eine bedrohliche Landschaft in Eis und

Schnee. Es war offenkundig: Dieser Mensch mußte seine Ideale auf einem anderen Weg verwirklichen. Seine Aufgabe war es nicht, Theologe zu werden. Wie das Medium es im nächsten Bild darstellte, galt es eher, die Anliegen des Christentums im praktischen Leben zu verwirklichen.

Die dritte Frage nun bezog sich genau auf solches praktisches Helfen. Der Fragesteller hatte sich des Wortes »Welthilfe« bedient. Die Antwort des Mediums war überraschend eindeutig. Es sah eine sonnige Landschaft; einen von Palmen und Agaven umsäumten Meeresstrand. Keine wie immer geartete Störung beeinträchtigte dieses Bild, auch nicht in der Zukunftsvision.

Frage vier betraf die Wahl des Wohnortes, falls doch der Anwaltberuf gewählt würde. Die Antwort kam rasch: »Eher in einer Großstadt.«

Dem jungen Mann stehen Möglichkeiten offen. Die Wahl seiner Zukunft liegt bei ihm. Sein Inneres aber offenbart, wie sich eine bestimmte Entscheidung auswirkt. Es sind wahrscheinliche Zukünfte – die definitive Entscheidung verbleibt im freien, souveränen Individuum selbst.

Anschließend ergab sich noch eine Zusatzfrage zum ersten Teil der Sitzung. Der Geschäftsmann, dem das Gelingen des Ausstiegs aus dem Berufsleben mit dem sechsundfünfzigsten Lebensjahr bestätigt worden war, wollte wissen, welche konkrete Aufgabe nun zur Verwirklichung des eigentlichen Lebenssinnes zu bewältigen sein werde. Schon bei der gedanklichen Formulierung der Frage kam seitens des Mediums, ohne daß es die Chiffre der Frage abgewartet hätte, das Bild eines geflügelten Rosses. Es war der Hinweis auf Pegasus, das Sinnbild dichterischer Intuition. Die Aufgabe für die kommende Lebensperiode war damit wohl eindeutig ausgedrückt. Ein Buch sollte entstehen. Das Thema dieses Buches war mit der schon vorher nahegelegten »Lebenserfüllung in einem Wirken für andere« gegeben.

So nun können uns ASW-Impressionen zu einer Entscheidungsfindung verhelfen. Dabei überraschen immer wieder die sich aufdrängenden Symbolbilder. Die Antworten desselben Mediums zu den Fragen einer liebenswürdigen Geistesfreundin, die, eine tiefgläubige Katholikin, sich besonders zu Maria, der Gottesmutter, hingezogen fühlte, enthielten stets der Mariensymbolik entsprechende Bilder. Das Medium sah konkret die Schutzmantelmadonna oder das Blau der Muttergottes-Farbe. Der Wesensart eines jeden Fragenden ist eine ureigene Bildsymbolik zu eigen. Mit der Erschließung derselben gelingt es, die eigene Seelenlandschaft zu erkunden und einen kleinen Teil des großen Geheimnisses des inneren Wesens in das Bewußtsein zu heben.

Einer der bemerkenswertesten Sensitiven, die ich je kennengelernt habe, ist MICHAEL LAMBERT. Kaum sieht Michael ein Foto, drängen sich ihm schon Ausschnitte der Lebensgeschichte, der Problematik und der Zukunftsperspektiven einer Persönlichkeit auf. Erstaunlich ist auch, wie er die Aura eines Menschen zu erkennen und zu beschreiben vermag. Ein harmonisches Dunkelblau versinnbildlicht religiöse Vertiefung, Lauterkeit des Herzens und Sehnsucht nach Höherem. Ein helleres Blau »ist die Farbe der Ergebung in ein hohes Ideal und kann sich bis zu einem leuchtenden Blaulila verfeinern, ein Zeichen der höheren geistigen Entwicklung; es ist gewöhnlich von flimmernden goldenen Sternen begleitet, die erhabenes geistiges Streben andeuten.« (143/84)

Ein leuchtendes Grün hingegen zeigt praktischen Sinn an, Gelb hat etwas mit Intelligenz zu tun. Ist das Gelb goldig angehaucht, richtet sich die Intelligenz auf Höheres. Weißes Licht ist stets die Farbe reinen Geistes und hat in der Aura die Bedeutung vertiefter Geistigkeit. Braun in der Aura ist nicht wünschenswert und weist auf Egoismus und Durchschnittlichkeit hin. Grau deutet auf depressive Grundstimmung hin, Schwarz ist Symbol des Hasses und des Zorns. In der Aura spiegelt sich nicht nur das körperliche Ich, sondern auch das innere, das höhere Selbst. Die Aura gibt einem Sensitiven Hinweise auf Gesundheit und Krankheit, aber auch auf den Reifezustand eines Menschen.

Präkognition vermittelt uns »Vorentwürfe« der Zukunft

Die Fähigkeit der außersinnlichen Wahrnehmung, insbesondere der Präkognition, also der ASW in die Zukunft, kann uns, wie demonstriert wurde, wertvolle Hilfe bieten. Was aber, wenn wir kein talentiertes Medium zur Verfügung haben? Nun – in jedem Menschen schlummert diese Fähigkeit. Wie MILAN RÝZL, einer der führenden Pionierforscher der Parapsychologie und Professor an der John

F. Kennedy University, inbesondere in seinem Standardwerk *ASW-Training* (229) dargelegt hat, läßt sich diese Fähigkeit gezielt aktivieren und trainieren. Doch abgesehen davon werden uns innere Wahrnehmungen, auch präkognitiver Art, sehr oft im Traum zuteil. Solche Botschaften kommen uns allerdings meist nur symbolisch verschlüsselt zu, und die Deutung von Träumen ist deshalb ein ziemlich schwieriges Kapitel und nicht jedermanns Sache. Die uns in Träumen geschenkten Informationen sind oft hinter der Symbolik geradezu versteckt, und so gilt es wiederum, Symbole zu entschlüsseln.

»Nun ist euer Bewußtsein hellseherisch und telepathisch, obwohl ihr das vielleicht nicht erkennt. Im Schlaf, wenn ihr euch für bewußtlos haltet, könntet ihr um vieles bewußter sein als jetzt ... Bewußtseïn, eures und meines, ist völlig unabhängig von Raum und Zeit ...« (214/141) Aus der gleichen Quelle stammt der Ratschlag, im entspannten Zustand, am besten vor dem Einschlafen, die eigene Seelenlandschaft zu durchwandern und immer dann symbolisch einzugreifen, wenn Entwicklungen sichtbar werden, die nicht wünschenswert sind (Unkraut beispielsweise ist ganz einfach zu jäten). Durch diese Eingriffe symbolischer Art wird nämlich die Wirklichkeit des Lebens verändert.

Träumen heißt also die Devise! Dabei sollten wir uns suggerieren, uns die Essenz eines Traums auch zu merken. Da dies viele Menschen nicht können, sei tröstend hinzugefügt, daß die Botschaft des Traums dennoch im Leben wirksam wird. Sie kommt in unseren Intuitionen, Ahnungen und Impulsen zur Geltung.

Angesichts all dieser Phänomene ist es entscheidend wichtig zu erkennen, daß es keine Vorbestimmung, keine fix determinierte Zukunft gibt. ADRIAN DOBBS, der berühmte Mathematiker und Physiker, spricht von »Zweizeitdimensionen«. Nach seiner Theorie »fliegt der ›Pfeil der Zeit‹ entlang der zweiten Zeitdimension durch eine probabilistische, das heißt wahrscheinliche, statt durch eine deterministische Welt«. (123/75) Diese These erleichtert die Erklärung, »daß nämlich das Vorauswissen um ein zukünftiges Ereignis die Möglichkeit impliziert, dieses Ereignis zu beeinflussen und damit die Voraussage aufzuheben«. (123/76) Sehr deutlich wird diese These dadurch, daß Dobbs statt des Begriffs »Vorauswissen« oder »Präkognition« den des »Vorentwurfs« verwendet.

Die Präkognition bietet also einen »Vorentwurf« möglicher oder wahrscheinlicher Zukunft und nicht das Zukunftsgeschehen, das sicher und tatsächlich eintreten wird. Dem pflichtet auch Milan Rýzl bei: »Erinnern wir uns nun daran, daß Ereignisse, die von der freien Willensentscheidung des einzelnen abhängen, der Präkognition meist nicht zugänglich sind.« (231/29)

Nur der unreife Mensch, dessen Bewußtsein nicht wach und nicht offen und der unfähig ist, sich seiner Willensfreiheit zu bedienen, wird von der Vorbestimmtheit und daher Vorhersehbarkeit und Unabänderlichkeit künftigen Geschehens ausgehen. Je bewußter der Mensch ist, je wacher und offener sein Geist, desto weniger gibt es die Möglichkeit, Zukünftiges zuverlässig vorhersehen zu können. Unter den zahllosen wahrscheinlichen Zukünften wird der freie Mensch immer die Wahl haben. So erschöpft sich auch der Sinn der Konsultation eines Mediums: Dem Ratsuchenden soll bei der Entscheidungsfindung geholfen werden. Die Entscheidung aber muß bei ihm verbleiben und darf ihm vom Berater niemals abgenommen werden. Gegenteiligenfalls würde ja der Berater unser Leben zu verantworten haben. Damit aber wäre unser eigener Reifungsprozeß in Frage gestellt.

Die Verantwortlichkeit für unser Leben kann uns ein Berater niemals abnehmen. Uns bleibt die Entscheidung, unter immer weiter sich auffächernden Möglichkeiten auszuwählen, unser Leben individuell zu gestalten und das Eigentliche, das Besondere unseres Lebens auszufiltern und zu verwirklichen.

Auch Prophezeiungen religiöser Natur haben den eigentlichen Sinngehalt in der Warnung, solche leidvolle Vision nicht eintreten zu lassen. Der Mensch soll von einer bestimmten Fehlentwicklung abgehalten und darauf hingewiesen werden, daß er sich zu wandeln habe. Wenn also ein prophetisches Wort sich nicht verwirklicht, ist der eigentliche Sinngehalt einer Prophezeiung erfüllt. Auch die Prophetie handhabt nur eine wahrscheinliche Zukunft und nicht feststehendes Zukunftsgeschehen. Es liegt in unserer Hand, Unerwünschtes nicht eintreten zu lassen. Allerdings ist zu bedenken, daß Wahrscheinlichkeiten durchaus auch Realitäten sind, auch wenn andere Alternativen die von uns gewählte Wirklichkeit sein werden. GOETHE kennzeichnet treffend die Situation: »Seltsam ist des Propheten Lied; doppelt seltsam, was geschieht.«

15
Pendeln – Fragen an das Unbewußte

Pendeln enthüllt
das Verborgene.
ALEXANDER HONDORFF

Es war mir unfaßbar. Die längste Zeit schlief ich schlecht. Ich überlegte hin und her, was wohl die Ursache sein könne. Da wollte es der »Zufall«, daß ich die Adresse eines Kenners der Radiästhesie erhielt. Es war WERNER TANNENBERG, der im Allgäu lebt, immerhin einige hundert Kilometer entfernt. Ich hatte ihn gleich am Telefon und schilderte ihm meine Beschwerden.

»Ja, das ist leicht erklärlich«, sagte er. »Sie haben in der Nähe des Bettes eine schwache radioaktive Säule.«

Antworten eines Sensitiven

Nun, ich hatte viel von sensitiven Pendlern und begabten Wünschelrutengängern gehört und auch schon erlebt. Aber soviel ich bisher wußte, mußte ein Praktiker der Radiästhesie an Ort und Stelle tätig werden, um durch Pendel oder Wünschelrute ein Strahlenfeld ermitteln zu können. Was aber wie in diesem Fall, wenn nichts »Strahlendes« da war, bloß meine Mitteilung? Konnte so eine Aussage richtig sein? Mein Telefonpartner vis-à-vis spürte meine Zweifel und bot sich an, gelegentlich einer Reise in unsere Gegend sich einmal mit einem Geigerzähler, also einem wissenschaftlich bewährten Instrument, bei mir zu Hause umzuschauen. Außerdem bat er mich, ihm einen Bauplan des Hauses zu übersenden, wobei er mir versicherte, er wolle mir die Stelle der auftretenden Radioaktivität genau einzeichnen.

Ich tat das und erhielt wenige Tage danach eine Planskizze mit der genauen Einzeichnung der Störquelle. Einige Wochen danach besuchte mich dieser Sensitive persönlich mit seinem Geigerzähler. Es war unglaublich. Genau an der Stelle, die mir schon am Telefon beschrieben worden und dann im Plan schwarz auf weiß dokumentiert eingezeichnet war, schnarrte der Geigerzähler auf – was mir die Störquelle, die Tannenberg mir genannt hatte, eindeutig zu beweisen schien.

Wie war dies möglich? So hatte ich zum erstenmal die Erfahrung gemacht, wie das Phänomen des Pendelns wirksam wird. Es war für mich ein sicherer und – soweit man dies für wichtig hält – auch ein wissenschaftlich unanfechtbarer Beweis dafür, daß hier telepathisches Wissen, das mir selbst nicht bewußt war, übermittelt worden war.

Mit Werner Tannenberg verbindet mich seither ein enges freundschaftliches Verhältnis, und wir haben im Laufe von vielen Jahren ASW-Experimente durchgeführt oder, weitergesteckt ausgedrückt, gemeinsam esoterische Erfahrungen gesammelt, deren Möglichkeit ich früher bezweifelt hätte. Tannenberg war kein Astrologe und kannte sich daher in der Deutung eines Horoskops überhaupt nicht aus. Dennoch war es ihm möglich, mittels seines Pendels herauszufinden, welche Konstellation virulent war und welche Problemstellung dem Ratsuchenden im Augenblick an den »Nerv« ging.

Es ergab sich auch, daß wir beide einmal mit einem namhaften Astrologen zusammenkamen. Dabei wurde zum Beispiel systematisch die Frage erörtert, welche Deutung die für Pluto angemessene sei. Pluto ist ja der zuletzt entdeckte Planet, und in einschlägiger Literatur wird immer wieder empfohlen, bei der Deutung von Plutoaspekten vorsichtig zu sein und sich diesbezüglicher Aussagen zu enthalten. Überraschenderweise bestätigten Pendelantworten, daß »Metamorphose« als die einzig richtige symbolische Entsprechung für Pluto anzusetzen sei.

Eine überraschende Deutung gelang dem sensitiven Pendler auch in bezug auf die Runen. Auch davon verstand er eigentlich, wie er mir sagte, nichts. Ich hatte kurz vorher einem Seminar beigewohnt, das mein Freund Karl Spiesberger unter dem Thema »Runenmagie« abgehalten hatte. Ihm zufolge »sind die Runen die Schalthebel zu kosmischen Kraftspeichern«. Ich gab das Blatt mit den nach seinen Angaben gezeichneten achtzehn Runen WERNER TANNENBERG, wohl mit den dazugehörenden Bezeichnungen, jedoch ohne jede Erklärung. Ich war beeindruckt davon, wie treffend diese Ursymbole von Tannenberg gedeutet wurden: die eine kraftspendende als die »Urlichtsubstanz«, die andere als das Symbol des »Irdischen«. Bei KARL SPIESBERGER heißt das dann: »Die weibliche Grundkraft, Symbol des Urstandes, Rune der erdmagnetischen Ströme und der astralen Schwingungen.« (255/20)

Es muß also wohl so sein, daß das Symbol der Runen so stark mit Sinngehalt aufgeladen ist, daß sich aus den uns unbewußten Tiefenschichten des psychischen Netzwerks mittels des Pendels korrekte Entsprechungen erschließen lassen. Daraus können wir die unersetzliche Notwendigkeit aller Symbolik erkennen. Alles ist Symbol. Und hinter allen Symbolen ist Sinn.

Dem Pendel oder dem Pendler kommt nichts Mysteriöses, nichts Okkultes zu. Das Pendeln ist eine uralte Methode, auf Ja- oder Nein-Fragen Antworten aus dem Unbewußten des eigenen Selbst zu erhalten. »Das Pendeln wäre eine Methode, um unbewußtes Material zu betrachten, dessen Struktur von – euch nicht bekannten – Glaubenssätzen bestimmt wird.« (219/86) Was also innerhalb unseres Wachbewußtseins nicht erreichbar, uns nicht bewußt ist, kann durch das Pendel bewußtgemacht werden. Das Pendel selbst bewirkt gar nichts; es ist lediglich das Hilfsinstrument eines sensitiven Menschen, dessen Eindrücke, Impressionen, intuitive Einsichten sich in Form von Muskelbewegungen geltend machen und auf das Pendel übertragen. Es ist einmal auch wichtig, das gesamte Brimborium der »Pendelmagie« einer erfrischenden Aufklärung zu unterziehen! Welcher Wert wurde da doch überflüssigerweise dem materiellen Beiwerk beigemessen!

Voraussetzungen, die ein Pendelpraktiker erfüllen sollte

Für ernst zu nehmende Pendelergebnisse sind unter anderem folgende Voraussetzungen seitens des Pendelpraktikers erforderlich:

- Es muß eine grundsätzliche Befähigung zum Pendeln vorhanden sein.
- Seitens des Pendlers ist ein hoher Grad an Sensitivität erforderlich.

- Die eigene Vorstellungswelt darf einem Pendler nicht im Wege stehen.
- Er muß über Konzentrationsfähigkeit und Einfühlungsvermögen verfügen.
- Er muß sich von eigenen Wünschen und Ängsten distanzieren können.

Natürlich sollten die erwähnten Fähigkeiten vorhanden sein. Das Pendel bewegt sich tatsächlich nicht in jedermanns Hand. Bei stark verkrampften Menschen oder bei ausschließlich vom Intellekt geleiteten Skeptikern wird sich das Pendel nicht rühren. Es macht sich das Phänomen geltend, daß die Erwartungshaltung sich stets bestätigt. Wenn man von einer Sache nichts hält, dann wird dies der eigene zweifelnde Versuch bestätigen: er kann nur mißlingen!

Ich bin überhaupt zur Erkenntnis gelangt, daß der Mensch ganz allgemein viel zuviel an sich selbst und an seinen Möglichkeiten zweifelt. Dadurch aber versperrt er sich den Zugang zur eigenen Freiheit. Der Mensch vermag ja viel mehr, als er sich zutraut. Es liegen Kräfte in ihm verborgen, von denen er nicht zu träumen wagt. Wenn jemand aber am Gelingen eines Vorhabens zweifelt, wird das Ergebnis seinem Zweifel recht geben. Denn Erwartungshaltungen bestätigen sich immer.

Klar ist ferner: Ohne Sensitivität, ohne Einfühlsamkeit geht nichts. Diejenigen Teile des Gehirns, die nichts mit logisch-deduktivem Denken zu tun haben, müssen aktiv sein. Ein Pendler bedarf der Impulse, der Ahnung und Intuition, aber auch der richtigen Gefühlsstimmung. Er muß »noch staunen können« und muß in jeder Hinsicht offen sein. Kurz, der Pendler muß sich auch seiner rechten Gehirnhemisphäre bedienen können.

Eine weitere Voraussetzung für ein Pendeln, das sinnvolle Ergebnisse zeitigt, ist eine geordnete Vorstellungswelt, die der Wirklichkeit entspricht. Dies ist leichter gesagt als getan! Erinnern Sie sich: »Das Medium ist die Botschaft.« Die Vorstellungswelt des Mediums beeinflußt die Antworten aus dem Unbewußten. Unermeßlich ist die Bedeutung dessen, was von unseren Vorstellungen ausgeht. Jegliches Überzeugtsein von irgend etwas beeinflußt unsere Wahrnehmung und daher auch unsere Sicht, ja es beeinträchtigt die Wirklichkeit – im Fall eines Pendlers seine Aussage. Deshalb lassen sich abstrakte oder objektivierbare Fragen (zum Beispiel das Austesten eines Medikamentes) in der Regel verläßlicher beantworten als sehr persönliche Anliegen. Solche Anliegen können nur selten von geheimen Wünschen und verborgenen Ängsten freigehalten werden. Dies ist auch gut so. Nur so ist gewährleistet, daß auch einem »Meister« – des Pendelns oder wessen auch immer – die für ihn notwendigen Reifungs- und Lernprozesse des Lebens nicht vorenthalten bleiben und daß das Risiko eigener Entscheidung durch Vorauswissen nicht vermieden werden kann. Denn Vorauswissen hält sich in Bereichen nur wahrscheinlicher, nicht feststehender Zukunft auf.

Selbstverständliche Voraussetzung ist, wie erwähnt, auch Konzentrationsfähigkeit und innere Ruhe. Darüber verfügt nicht jeder Mensch – leider.

Sonst aber ist wirklich nichts erforderlich. Weder ist eine bestimmte Beschaffenheit des Pendels noch eine bestimmte Pendeltechnik nötig. Jeder Pendelpraktiker wird seine eigene Technik entwickeln und die Bedeutung der Pendelschwingungen (im Kreis rechtsherum oder linksherum, hin und her von sich weg und zurück oder von einer Seite zur anderen) selbst festlegen. So pflegt beispielsweise WERNER TANNENBERG nicht zuerst vom Ruhepunkt des Pendels auszugehen und dann eine Pendelschwingung abzuwarten. Er gibt dem Pendel eine Schwingungsvorgabe in gerader Richtung von sich weg und zurück. Bleibt das Pendel in dieser Schwingung, ist die Frage mit »Nein« beantwortet oder mit der Bescheidung »Keine Antwort«. Das Ja manifestiert sich für ihn durch ein deutliches Einschwingen des Pendels auf einen Rechtskreis.

Üblicherweise geht man beim Pendeln vom Stillstand des Pendels aus und wartet die einsetzende Schwingung ab, wobei die Kreisbewegung rechtsherum, also im Uhrzeigersinn, ja, die links herum, also gegen den Uhrzeigersinn, nein bedeutet. Die Bedeutung der Schwingungen legt aber jeder Pendler selbst fest. Demzufolge könnte für einen bestimmten Pendler die Pendelbewegung linksherum auch ja bedeuten. Die geraden Schwingungen von links nach rechts werden übrigens als das »Trennen«, die vom Pendelnden weg und auf ihn zu als das »Zupendeln« genannt. Die Spezialisten des Pendelns kennen auch die Ellipse und darüber hinaus noch viele andere Pendelfiguren; das sei aber in diesem Zusammenhang nur der Vollständigkeit halber erwähnt.

Anwendungsgebiete der Radiästhesie

Die Austestung von Medikamenten mittels Pendelns ist eine Hilfe besonderer Art. Ihrer bedienen sich durchaus auch Schulmediziner, die gleichwohl die Ausnahme bleiben, und natürlich meist nur im Privatstudio des Arztes »nebenan«. Diese Methode bietet sich vor allem dann an, wenn mehrere Medikamente zur Wahl stehen und eine Auslese getroffen werden muß. Es muß sozusagen das »Mittel der Wahl« gefunden werden. Sonst muß eben »probiert« werden, welches Medikament dem Patienten Heilung bringen könnte. Solche Unsicherheit besteht besonders bei Allergien und Hautkrankheiten. In diesen Fällen kann das Pendeln nicht nur zur Findung der tatsächlich heilenden Medikamente, sondern auch – im Rückschluß von dem als wirksam erwiesenen Heilmittel auf die Art der Krankheit – zur richtigen Diagnose verhelfen.

Wenn Arzt und Patient in der »Kunst« des Pendelns bewandert sind, vollziehen sich Diagnose und Therapie selbstverständlich nie abseits der wissenschaftlichen Methodik. Das spielt sich etwa wie folgt ab: Die Diagnose ergibt einen bestimmten Befund. Nun sollen die Heilmittel herausgefunden werden, die für den gegenwärtigen Zustand des Kranken Heilung gewährleisten. Der Arzt legt dem Patienten Präparate vor, die der herausgefundenen Indikation entsprechen. Der Patient nimmt nun Präparat für Präparat in seine Hand und hält das Pendel darüber. Die Frage lautet, ob dieses Medikament für die augenblicklichen Beschwerden heilend ist. Wenn die Frage nämlich anders gestellt wird, ist ein zufriedenstellendes Ergebnis nicht zu erwarten. Nun wird das Pendel durch »Trennen« oder »Zupendeln« (oder eben durch die für ja und nein sonst festgelegte Schwingung) anzeigen, ob die Anwendung heilend ist oder nicht. Arzt und Patient erfahren mit Hilfe dieser Methode nicht nur »das Medikament der Wahl«, sondern auch die Bestätigung der Richtigkeit – oder Unrichtigkeit – der vorher gestellten Diagnose.

Der bekannte Salzburger Arzt Dr. Wolfgang Kraft benötigt zur Austestung von Medikamenten nicht einmal das Pendel. Seine feinfühligen Hände erspüren an der Strahlung des Heilmittels, ob es für den Patienten heilend ist oder nicht. Dieser außerordentliche Arzt hat übrigens auch die Fähigkeit, ohne körperliche Berührung mittels seiner Hände Störfelder aufzufinden. Über ein so hohes Maß an Sensitivität wird allerdings ein Mensch nur in den seltensten Fällen verfügen.

Ein anderes Beispiel ist eine im süddeutschen Raum bekannte Ärztin, die mit Hilfe des Pendelns Ferndiagnosen stellen kann und in kürzester Zeit auch das wirksame Heilmittel austestet. Ihre Fähigkeit wurde experimentell überprüft. Es wirkten dabei zehn Personen meines Freundes- und Bekanntenkreises mit, die beim Versuch nicht anwesend und die der Ärztin nicht bekannt waren. Die von der Ärztin schriftlich gestellten Diagnosen wurden den betreffenden Versuchspersonen telefonisch mitgeteilt. Das Resultat war verblüffend. Die Richtigkeit der Ferndiagnosen wurde durch sämtliche Angerufenen bestätigt.

Man kann aber durchaus auch Hilfsmittel anwenden und ebenfalls zu brauchbaren Ergebnissen gelangen. Beispielsweise kann man die Diagnose anhand einer anatomischen Tafel oder eines Irisdiagnoseschlüssels, der auch bei der Irisdiagnose selbst gebraucht wird, auspendeln. »Die Irisdiagnose ermöglicht, Krankheiten und Störungen aus den Augen abzulesen. Das Auge ist ja der Spiegel unseres Organismus.« (122/203)

Hervorragende Ergebnisse konnte ich selbst auch durch das Auspendeln des Chakras verzeichnen. Die sieben Chakras sind nach altindischer Jogalehre die Nervenenergiezentren in unserem Körper und gewissermaßen geistige Organe. Gesundheitliche Störungen sind durch Auspendeln der Chakras gut sichtbar zu machen.

Trotz der oft ergiebigen Anwendungen des Pendels im medizinischen Bereich soll hier die ausdrückliche Warnung nicht fehlen, sich ohne ärztlichen Rat und ohne ärztliche Hilfe auf keine Experimente einzulassen. Nicht jeder Pendelpraktiker ist ein »Meister«, und Meister (auch anderer Kunst) sind zweifellos besonders befähigte, besonders talentierte und gesegnete Ausnahmen.

Es gibt, neben den vorerwähnten, viele Anwendungsgebiete der Radiästhesie, in denen sich die Kunst des Pendelns in der Praxis bewährt hat. Pendelpraktiker verwenden es mit Erfolg zur Auffindung von Wasserquellen, Bodenschätzen, terrestrischen Strahlungen, zur Identifizierung der Echtheit einer Unterschrift oder eines Kunstwerks und so weiter. Auf Einzelheiten möchte ich nicht weiter eingehen, zumal es diesbezüglich eine umfangreiche einschlägige Literatur gibt. Wer sich dafür näher interessiert, sei zum Beispiel auf

Georg Kirchners Handbuch der Radiästhesie *Pendel und Wünschelrute* (122) verwiesen. Im Rahmen der Thematik dieses Buches liegt mir im besonderen daran klarzumachen, welch großartige Möglichkeiten – von denen das Pendeln nur eine Methode von vielen ist – uns an die Hand gegeben sind, Rat und Hilfe aus unserem eigenen Unbewußten zu schöpfen.

16
Krankheit, Blitz aus heiterem Himmel?

Wir sollten viel stärker
auf die Unversehrtheit
unseres Wesens vertrauen.
JANE ROBERTS

Die Wurzeln des Übels liegen nun etwa dreihundert Jahre zurück: Die kartesianische Trennung von Körper und Geist machte aus der Heilkunst eine Wissenschaft, reduzierte aber den Menschen auf seine Funktionalität!

Die klassische lexikale Definition von Krankheit lautet auf Funktionsstörungen und den davon ausgelösten Symptomen. Damit wurde der Mensch vorläufig zu einer funktionierenden oder eben, bei Krankheit, nicht funktionierenden Maschine degradiert. Die Krankheit wurde zum Feind, den es im wahrsten Sinne des Wortes »um jeden Preis« zu bekämpfen gilt. Die Heilkunst von heute, im besonderen die medizinische Technik, wendet sich erbittert gegen die Krankheit, gegen Syndrome und Symptome; die Technokraten der Medizin vergessen dabei aber den Menschen und seine Problemsituation. Medizinisches Wissen weiß »fast alles« über Krankheit, jedoch so gut wie nichts über den heilen, sinnerfüllt lebenden Menschen. Die Medizin gibt sich der Utopie hin, durch zähe Forschung schließlich und endlich alle Krankheiten besiegen zu können.

»Aus einer so engen Sicht lassen sich die subtilen psychologischen und spirituellen Aspekte der Krankheit nicht begreifen. Sie hindert die Forscher an der Erkenntnis, daß völliges Fehlen von Krankheit und Kampf mit dem Lebensprozeß absolut unvereinbar ist.« (40/157)

Der moderne Arzt denkt wissenschaftlich, sachlich, therapiert sicher meist sehr effizient, ist sich aber nicht mehr bewußt, daß dabei das eigentlich Menschliche im Patienten auf der Strecke bleibt. Er sieht funktionelle Störungen nie im Kontext mit Sinnproblemen des Menschen. Damit soll keineswegs gesagt werden, daß das ärztliche Wissen in bezug auf die Funktionalität unwesentlich sei. Der Arzt muß möglichst alles vom Körper wissen. Will er aber nicht nur die Symptome zum Verschwinden bringen (was er exzellent beherrscht), sondern auch den Menschen heilen, muß er auch viel, ja sehr viel von der Seele des Menschen und seinem Sinn hier und jetzt verstehen.

Die medizinische Wissenschaft kennt keine religiösen Problemstellungen, weiß nichts von existentiellen Zusammenhängen, übersieht allzumeist schon psychogene und um so mehr spirituelle Ursachen und hat keinen Zugang zum »Ureigentlichen« des Menschen. Von ausschließlichem Interesse sind die körperlichen Aspekte einer Krankheit. Deswegen genießt auch der Facharzt höchstes Ansehen. Er ist der Spezialist, der »alles« oder doch fast alles über eine bestimmte Körperregion weiß. Aber was weiß er schon? Weiß ein Facharzt zum Beispiel, daß die Atmungsfunktion etwas mit geistiger »Ventilation«, mit mitmenschlicher Kommunikation zu tun hat? Ein sich wissenschaftlich gebender Schulmediziner würde angesichts solcher Fragen höchstens mitleidig lächeln. Der ideale Arzt aber müßte Heiler und Seelsorger im alten Sinn, also ein Weiser sein, der um die tieferen Zusammenhänge weiß und Probleme solcher Art erkennt.

Jede Krankheit hat einen Sinn

Der moderne Krankheitsbegriff ist eine Abstraktion, eine Reduktion. Der Mensch wird auf objektivierbare Fakten reduziert. Er wird auf seine Funktionen verkürzt. Dabei geht viel verloren. Der Patient wird seiner Eigentlichkeit entkleidet, er wird auf die zählbare, wägbare Form zurechtgeschnitten, auf das »wissenschaftliche Maß« gebracht. Weg ist alles Persönliche! Weg die individuelle Note, weg das unwiederholbar Einmalige einer Persönlichkeit! Der Patient wird zur Kategorie, zum »Fall«.

Damit bringt sich aber der Arzt selbst um das »Eigentliche«. Solange sich alles im Teufelskreis irriger Vorstellungen abspielt, solange die Scheinwelt unbedingt wissenschaftlich sein wollender Medizin aufrechterhalten wird, mag auch scheinbar alles in Ordnung sein. Soweit Krankheit »nichts anderes« als eine »Funktionsstörung« ist, wird man nie auf den Gedanken kommen, daß Krankheit eine Botschaft sein kann. Da die Medizin an der Glaubensüberzeugung festhält, daß einzig und allein »böse« Viren und Bazillen an infektiösen Krankheiten »schuldtragend« sind, wird selbst dem guten Arzt nicht einfallen, daß ein seelisches Geschehen als Ursache einer Ansteckung überhaupt denkbar erscheint. Und gar erst der Unfallchirurg! Was hat wohl ein Unfall mit geistig-seelischen Ursachen zu tun? Man sagt doch so leicht: »Nichts als ein unglücklicher Zufall, ein Mißgeschick!« Oder natürlich auch: »Welch sinnlose Katastrophe!«

Wie soll ein Arzt seinen Patienten von der Sinnhaftigkeit eines Unfallgeschehens überzeugen können, wenn ihm eine solche Wechselbeziehung höchstens als lächerliches Hirngespinst, als Beziehungsneurose, erscheint? Ein Arzt von heute weiß nichts von solch innerer Verknüpfung, hat solches auf der Universität nicht studiert und geht daher dergleichen unbequemen Denkprozessen lieber aus dem Weg.

Daher wird erklärlich, daß oft sogar Universitätsprofessoren im Brustton der Überzeugung puren Unsinn von sich geben. Ich fragte einmal eine Kapazität ihres Faches, ob er sich vorstellen könne, daß auch ein in sich ruhender, sinnerfüllt lebender glücklicher Mensch »aus heiterem Himmel« eine unheilbare Krankheit bekommen könne. »Selbstverständlich«, war die »wissenschaftliche« Antwort. »Wenn er die Diagnose erfährt, wird er nicht mehr glücklich sein!«

Es ist wirklich erschütternd, welche Ignoranz aus solchen Worten spricht. Wissenschaftsgebildet mag ein solcher Arzt sein, wissend, weise aber nie und nimmer! Dem Durchschnittsmediziner erscheint Krankheit losgelöst vom eigentlichen vollpersonalen Menschen. Für ihn sind die Ursachen hinterlistige Viren, ansteckende Bazillen, heimtückische entzündliche Prozesse, schleichende Degeneration und so weiter. Er hängt irrigen Glaubensdogmen an, die nicht erhellender Erkenntnis, sondern niederdrückender Verdummung dienen. Gegen die wissenschaftliche Schulung, wie sie heutzutage an den Universitäten geboten wird, ist nichts einzuwenden. Sie ist notwendig und dient der Sache. Was aber zu beklagen ist, das sind die Einseitigkeit der Forschung und die Schmalspurigkeit der medizinischen Lehre.

Ist Krankheit ein zufälliges Schicksal? Oder noch unsinniger: Wird ein Mensch zufällig für immer verkrüppelt und siech bleiben müssen – infolge der Nichtbeachtung einer Verkehrsregel? Damit ist wohl der Tiefpunkt unsinniger Erklärung einer Krankheitsursache erreicht. Noch tragischer für das vermeintliche Opfer ist es aber, wenn es am Unfall im Rechtssinn völlig schuldlos war. Das Geschehen und die Folgen müssen so völlig absurd und sinnlos erscheinen. Die Medizin ist längst keine Heilkunst mehr, die zwischen einem Geschehen und der tieferen geistigen Ursache eine klärende oder gar heilende Brücke zu schlagen vermag.

Verirrungen der Schulmedizin

Dramatisch sind die praktischen Folgen. Obschon der Verbrauch an Medikamenten in der Bundesrepublik Deutschland um das Zwanzigfache höher ist als vor dreißig Jahren, hat sich der »allgemeine Gesundheitszustand in der Bevölkerung nicht gebessert ... In den meisten medizinischen Wissenschaften herrschen Konfusion, Ratlosigkeit, Stillstand, Nicht-mehr-weiter-Wissen«.

Ein pharmazeutischer Konzern klagt besorgt darüber, daß nur noch 30 Prozent aller Krankheiten sich mit schulmedizinischen Pharmaka heilen lassen. ALFRED SCHRÖDTER, Universitätsprofessor und Direktor des Instituts für Medizinische Grundlagenforschung in Luzern, ist ernstlich besorgt darüber, daß chemisch hergestellte Medikamente – nach wie vor die Hauptwaffen des modernen Arztes gegen körperliche wie auch seelische Unbill – verantwortlich sind für mittlerweile schon »6 Prozent aller Krankheiten mit Todesfolge, für 25 Prozent aller organischen Krankheiten, für 61 Prozent aller Mißbildungen und für 88 Prozent aller Totgeburten«. (106/554 f.)

Wir haben es hier mit dem Problem der »iatrogenen«, also der durch ärztliche Einwirkung entstandenen Krankheiten zu tun. »Im engsten Sinn des Wortes bezeichnet ›iatrogene Krankheit‹ nur jene Leiden, die *nicht* entstanden wären, wenn *keine* korrekte und medizinisch angezeigte Behandlung vorgenommen worden wäre.« So wurde denn für diese erschreckende Erscheinung der Begriff der »klinischen Iatrogenesis« eingeführt. (109/34 f.)

Der eminente Medizinprofessor THURE VON UEXKÜLL schätzt, daß die Hälfte aller Krankheiten in den entwickelten Ländern heute durch medizinische Maßnahmen erst hervorgerufen werden. Und VIKTOR E. FRANKL geißelt eine andere Variante schädigender schulwissenschaftlicher Praxis, indem er einen Ausspruch des amerikanischen Präsidenten FRANKLIN D. ROOSEVELT zitiert: »... haben wir kaum etwas so zu fürchten wie jene Ärzte, die es im Züchten iatrogener Neurosen, durch ihre unbedachten oder bedenkenlosen Äußerungen gegenüber ihren Patienten, zu einer solchen, ich möchte sagen, Meisterschaft gebracht haben, daß man von ihnen füglich als von *Iatrogenies* sprechen könnte.« (83/191)

Oft geht es »nur« um ungeschickte Ausdrucksweise. Manchmal ist auch eine gute Portion Sadismus Pate einer unverantwortbaren »Aufklärung« des Patienten. Wenn etwas krankmacht, so sicher die Angst. Und wie oft an jedem Tag werden in den Ordinationen Angst und Schrecken verbreitet! Wie oft müssen voreilig verkündete angsteinflössende Diagnosen nach Vorliegen des pathologischen Befundes der Prosektur als völlig verfehlt zurückgenommen werden!

Ebenso beängstigend ist die erschreckende Praxis der diagnostischen Etikettierung einer Krankheit. Sehr oft ist allerdings der Patient selbst schuld an dieser Tragödie, da er dem Arzt so lange keine Ruhe gibt, bis er eine Krankheitsdiagnose, im wahrsten Sinne des Wortes, am Halse hat. Dem einsichtigen Therapeuten sollte doch klar sein, daß die sich selbst erfüllende Prognose kein Gerücht, sondern bittere Wahrheit ist. Es ist des Patienten Erwartungshaltung, in der er durch warnende Worte der ärztlichen Autorität, meist durchaus wohlwollende und in guter Absicht geäußerte Worte, bestärkt wird, die genau die Krankheiten, vor denen der Patient sich in acht nehmen sollte, verursachen kann. Deshalb müßten sich Ärzte wirklich hüten, dem Patienten voreilig oder unnötigerweise ein »Taferl« umzuhängen. Wird einem Patienten unter Außerachtlassung dieses Grundsatzes eine Krankheit »angehängt«, so ist das psychologisch gefährlichster Unfug zum Schaden des Hilfesuchenden. Ein Arzt sollte gegenüber dem Patienten jedes Wort auf die Goldwaage legen!

Natürlich gibt es auch verantwortungsbewußte Ärzte, die das genau wissen. Ich sprach unlängst mit einem namhaften Kardiologen, den ich auf diese Thematik hin ansprach. Tagtäglich wird ihm abverlangt, Atteste zum Zwecke vorzeitiger Pensionierung zu erstellen, das heißt eine ärztliche Bestätigung über das Vorhandensein einer ernstlichen Herzerkrankung zu liefern. Ein echtes Dilemma für den Gutachter, wenn es sich um Grenzfälle handelt! Schreibe er den Pensionsbewerber nicht herzkrank, werde diesem die vorzeitige Pension versagt. Bestätige er jedoch mit Brief und Siegel die Herzkrankheit, so bekomme wohl der Ansuchende seine Pension, sei aber nun auch mit einer Herzkrankheit »etikettiert«.

Dem verantwortungsbewußten Arzt aber sind die Konsequenzen einer solchen Abstempelung bekannt. Der Patient fühlt sich bestätigt und wird so leben, »als ob« er auf jeden Fall herzkrank wäre: »Der Professor hat es ja bestätigt!« Infolge der Konzentration auf diesen Zustand und aufgrund der fortwährenden Negativsuggestion wird sein Zustand über kurz oder lang die Diagnose des Arztes bestätigen. Er wird dann wirklich ernstlich herzkrank sein.

Wie anhand dieses Beispiels gezeigt werden soll, ist natürlich vielen Ärzten durchaus bewußt, welche ungeheuerliche Verantwortung sie mit jedem Wort, mit jeder Zeile übernehmen müssen, insbesondere wenn sie sich als Diagnostiker äußern. Wer ist schon erhaben darüber, was ihm sein Berater, ein Experte, sagt? Die Auswahl seiner Berater ist deshalb im menschlichen Leben von nicht zu unterschätzender Bedeutung.

Wie unbarmherzig ist doch auch die vor einer Operation regelmäßig gebotene »volle Aufklärung«. Da wird auf alle möglicherweise zu erwartenden Komplikationen hingewiesen. Und dies meistens im Zuge eines »wohlwollenden« Gesprächs am Abend vor der Operation! So aber wird der Arzt – infolge juristisch gebotener Vorsichtsmaßregeln – zum angsteinflößenden Schreckgespenst. Wissen die Mediziner denn nicht, was mit solcher »Aufklärung« alles im Inneren des Patienten angerichtet werden kann? Durch ein solches Gespräch wird für einen sensiblen Patienten jedwede Komplikation, jedwede Verschlimmerung wahrscheinlich.

Die Tendenz rücksichtsloser Aufklärung des Patienten ist eher im Steigen begriffen. Sie ist aber eine Folge der fast paranoiden Furcht der Mediziner vor Schadenersatzansprüchen des Patienten. Es ist doch eigenartig: Der Arzt weiß um die Wirksamkeit eine Placebos. Gibt man dem Patienten ein unwirksames Scheinmedikament mit der Zusicherung baldiger Besserung seines Zustandes, so wird sehr oft eine Besserung eintreten: die innere Überzeugtheit des Patienten von der Wirksamkeit des Präparates allein bewirkt die Genesung. Hingegen hat die warnende Aufklärung des Arztes einen gegenteiligen, nämlich einen »Noceboeffekt« zur Folge. Die möglichen Komplikationen oder Nebenwirkungen, vor denen gewarnt wird, treten prompt auf. Warum achtet ein Mediziner nicht auf jedes kleinste Wort, jede unscheinbare Geste, wenn er mit dem Patienten spricht? Ist er wirklich so unwissend oder schon so abgebrüht, so abgestumpft?

Natürlich wäre auch in diesem Zusammenhang jedes Pauschalurteil falsch. Es gibt das Naturtalent des Arztes aus Berufung, des Heilers im höchsten Sinne des Wortes. Er verfügt über die Gabe der Unterscheidung und weiß intiutiv um das Not-Wendige der Stunde.

Wir müssen uns endlich aber auch einmal klarmachen: Der Großteil unserer Methoden der Krankheitsvorbeugung und -verhütung, die ganze Prophylaxe, flößt Angst ein. Angst veranlaßt den Menschen, eine bestimmte Behandlungsmethode einzuhalten, sich einer empfohlenen Operation zu unterziehen oder sich endlich impfen zu lassen. Aber was wird damit erreicht? Die Präventivmedizin verursacht großteils jene Krankheiten, die sie verhüten, denen sie vorbeugen will. Es kommen die Prinzipien der sich selbst erfüllenden Prognose und der Schaffung neuer Resonanzen im Menschen zur Geltung. Wenn wir uns ängstigen, etwas befürchten, ziehen wir das Befürchtete heran. Wir schaffen in uns Wahrscheinlichkeiten und Resonanzen für eben dieses befürchtete Geschehen.

Die hier in Frage gestellte rücksichtslose »Aufklärung« des Patienten schafft auch eine Atmosphäre des Mißtrauens zum eigenen Körper. Er kann sich auf seinen Körper nicht mehr verlassen, benötigt unentwegt ärztlichen Rat und Hilfe durch die technische Medizin, durch prophylaktische Maßnahmen. Das Mißtrauen in den eigenen Körper wird noch durch die Empfehlung verstärkt, sich nur ja unentwegt zu beobachten und die auftretenden Symptome, die für unheilbare Erkrankungen typisch sind, in Erinnerung zu behalten.

Obwohl ich mich einer ausgezeichneten Gesundheit erfreue, muß ich mich demnach stets beobachten, selbst untersuchen, ob mein Körper nicht bedenkliche Symptome aufweist. Die ein solches Verhalten bewirkende Selbstsuggestion ist verkehrt und absurd. Anstatt mir zu suggerieren: »Ich bin gesund, voll Vertrauen und ruhig!« soll ich mir täglich vorsagen: »Sei auf der Hut, auch du kannst jeden Tag tödlich erkranken!« Solcher Unsinn ist eine Folge der unseligen Trennung von Körper und Geist, der Körperfunktionen vom Wesen der Persönlichkeit und somit vom inneren Selbst, der vollpersonalen Mitte der eigenen Existenz.

In den USA ist beobachtet worden, daß Fernsehwarnungen vor hohem Blutdruck den Blutdruck von Millionen Fernsehzuschauern erhöht haben. Erstens: Ist dies sinnvoll? Zweitens: Werden aus solchen erschreckenden Tatsachen auch Konsequenzen gezogen? Solange die medizinische Wissenschaft die Krankheit nur als funktionale Störung sieht, solange kein Zusammenhang mit der Persönlichkeit des Menschen und seiner Wesenheit hergestellt wird, werden trotz immer riesigerer Kliniken und täglich noch monströserer Medizintechnologie die geschilderten Probleme virulent bleiben.

Hoffnungsschimmer psychosomatische Medizin

Die Psychosomatik, früher mitleidig belächelt, gewinnt an Terrain. Fritjof Capra: »Forscher und Kliniker werden sich heute mehr und mehr dessen bewußt, daß praktisch alle Störungen psychosomatisch in dem Sinne sind, daß bei ihrer Verursachung, Entwicklung und Heilung das ständige Zusammenspiel von Geist und Körper mitwirkt.« (40/367) »Praktisch alle Störungen« heißt es da. Dies entspricht dem heutigen Wissensstand.

Im Laufe der letzten zwanzig, dreißig Jahre hat sich das Wissen immer mehr durchgesetzt, daß es typische psychosomatische Erkrankungen gibt: Die Ursachen der körperlichen Symptome sind in der Psyche des Patienten zu suchen. Es werden meist etwa die gleichen Krankheiten genannt, beispielsweise Magengeschwüre oder Asthma. Heute ist man bereit, immer mehr Krankheiten den psychosomatischen zuzurechnen. Das Spektrum reicht bis zum Herzinfarkt und Krebs.

Darauf hat in einer Sendung des Nachtstudios des Österreichischen Fernsehens ORF im Januar 1985 kein geringerer als Professor Erwin Ringel hingewiesen: »Die Krankheiten lassen sich in solche einteilen, von denen wir heute schon wissen, daß sie psychosomatisch sind, und in solche, von denen wir das heute noch nicht wissen.« In weiterer Folge zitierte dann Ringel aber die Ansicht führender wissenschaftlicher Kapazitäten und kam zum Schluß: »Ich verstehe nicht, daß es noch Leute gibt, die nicht glauben wollen, daß die Psyche beim Krebs eine Rolle spielt. Bei der Krebserkrankung hängt Leben und Tod von unserem immunologischen System ab. Es weiß ja buchstäblich jedes Kind, daß unser Immunsystem von unserer Stimmungslage, von unseren Gefühlen, wie wir jetzt im Moment und auf längere Sicht beisammen sind, abhängig ist ... Ich glaube sogar, daß es Patienten gibt, die in bestimmten Situationen ihren Krebs, ich sage das ganz vorsichtig, entwickeln, und es könnte also sein, daß Menschen auf indirekte Weise Selbstmord begehen, indem sie ihren Krebs ermöglichen und mit ihrem Immunsystem nichts mehr dagegen tun, sondern sich einfach fallenlassen.«

Im weiteren Gespräch dieser Sendung unterstrich Ringel in seiner temperamentvollen Art, daß in solchen Fällen Hilfe nur darin bestehen könne, daß der Patient etwas finde, wofür zu leben es sich noch lohnt. Wir finden in diesen Aussagen alles, worauf es ankommt. Der Mensch schafft sich seine Krankheit selbst. Sein Immunsystem ist nicht »zufällig« geschwächt; das hat mit der Sinnproblematik zu tun. Klarer läßt es sich nicht ausdrücken. Wir können einem Wissenschaftler nur Dank sagen für diese wegweisende Erkenntnis, auf die an anderer Stelle aus anderer Sicht noch Bezug genommen werden soll.

Für den Menschen aber, der konkretes Leid an sich erfährt, ist diese fortschrittliche Deutung noch fremd. Im Augenblick des Unglücks taucht für ihn die eine oder die andere Frage auf: Bin ich das Opfer eines grausamen Schicksals? Straft mich Gott?

Beide Fragestellungen sind nur allzu »legitim« innerhalb unseres geltenden Realitätssystems. Da trotz psychosomatischer Medizin dem Zusammenhang zwischen Krankheit und seelischen Prozessen kaum Rechnung getragen wird, kommt dem leidenden Menschen scheinbar keinerlei Verantwortung zu. Schicksal ist anonym und offensichtlich dem Menschen nicht gut gesinnt. Es ist zufällig und schlägt zu, absurd und ohne erkennbaren Sinn. Ist dies nicht etwa die landläufige Meinung?

Demgegenüber erhebt sich angesichts einer schmerzvollen Leiderfahrung oft auch die bittere Anklage, Gott sei für sämtliche Übel dieser Welt verantwortlich. Das Prinzip der Selbstbestimmung kann doch nicht wahr sein: Wollte ich denn von mir aus Krankheit und Leid? So belastet die Problematik des Leides zweifellos unseren Glauben an einen gütigen Gott und läßt uns sowohl an einem sinnvollen Universum als auch einem von uns freibestimmten Schicksal zweifeln.

Wir sind mitten in der bereits in Kapitel 7 erörterten alten Problematik der Theodizee, der Rechtfertigung und Entschuldigung Gottes angesichts der Übel dieser Welt. Diese Idee ist an sich schon eine Vermessenheit. Immerhin ist notgedrungen der Frage, warum uns Gott wohl leiden läßt, auch der einstige Papstberater und führende katholische Theologe Karl Rahner nachgegangen. Ich fasse einige seiner Thesen, die uns in die existentielle Tiefe der Problematik einführen, schlagwortartig zusammen:

- Leid aus kreatürlicher Freiheit, Leid als Wirkung und Erscheinungsform der bösen Entscheidung.
- Du, Mensch, bist es selbst, der Leid verursacht. Der Mensch stellt sich vor Gottes heilige Güte und Milde.
- Der Verzweiflungsschrei des Leidgeprüften als Folge böser Tat betrifft den Menschen, nicht Gott. Eine stolze Konzeption: Der Mensch übernimmt in seiner Entscheidung die ungeteilte Verantwortung.
- Gott läßt uns leiden, um uns zu prüfen und uns reifen zu lassen – zu mehr Geduld, zu höherer Weisheit, zu immerwährender Hoffnung. »Lebe so, daß dir auferlegtes Leid dich nicht zerstört, sondern dich vollendet.«

Professor Rahner gibt allerdings zu bedenken, daß es sich bei der Sinndeutung »Freiheit« um eine geschaffene Freiheit handelt. Wir seien wohl frei und können deshalb unsere Verantwortung nicht auf Gott abwälzen, aber dies alles sei noch einmal in die »Verfügung Gottes« eingebunden. Schließlich aber verweist er in diesem Zusammenhang auf das am Sterbebett geäußerte große Wort des eminenten katholischen Religionsphilosophen Romano Guardini: »Drüben werde ich mich nicht nur fragen lassen, sondern ich werde auch selbst fragen, warum Gott sein Heil durch so fürchterliche Umwege bewirkt.« Meister Eckhart, der große Mystiker, hatte Jahrhunderte vorher schon gesagt: »Das schnellste Pferd, das uns zur Vollkommenheit trägt, ist Leiden.« Doch tröstender ist sicher das Christuswort: »... denn sie wissen nicht, was sie tun.«

Unwissenheit als Quelle des Leides, als Ursache des Scheiterns – das sollten wir beherzigen. »Er sah ein, daß der Mensch erleuchtet werden müsse zu der Erkenntnis, daß er die Macht habe, Sünde, Streit und Disharmonie zu vergeben. Daß er Vergebung, vielmehr die Wissenschaft des Vergebens, üben sollte und daß es nicht bei Gott ist, Sünden zu vergeben, denn Gott hat nichts zu schaffen mit Sünde, Krankheit und Streit; es ist der Mensch selber, der sie erschaffen hat. Darum kann auch nur der Mensch sie wieder auslöschen oder vergeben. Der Mensch muß zur Erkenntnis gebracht werden, daß Unwissenheit ein Mangel an Verständnis dem großen schöpferischen Denkprinzip gegenüber ist.« (251/215)

Krankheit als SOS der Seele

Wir kommen nicht umhin einzuräumen: Auch Krankheit hat mit menschlicher Freiheit zu tun. Der selbstbestimmende Faktor ist stets mit im Spiel. Dessenungeachtet wird aber von Fall zu Fall die Ursache einer Krankheit anders zu beurteilen sein. Der gemeinsame Nenner ist der sichere Zusammenhang mit unserem urpersönlichen Leben. Diese Verknüpfung wird deutlicher, wenn einige der Möglichkeiten vergegenwärtigt werden. Sehr oft ist Krankheit ein Nebenprodukt des Lernprozesses. Das ganze Leben muß ja als Lernprozeß definiert werden. Es kann oft so sein, daß der Lernschritt, der auf anderem Wege nicht vollzogen worden wäre, über eine Krankheit vollzogen wird.

Dies ist ein Vorgang, der durchaus nicht unbekannt ist und im persönlichen Gespräch bisweilen deutlich erwähnt wird: »Im Krankenhaus hatte ich viel Zeit, über mein Leben nachzudenken. Ich weiß jetzt, was ich falsch gemacht habe, und werde von jetzt an andere Entscheidungen treffen. Ich werde ein neues Leben beginnen ...« In diesem Fall hat die Krankheit den Sinn gehabt, auf neue Lebensbahnen hinzuleiten und Fehler zu berichtigen. Ohne Krankheit wäre diese Chance nicht gegeben gewesen. Da der Zeitgeist eine bessere Begründung nicht zuläßt, tröstet man sich mit dem althergebrachten Spruch: »Es gibt nichts Schlechtes, wo nicht auch was Gutes dabei wäre!«

Der Weg über die Krankheit kann vom inneren Selbst auch dann gewählt werden, wenn sonst das Ego zum »Ureigentlichen« nicht finden würde: wenn das Leben zusehends »unwesentlicher« wird, wenn die eigenen Talente verkümmern, wenn das Leben in Quantität zu versickern droht. Krankheit ist dann das Resultat von Ignoranz und Oberflächlichkeit oder schlicht banaler Lebensweise.

Wieder anders kann es sein, wenn die Anlagestruktur eines Menschen dazu geeignet ist, sich zu verlieren oder auszuufern. »Als disziplinarische Maßnahme kann Krankheit jedoch von Persönlichkeiten angewandt werden, die aufgrund anderer Charaktereigenschaften starker Reglementierung bedürfen.« (214/214)

Der Anlaß einer Krankheit kann auch vom Gegenpol aus gesehen werden. Wie oft sehnt sich der Mensch nach Ruhe und Frieden. Sie sind das Ziel all seiner Wünsche. Und doch braucht dieser Mensch schöpferische Unruhe, um durch neue Taten zu neuen Ufern zu gelangen. Ein leidvoller Krankheitsprozeß kann zu einer solchen schöpferischen Unruhe aufrütteln, so daß der Einstieg in die befreiende Tat gefunden werden kann. »Die Idee, daß eine neue Ordnung durch Unruhe geschaffen wird, kommt einem zunächst befremdlich vor, so als schüttelte man eine wahllos mit Wörtern gefüllte Schachtel, um sodann einen vollständigen Satz auf den Tisch zu schütten ... Wir wissen, daß Streß häufig genug urplötzlich neue Lösungen hervorbringt, daß eine Krise uns häufig genug auf neue Möglichkeiten hinweist, daß der kreative Prozeß Chaos verlangt, um neue Formen zu entwickeln, daß ein Individuum aus Leid und Konflikten oft gestärkt hervorgeht und daß die Gesellschaft ein gesundes Maß an Meinungsverschiedenheiten benötigt.« (77/192 f.)

Wir alle durchleben auf unserem Lebensweg Krisen, oft gerade vor dem Erreichen eines wichtigen Lebenszieles. Eine innere Unrast ergreift uns. Wir spüren, daß ein neuer Aufbruch bevorsteht. Wir fühlen uns gedrängt, zu handeln, Taten zu setzen, und werden so ins dramatische Geschehen unseres Lebens verwickelt. Wir sind gezwungen, uns der entstehenden Krise zu stellen. Unsere Aufgabe besteht darin, unsere Probleme zu lösen. Aus unseren Lösungen entstehen wiederum neue Herausforderungen.

Wird dieser Prozeß aber umgangen, scheut sich der Mensch zu handeln, um nur ja nicht wieder »verwickelt« zu werden. Er rückt durch ein Krankheitsgeschehen oder einen Unfall das Leben wieder ins »rechte Lot«. In Krankheiten kommen sehr oft Probleme zum Ausdruck, denen wir allzugerne aus dem Weg gegangen sind. Wir wollten die »heißen Eisen« nicht anpacken. Es war uns alles zu kompliziert, zu mühsam, zu unangenehm. Die Krise stellt sich dann ein, weil wir erkennen, daß wir uns der Herausforderung doch stellen müssen.

Ein andermal wiederum dient die Erkrankung als reiner Fluchtweg: als Ausweg aus einer völlig verfahrenen Situation. Es kann eine Aufforderung zur inneren Einkehr bedeuten: »Wenn Krankheit ein Weg ist, mit Streßsituationen im Leben fertigzuwerden, dann gelangt man natürlich auch zum tieferen Sinn einer Erkrankung, zu der Erkenntnis, daß eine besondere Erkrankung uns eine ›Botschaft‹ übermittelt. Diese Botschaft zu verstehen bedeutet, schlechte Gesundheit als eine Mahnung zur inneren Einkehr, zur Selbstbeobachtung anzunehmen. Nur so kann das ursprüngliche Problem, können die Gründe für einen bestimmten Fluchtweg auf eine bewußte Ebene gebracht werden, also Voraussetzungen für die Lösung des Problems geschaffen werden.« (40/365)

Angeborene Krankheiten wiederum können ihren Sinn darin haben, daß der mit solchem Nachteil geborene Mensch unter derart einschränkenden Bedingungen sich gleichwohl im Leben bewähren kann. In einzelnen Fällen ist eine solche Erschwernis geradezu die Voraussetzung für die glückliche Meisterung des gewählten Lebensthemas. Niemals sind angeborene Krankheiten als auferlegte Strafe oder als Konsequenz einer in einem »vergangenen« Leben aufgeladenen Schuld zu verstehen.

Je größer die Problematik, die unsere Wesenheit – nicht die Persönlichkeit – aus freien Stücken auf sich genommen hat, desto höher ist auch das anspruchsvolle Ziel, das in einem solchen Fall nur im Erreichen einer höheren Erkenntnis- und Bewußtseinsstufe richtig gesehen wird.

Krankheit mag vom inneren Selbst auch als eine zielgerichtete Disziplinierungsmaßnahme gewählt werden, damit ein großes Werk, ungestört vom Lärm des Alltags, bewerkstelligt werden kann. Die Krankheit dient dann einem anspruchsvollen, schöpferischen Anliegen. Ohne die begrenzende Einschränkung wäre die Konzentration auf dieses wichtige Ziel in Frage gestellt.

Ich möchte mit all dem die Einsicht nahelegen: Kein Mensch erkrankt, ohne daß er einen profunden, geistig oder seelisch in sich selbst gerechtfertigten Grund dafür hätte.

Anders ist es, wenn wir glauben, uns durch Krankheit selbst bestrafen zu müssen. Da unsere Vorstellung stets unsere Wirklichkeit schafft, muß dann Krankheit als selbstauferlegte Strafe sich zwangsläufig einstellen und folgerichtigerweise ins Verhängnis führen. Eine solche Einstellung ist grundfalsch und zerstörerisch. Jede destruktive Geistes- und Gefühlshaltung aber muß – am schlimmsten ist Haß – zu Krankheiten führen. Heutzutage ist wissenschaftlich nachgewiesen, daß negatives Denken und destruktive Gefühle den Organismus schädigen. Besonders zerstörerisch wirken sich Haß, Neid und Eifersucht aus.

Die Ursache so mancher Erkrankung – auch dies ist heutzutage wissenschaftlich erwiesen – kann Einsamkeit sein. Der sich isoliert fühlende Mensch sehnt sich nach nichts mehr als nach Zuwendung. Bleibt diese ihm versagt, ersetzt er die mangelnde liebevolle Anteilnahme durch ein untaugliches Mittel: die eigene Krankheit. Prompt ist er krank. Die Zeit um Weihnachten herum ist, wie die Ärzte wissen, besonders kritisch für vereinsamte und deshalb krankheitsanfällige Menschen.

Krankheit dient manchem sich gefährdet fühlenden Menschen auch dazu, eine Schwächeperiode in seinem Leben zu überwinden und in solcher Herausforderung neue Kräfte zu finden. Krankheit ist für ihn dann das Mittel, ihn aus seiner Lethargie herauszureißen.

Wenn die meisten Menschen sich vor Krankheit fürchten – und sie damit anziehen –, so gibt es auf der anderen Seite manch andere, die von der Vorstellung beseelt sind, durch Leid geläutert zu werden. Zwar ist ein Läuterungsprozeß oft die Folge leidvollen Erlebens, aber Leid kann als solches nicht wünschbar sein. Wir sollten Krankheit und Leid nicht verherrlichen: das hieße, sich dem freiwillig – freien Willens – zu ergeben. Die rechte Entscheidung am rechten Ort zur rechten Zeit erspart uns leidvolle Prozesse weitgehend. Geistige Prophylaxe dieser Art ist nicht nur geboten, sondern auch zielführend. Wer gegenteilig verfährt, sollte bedenken: Worauf ich Gewicht lege, das bekommt Gewicht!

Die wesentliche Forderung, die durchlebtes leidvolles Geschehen an uns richtet, läuft stets auf die unbequeme Wahrheit hinaus: Ändere dein Leben! Das postuliert nachhaltig VIKTOR E. FRANKL: »Im

Erfüllen von Sinn verwirklicht der Mensch sich selbst. Erfüllen wir nun den Sinn von Leiden, so verwirklichen wir das Menschlichste im Menschen, wir reifen, wir wachsen, wir wachsen über uns selbst hinaus. Gerade dort, wo wir insofern hilflos und hoffnungslos sind, weil wir eine Situation nicht ändern können – gerade dort sind wir aufgerufen und ist uns abverlangt, uns selbst zu ändern.« (83/160 f.)

Wenngleich bei der Vielzahl von Ursachen eine generelle Aussage schier unmöglich erscheint, kann man, meine ich, doch sagen, daß bei einer schweren Krankheit meist die Sinnfrage aufgeworfen ist. Die uns durch die Krankheit vermittelte Botschaft ist die Aufforderung, unser Leben zu ändern. Der Gedanke, daß Heilung etwas damit zu tun hat, sich zu ändern, ist uralt und wurde zum Beispiel von FRITJOF CAPRA als Anpassungsproblem gesehen: »Nach konfuzianischer Ansicht konnte eine Erkrankung entstehen, wenn man sich den Regeln und Gewohnheiten der Gesellschaft nicht richtig anpaßte; der einzige Weg, wieder gesund zu werden, bestand darin, sich so zu ändern, daß man sich wieder in die gegebene gesellschaftliche Ordnung einfügen konnte. Diese Haltung ist in der ostasiatischen Kultur so tief verwurzelt, daß sie noch heute in China und Japan Teil der modernen medizinischen Therapie ist.« (40/356)

Nonkonformismus kann tatsächlich krankmachen. Ein Minimum der Anpassung an die gesellschaftlichen Normen wirkt stabilisierend, wogegen aggressive Daueropposition gegen alles und jedes zweifellos krankmacht. Eine negative Vorstellungswelt zieht unweigerlich Negatives an. Auch wenn wir zu Recht gegen die Übel dieser Welt protestieren, müssen wir uns doch immer klarmachen: Ändern sollen wir die Welt, sonst ist unser Protest nichts wert!

Daß Krankheit immer einen Grund hat, erfuhr einer meiner Bekannten: Eine fiebrige Erkältung hält ihn davon ab, einen schon gebuchten Flug mitzumachen. Das Flugzeug stürzt ab. Nicht durch Zufall ist er gerettet worden, sondern weil er nicht im Sinn hatte, sein Leben zu beenden. Da er diesen Flug buchte, mußte das innere Selbst den Ausweg über eine fiebrige Krankheit wählen, um ihn vor dem verhängnisvollen Ereignis zu schützen.

Dies alles legt uns nahe, was uns auf den ersten Blick zu akzeptieren schwerfällt: Es gibt keine Unfälle, keine Schicksalsschläge, die nicht von uns (und dabei ist die Wesenheit, nicht die Persönlichkeit gemeint) gewollt und akzeptiert wurden. Der Tod kommt stets erwünscht, ganz einfach weil er gewählt wurde. Das wird gerade auch in Krankheitskrisen deutlich. Höchste ärztliche Kunst vermag nichts, wenn der Patient sein Leben hier auf dieser Erde beenden will. Auf der anderen Seite hilft ein harmloses Heilmittel aus der Natur, wenn ein Kranker innerlich entschieden hat, leben zu wollen.

Den Sinn einer Erkrankung können wir, wie in JANE ROBERTS' Standardwerk esoterischen Wissens *Das Seth-Material* hervorragend dargelegt ist, auch an den Krankheitssymptomen selbst ablesen. Diese sind ja als »Mitteilungen« unseres inneren Selbst aufzufassen, die Signalwert haben.

»Körperliche Krankheiten stellen oft die Schlußetappe einer Entdeckungsreise dar. Innere Probleme werden im wörtlichen Sinne nach außen gebracht, wo sie erkannt und bekämpft werden können, wobei die Symptome oft einen Rückschluß auf den inneren Fortschritt zulassen. Die Krankheitssymptome sind bereits Teil des Heilungsprozesses: Uns fällt dabei die Aufgabe zu, unsere geistig-seelische Einstellung zu ändern, und das innere Problem, für das die Symptome stehen, bewußtzumachen und unseren Fortschritt daran zu messen, in welchem Maße die Symptome nachlassen.

In den Fällen, bei denen das Symptom im Inneren schwärt, ein Magengeschwür zum Beispiel, muß dies als ein Zeichen dafür gewertet werden, daß die Persönlichkeit nicht gewillt ist, das Problem anzuschauen, und folgerichtig ist auch das Symptom dem Blick entzogen. Die Beobachtbarkeit eines Symptoms oder das Gegenteil läßt darum auf die Haltung der Persönlichkeit ihrem Problem gegenüber rückschließen ... Viele Probleme finden nie ihren Ausdruck.« (220/199 f.)

Nach all dem Gesagten sollte klargeworden sein, daß Bazillen und Viren, Funktionsstörungen aller Art, entzündliche Prozesse, degeneratives Geschehen, aber auch der »zufällig« eingetretene Unfall letztlich nur als eine Art Erfüllungsgehilfen zielgerichteter geistig-seelischer Vorgänge aufzufassen sind. Die Legitimität medizinischer Heilmaßnahmen bleibt unangetastet. Das »Eigentliche« aber wurzelt tiefer.

17
Selbstheilung durch Wandlung

Ich, der Herr, bin dein Arzt.

2. Mose 15, 26

Heilung ist stets ein geistig-seelischer Vorgang. Die medizinische Behandlung darf natürlich nie vernachlässigt werden. Sie bleibt aber, grundsätzlich besehen, bloß eine notwendige Unterstützung der innerlichen Prozesse, die, wenn ein Kranker genesen will, stattfinden müssen. Da ich Ihnen mit diesem Buch nicht nur theoretische Erörterungen zumuten will, sondern – und das ist ein entscheidendes Anliegen meinerseits – Ihnen auch konkrete Anhaltspunkte für das, was ich Ihnen nahelegen möchte, an die Hand geben will, fasse ich im folgenden einige Grundsätze in einfachen Leitmaximen zusammen:

- Trennen Sie sich von krankmachenden Vorstellungen und Überzeugungen.
- Lösen Sie Ihre Probleme, indem Sie sich selbst und Ihr Leben verändern.
- Erkennen Sie, daß Sie selbst es waren, der Sie aus »guten Gründen« die Krankheit gewählt und akzeptiert haben. Es ist die Wahl des inneren Selbst.
- Konzentrieren Sie sich niemals auf Ihre Krankheit, sondern auf die Sinnerfüllung Ihres Lebens.
- Denken Sie daran, daß, meist unbewußt, manche Krankheit in Kauf genommen wird, um etwas ganz Besonderes im Leben leisten zu können.
- Glauben Sie an das Gute und tun Sie Gutes: helfen Sie anderen (ein wahres Wundermittel).
- Weinen Sie sich aus, wenn Ihnen danach zumute ist (Weinen ist eine Art Reinigung des Gemüts).

- ○ Verändern Sie Ihre Einstellungen, Ihre Geistes- und Gefühlshaltung.
- ○ Wenden Sie sich nur an Heiler, die Ihr Vertrauen in Ihre Gesundheit stärken, die selbst an Leib und Seele gesund und fähig sind, Sie aufzubauen.
- ○ Lassen Sie sich niemals durch eine Diagnose entmutigen. Ihr Arzt kann sich täuschen, und Sie sind ein freier Mensch!
- ○ Vertrauen Sie der Unversehrtheit Ihrer gottgegebenen Natur. Sie können bis ins hohe Alter gesund und froh bleiben.
- ○ Stärken Sie das Urvertrauen und Ihr Eigentliches. Ihr Wesentliches können Sie nie verlieren, und da sind Sie unverletzlich, denn Ihr inneres Selbst kann nie krank sein.
- ○ Schauen Sie nie zurück! Vergeben Sie sich, was Sie falsch gemacht haben, denn alles Leben ist Lernen.
- ○ Vergangenheit ist niemals fix und fertig. Sie können die Vergangenheit durch Ihr Denken verändern.
- ○ Beginnen Sie jeden Tag das Leben neu. Mit dem neuen Tag haben krankmachende Gedanken und Gefühle nichts zu tun.
- ○ Lassen Sie nichts Negatives an sich heran. Heitere Gelassenheit ist Seelenmedizin.
- ○ Aber vergessen Sie nie, daß es im Leben zu handeln gilt. Leben ist Handeln.
- ○ Atmen Sie sich gesund. Dann vergessen Sie auch das gute Gespräch nicht.
- ○ Lassen Sie sich von Musik heilen. Musik heilt die Seele.
- ○ Auch Naturheilweisen können Wichtiges zu Ihrer Heilung beisteuern.
- ○ Meditieren Sie abends vor dem Einschlafen. Indem Sie in sich gehen, öffnen Sie sich höheren Einsichten.
- ○ Seien Sie sich eingedenk, daß Sie nie allein sind. Geistige Helfer sind um Sie. Rufen Sie sie!
- ○ Träumend sind Sie in einem Bewußtseinszustand, der die Heilung begünstigt. Träumen Sie!
- ○ Erinnern Sie sich stets der Unsterblichkeit Ihrer Seele, Ihrer Wesenheit.
- ○ Sie sind ein gesegnetes Geschöpf Gottes. Der Heiler ist in Ihnen: »Ich, der Herr, bin dein Arzt.«

Vergegenwärtigen und verinnerlichen Sie sich täglich diese Leitsätze. Dann aber sollten Sie sie – Punkt für Punkt – verwirklichen, in Ihre Lebenspraxis übersetzen. Sie gehören zum Notwendigen, das hilft, die Not zu wenden. Entscheidend ist allerdings, daß Sie diesem Notwendigen gemäß auch handeln. Sonst bleiben wir Traumtäter.

Wenn auf einmal der innere Kern aufbricht ...

Schon im alten Griechenland galt das Genesen von einer Krankheit als geistiger Vorgang. »Die prominenteste der einstigen Heilgottheiten war Hygieia, eine der vielen Manifestationen der kretischen Göttin Athene, die mit dem Schlangensymbol in Verbindung gebracht wurde und die den Mistelzweig als Allheilmittel benutzte ... Hygieia (Gesundheit) beschäftigte sich mit der Aufrechterhaltung der Gesundheit und personifizierte die alte Weisheit, daß die Menschen gesund wären, wenn sie weise lebten.« (40/345 f.)

Seither ist viel Zeit vergangen, und wir haben vergessen, daß Krankheit nicht ein vom Geist isolierter Vorgang im Körper ist, sondern vielmehr und vorrangig ein geistiges Phänomen darstellt, das stets mit unserer Lebensproblematik verknüpft auftritt. Wenn wir Heilung wollen, müssen wir zuerst unsere Vorstellung korrigieren, Krankheit befalle uns zufällig, unabhängig von unserem Leben.

Diese irrige Einstellung zu ändern ist überaus wichtig. Die Krankheit ist uns nicht zugestoßen, sie ist nicht unabwendbar und schon gar nicht eine Strafe. Geist und Körper sind eine Einheit und als solche nicht voneinander zu trennen. Der menschliche Körper ist weit davon entfernt, »nichts als« eine Maschine zu sein, deren Fehlfunktion »nichts als« eine unglückliche Panne ist. Sehnen wir uns nach Heilung, müssen wir die Botschaft der Krankheit erkennen und unser Leben umstellen.

Voraussetzung dafür ist wohl die Erkenntnis, daß wir für Gesundheit und Krankheit selbst verantwortlich sind. Wie bereits erörtert wurde, hat diese Verantwortung nichts mit Schuld und Sühne zu tun. Krankheit ist vielmehr als im Leben notwendiger Lernprozeß aufzufassen. In Kapitel 16 wurde versucht, einige der geistig-seelischen Krankheitsursachen zu beleuchten. Angesichts der Vielfältigkeit menschlichen Erlebens ist eine vollständige Aufzählung natürlich unmöglich. Die Ursachen und den tieferen Sinn einer Krankheit müssen wir selbst ergründen. Jedes Geschehen ist sinnvoll. Nichts kann uns geschehen, das ohne Sinn wäre. Doch kann uns auch nichts geschehen, das nicht von uns in freier Selbstbestimmung gewählt und akzeptiert wurde und daher auch verantwortet werden muß.

Das hat Gültigkeit auch im Fall von Krankheit und Heilung. Wir sind vor die Wahl gestellt, in unserer Eigenart zu verharren oder aber auf den durch die Krankheit an uns ergangenen Ruf zur Wandlung zu hören. Die Entscheidung liegt bei uns, bei niemandem sonst. Was uns dabei abverlangt wird, ist allerdings nicht ohne weiteres zu leisten. RICARDA HUCH hat nur allzu recht: »Alles Menschliche will Dauer, Gott will Verwandlung.« Unerträglich erscheint uns die Zumutung, unser gewohntes Verhalten neu zu überdenken. Völlig überflüssig will uns scheinen, unsere Vorstellungswelt zu ändern.

Wir vergessen dabei, daß es die Inhalte unseres Denkens und Fühlens waren, die uns krankmachten. Genau da müssen wir daher mit unserer Wandlung beginnen. Der Weg des Lebens führt von Wandlung zu Wandlung. KONFUZIUS rät uns: »Wahrlich, täglich erneuere dich.« Damit Heilung eintreten kann, muß die geistig-seelische Ursache beseitigt werden. Ein grundsätzliches Umdenken ist notwendig, eine Neuorientierung.

JESUS CHRISTUS hat uns immer wieder zur inneren Wandlung aufgerufen und die Ursache erstaunlicher Heilungen auch eindeutig erklärt: »Dein Glaube hat dir geholfen.« (Dieses Thema wird in Kapitel 19 noch weitergeführt werden.) »Lege alle Beschwernis ab und schreite durch das Purgatorium, den Reinigungsort der Metanoia, des Umdenkens ... der Weg zum Geheimnis ist der Weg des Ablegens des alten Denkens.« (173, 6/81)

Eine Neuorientierung kann sich manchmal plötzlich einstellen. Das Mysterium des Auserwählten erfüllt sich in mystischer Erleuchtung, wie dies mit dem Damaskus-Erlebnis überliefert ist, in dem der nichtsahnende SAULUS zum wissenden PAULUS wurde. Es kann eine Gnadenerlebnis sein, wie es GABRIEL MARCEL beschreibt: »Ich zweifle nicht mehr, wundersame Glückseligkeit, diesen Morgen. Ich habe zum erstenmal klar die Erfahrung der Gnade gemacht. Diese Worte sind erschreckend, aber es ist dieses. Ich bin endlich durch das Christentum eingekreist worden, und ich bin überflutet. Glückseliges Überflutetsein, aber ich will nicht mehr schreiben. Und dennoch muß ich. Eindruck des Stammelns ... Es ist wohl eine Geburt. *Alles ist anders.*« (155/530)

Eine tiefgehende Wandlung geht oft mit einem Erlebnis plötzlicher Erleuchtung oder tiefen Ergriffenseins einher. Ohne solches Ergriffensein kann überhaupt eine Wandlung nicht glücken. Marcels »glückseliges Überflutetsein« ist kennzeichnend: er ist überwältigt, im Kern erschüttert, keine Worte mehr findend außer die nur noch gestammelte Erkenntnis: »Alles ist anders.« Da ist ein wahrer Inbegriff gefunden worden, auf den es ankommt für eine Umorientierung von der Wurzel her!

Alles ist dann ganz anders, als Sie bisher gedacht haben. Sie haben auf einmal die Gewißheit, zu Ihrer Mitte gefunden zu haben. Sie fühlen dann deutlich, daß es nun gilt, das Gute in Ihnen zur Geltung zu bringen. Sie wissen aber auf einmal auch, daß Sie das zu tun vermögen. Denn Sie sind ein Geschöpf Gottes, der in Ihnen ist, und nicht zufälligem Schicksal ausgeliefert. Sie wissen sich eins mit dem unendlichen Universum und geborgen.

Ja – so kann sich Ihnen das Erlebnis der Wende, der Umkehr, eben der vorerwähnten Metanoia, bieten. Erschütterung ist die Voraussetzung – ob in überwältigender Hingabe oder in leidvoller Grenzerfahrung, ob beim Anhören des schlichten Schlußchorals der *Johannes-Passion* oder mitten in der Gefahr einer Krise.

Ergriffen werden wir und geöffnet. Wir werden ergriffen von der Gewalt einer anderen, einer höheren Wirklichkeit und geöffnet für das Geheimnis der wahren Größe unseres Lebens. Die Erschütterung aber wird bewirkt durch die Konfrontation des kleinen, banalen Ich mit der visionär erfahrenen Größe und Majestät höherer Seinswirklichkeit. Dort, ja dort, ist mein Ziel, dort finde ich meine Erfüllung. Mächtig steigt die Sehnsucht in mir auf, daß die Verheißung Wirklichkeit werde. Ich weine. Doch während ich weine, geschieht es: Es öffnet sich eine neue Welt. In ihr ist Sinn, ist Fülle, sind Ordnung und Harmonie. Ich fühle zutiefst: Ich muß mich ändern, muß mich wandeln!

Solche Augenblicke der Erschütterung sind Sternstunden der Umkehr und Neubesinnung. Nichts von all dem darf verlorengehen. Zu kostbar ist das Geschenk des neuen Lebens. Es ist ein seltsamer Zustand. Man weiß auf einmal, was notwendig ist. Die Verpflichtung gegenüber der eigenen Aufgabe, der eigenen Bestimmung leuchtet auf. Es ist, als ob man plötzlich aus tiefer Bewußtlosigkeit erwachte. Heilung durch Wandlung definiert sich ja geradezu durch diesen neuen Zustand glückhaften Wachseins. Auf geheimnisvolle Weise erhellt sich das Bewußtsein. »Die Metanoia, um die es geht, führt über einen Umbruch, einen Zusammenbruch der alten Ordnung, über eine Vernichtung des alten Subjektstandes, über einen Tod des Ich, über eine echte Preisgabe der alten Form, über das Opfer, ohne das es keine Verwandlung gibt.« (57/150)

Verwechseln wir nicht die Erschütterung angesichts echter Wandlung mit Selbstmitleid oder gar der Anklage und Verdammung unseres ohnmächtigen Ich. Dies würde eine gegenteilige Wirkung auslösen. Nicht Selbstverdammung ist wünschenswert, sondern Neuorientierung. Selbstverdammung weckt Gefühle der Ohnmacht, der Hilflosigkeit und Verzweiflung. Genau solche Gefühle aber »zementieren« die Krankheit. Nein, es ist, wie GABRIEL MARCEL sagt, die »glückselige« Erschütterung gemeint, die uns zu lichten Höhen aufbrechen läßt. Dabei ist der empfindsame, gefühlvolle Mensch gegenüber dem rein rational oder gar materialistisch denkenden Intellektuellen im Vorteil. Ein sensibler Mensch könnte zum Erleben der Wandlung etwa in einem Moment tiefempfundener Liebe finden, im beglückenden Erkennen: Es ist gut, daß es dich gibt. »Die Hingabe an ein endlich Seiendes ist bereits ein Übersteigen des Begrenzten, zielt auf ein Unbedingtes.« (26/21)

In einem solchen Augenblick erschließt sich dem liebenden Menschen die Sehnsucht zum Edlen, Großen, Wesentlichen. Im Strahlkreis tiefempfundener Liebe verändert sich die Wirklichkeit. Aus der Verdoppelung der tiefempfundenen Liebe verändert sich die Wirklichkeit. Aus der Hingabe an das geliebte Du erwächst die freudige Verpflichtung zur Rückkehr.

Die Gunst der Stunde ist in Regeln nicht unterzubringen. Jeder Mensch wird es anders erleben. Es kommt auf die starke Gemütsbewegung an. Deshalb kann auch die Erschütterung angesichts einer Krise, einer Katastrophe eine Heilung durch Wandlung herbeiführen. Aus solchem Erleben erwächst die Kraft zum Neubeginn. Der innere Kern bricht auf, das Tor zu einem neuen Leben ist offen: »Wandlung zu einer neuen Persönlichkeit heißt mithin, den grundsätzlichen Bestand des eigenen Wesens aufzuschließen, auf die kosmischen Wurzeln seiner Kraft sich besinnend etwas Neues zu gestalten. Hieraus entspringt der schöpferische Umschwung zum Bisherigen.« (205/IV, 237)

»Oft beginnt ein Individuum plötzlich in der Mitte des Lebens ... klarzusehen und bringt sein Leben in Ordnung. Ein Schicksal, das auf eine Katastrophe zuzusteuern schien, nimmt plötzlich eine triumphale Wendung.« (214/446) Die Umkehr kann spontane Heilung bewirken. Plötzlich sind alle Leidensmerkmale verschwunden, plötzlich ist der gewandelte Mensch frei von Beschwerden. Heilung wie auch Selbstverwirklichung, geschieht stets durch Umgestaltung.

Infolge innerer Wandlung verändert sich unser Handeln. Durch dieses »Alles ist anders« wandelt sich aber auch die Welt. So tragen wir durch unsere Neuorientierung nicht nur zu unserer eigenen Heilung bei, sondern wir verändern auch die Welt. Vielleicht nur im geringsten. Aber ist dies entscheidend? Der Mensch kann immer nur sich selbst einbringen. Entscheidend ist, daß er damit sein Eigentliches erfüllt.

Vorstellungen und Überzeugungen ändern!

Wie mag sich nun eine solche innere Wandlung praktisch auswirken? Die Quintessenz aus Kapitel 5 (»Wirklichkeit ist gedachtes Sein«) war: »Die Wahrheit und Wirklichkeit unseres Lebens sind ausschließlich das getreue Abbild unserer eigenen Vorstellungswelt und der daraus resultierenden Entscheidungen. Verantwortetes Sein bedeutet also stetes Bemühen, unsere Vorstellungswelt so zu wandeln, daß sinnerfülltes Leben möglich wird.« Nun hat aber jeder Mensch seine eigene Welt aufgebaut. Sie ist seine spezifische Ich-Wirklichkeit, die nicht unbedingt mit der Realität übereinstimmen muß, die aber dennoch voll und ganz für das, was ihm widerfährt, verantwortlich ist. Wir können also unsere Situation nur dadurch verändern, daß wir unsere Vorstellungswelt gründlich prüfen und, wenn nötig, ändern. Unser Leben ist ein getreues Abbild unserer Vorstellungen und zu Glaubenssätzen verdichteten Überzeugungen, somit aber auch unserer Vorurteile und unserer Ignoranz.

Es liegt an uns, in unserem Leben das Verborgene, das uns bedeutungsvoll – zum Beispiel durch Krankheitssymptome – Bedeutete zu erkennen und zu enträtseln. Auch liegt die Signifikanz unserer körperlich-materiellen Wirklichkeit darin, Gedachtes und Gefühltes in greifbare Wirklichkeit, in erfahrenes Leben zu verwandeln. Unsere Sehnsucht und Hoffnung, aber auch unsere Ängste bestimmen die Inhalte, die wir aus der unermeßlichen Fülle aller Möglichkeiten für die Gestaltung der Wirklichkeit unseres Lebens herausziehen. Dabei sind wir auf diejenigen beschränkt, für die wir selbst in unserer Gedanken- und Gefühlswelt Resonanz bieten. Nur das, was wir auf uns beziehen können, hat auf uns Anziehungskraft: »Alles findet in der Vorstellung statt ... wir können es so haben, wie wir es uns vorstellen und wie wir es wollten.« (77/321)

Wenn also ein Mensch ein Spiegel und sein Leben ein Niederschlag seiner Vorstellungen ist, wird Heilung durch Wandlung für uns nur dann möglich sein, wenn diese unsere Vorstellungswelt und das von dieser geprägte Gefühlsleben systematisch von allen einengenden, krankmachenden Gedanken und depressiven oder destruktiven Gefühlen befreit werden. Gesundheit erwächst aus der Wandlung unserer Vorstellungen, unserer Einstellungen, unserer Überzeugungen, unserer Erwartungshaltung. Alles, was Hilflosigkeit und Ohnmacht des Menschen suggeriert, trägt zum Zustand des Krankseins bei.

Die irrige Vorstellung von der Ohnmacht des Menschen mag in der Überzeugung wurzeln, wir seien von Gott abgefallene Wesen, dazu verurteilt, in einer absurden Welt ein zufälliges Schicksal erleiden zu müssen. Eine solche Überzeugung lastet natürlich wie ein Fluch auf einem Menschen. Wer solche Vorstellungen und Überzeugungen hegt, darf sich nicht wundern, wenn er verzweifelt, unglücklich und krank ist. Wie in Kapitel 7 zu erklären versucht wurde, ist der Mensch nicht gefallen, sondern, im Gegenteil, indem er von Gott mit eigener Individualität, Erkenntnisfähigkeit und freier Entscheidungswahl ausgestattet wurde, erhöht worden. Es ist nicht sinnvoll, in Angst vor Schuld und Sühne zu leben. Der Mensch ist, wie gesagt, nicht schuldig, sondern gesegnet. Sogar schwerste Lebensfehler und Irrtümer finden ihre richtige Erklärung nur darin, daß wir alle ja bloß Anfänger, ja Schüler im dramatischen Lernprozeß unseres Lebens sind.

Genauso schädlich ist die Vorstellung, unser Leben sei der puren

Zufälligkeit preisgegeben oder eine tragische Folge unserer unglücklichen Vergangenheit. Was ich diesbezüglich in den Kapiteln 2 und 4 dieses Buches zu erklären mich bemüht habe, trifft generell, insbesondere aber auf unsere Befindlichkeit – gesund oder krank – und auf die Herbeiführung der Heilung zu. Krankheit ist nicht eine uns zufällig anfallende Last, und Heilung ist immer Selbstheilung jetzt, wie immer unsere Vergangenheit war.

Unentbehrlich für den Heilungsprozeß ist allerdings ein unerschütterlicher Glaube an das Gute. Dies klingt einfach, fällt uns jedoch infolge des irrigen, aber uns von Kindheit an eingeimpften Polaritätsdenkens schwer. Gut und Böse sind, wie in Kapitel 6 aufgezeigt wurde, Lernkriterien, an denen der Mensch die Konsequenzen seiner Entscheidungen und seines Handelns erkennt. Konsequenzen dieser Art sind eben sowohl Krankheit als auch Genesung von derselben. »Dein Glaube hat dir geholfen!« Das heißt unter anderem auch, daß jede Heilung Selbstheilung ist.

Mag uns auch die täglich kolportierte Wirklichkeit dieser Welt eines Schlechteren belehren wollen: Der Mensch ist gut, wenn auch die Konsequenzen seines Handelns oft sehr bösartige Folgen haben. Er ist gut, weil im Prinzip seine Absichten gut sind. Wenn ihm vieles mißlingt, liegt dies an seinem Unwissen. »... denn sie wissen nicht, was sie tun.« Immer wieder muß daran erinnert werden, daß unser Leben ein Lern- und Reifungsprozeß ist. Irrungen und Wirrungen, Scheitern und Unglück und so auch Krankheit und Leiden sind Stationen im Lernprozeß. In uns liegt daher auch der Schlüssel der Heilung, nirgends anders. Nochmals: Um zu genesen, müssen sowohl körperlich als auch geistig-seelisch Kranke ihre Vorstellungen, Überzeugungen und Erwartungen ändern. »Löscht die falsche Vorstellung aus, und die Krankheit verschwindet. Dies war die einzige Heilmethode, die Jesus anwendete. Er löschte das falsche Bild im Bewußtsein desjenigen aus, dem er helfen wollte.« (251/218)

Äußerer und innerer Arzt

Eine wichtige Erkenntnis ist auch das Wissen um die Tatsache, daß für die Wiederherstellung der Gesundheit oft nur sehr bescheidene Therapie erforderlich ist. Es kommt ja viel weniger auf die Umfänglichkeit und die oft genug zerstörerische Totalwucht medizinischer Maßnahmen an als auf die innere Einstellung des Kranken. Leider bestärkt die in unseren Krankenhäusern vorherrschende Atmosphäre die dort gepflegten Kranken kaum in dem notwendigen Bemühen, zu innerer Ruhe und einer positiven Erwartungshaltung zu finden. Zyniker und Pessimisten – und solche gibt es unter Ärzten viele – werden kaum in der Lage sein, die Vitalkräfte eines Kranken zu stimulieren. Dazu bedürfte es vor allem verständnisvoller und aufbauender Gespräche.

Mitgefühl und Liebe sind essentielle Voraussetzungen für eine Medizin, die dazu beiträgt, in einem Kranken die so notwendigen Selbstheilungskräfte des Organismus zu wecken und zu aktivieren. Tatsächlich kommt dieses Verdienst eher jenen Ärzten und Heilern zu, die Naturheilverfahren anwenden. Akute Krankheiten sollen zweifellos auch weiterhin im Rahmen der klassischen Schulmedizin behandelt werden. Viele Krankheiten aber können mit schulmedizinischen Methoden allein nicht geheilt werden.

Genau da vermögen Naturheilmethoden oft mehr auszurichten. Die Naturheiler versuchen, wie PARACELSUS sagte, den »inneren Arzt« im Kranken zu mobilisieren. Tatsache ist, daß die Schulmedizin oft unvermeidliche Nebenwirkungen in Kauf nehmen muß, die andere als die behandelten Organe schädigen. Die Verfechter von Naturheilmethoden legen es nach dem Grundsatz »Primum nil nocere«, also um keinen Preis dem Patienten zu schaden, eher darauf an, seitens des Kranken Reaktionen herbeizuführen. Wenn ein chronisches Leiden geheilt werden soll, muß zuerst, wie im geistig-seelischen Bereich, die Vergangenheit gelöscht werden. Dies geht meist nur über den Weg einer Heilkrise. Je stärker die Reaktion, desto notwendiger war die Behandlung.

Heutzutage steht der Naturheilkunde ein breites Spektrum an Therapien zur Verfügung. Besonders bietet sie sich, auf einen vereinfachten Nenner gebracht, auf den Gebieten der Prophylaxe, der Nachbehandlung akuter Krankheiten mit entsprechender Entgiftung und Entstörung sowie in Fällen chronischer Krankheiten an. Angesichts einer akuten Krankheit wird sich der Erkrankte entscheiden müssen, welcher Disziplin er sich anvertraut. Jedenfalls ist heutzutage mehr denn je der Heilkundige gefragt, der über die zur Verfügung stehenden Diagnose- und Therapieformen umfassend

Bescheid weiß und »Naserümpfen« über die »andere Seite« nicht kennt.

In uns ist ja alles darauf angelegt, daß Heilung möglich ist. Doch ist unser Organismus auch ein Wunderwerk, das uns in seiner Unergründlichkeit immer neue Rätsel aufgibt. Bedenken wir, daß unser Gehirn in der Sekunde eine Milliarde Informationen verarbeiten muß und dazu auch in der Lage ist. Die Wissenschaft meint, dies geschehe in Form von Regelkreisen. Wer jedoch steuert diese Regelkreise? Wer ist für die »Programme« verantwortlich, die Sinn und Richtung der Abläufe letztlich steuern?

Hoimar von Ditfurth meint: »Wenn unsere Leber (und ebenso unser Kreislauf, unsere Hormondrüsen und viele andere körperliche Organe und Systeme) nicht ›autonom‹ funktionierte, wenn wir vielmehr gezwungen wären, ihr Funktionieren bewußt zu steuern, würde niemand von uns das länger als wenige Minuten überleben. Selbst wenn wir über die Kenntnis der spezifisch unterschiedlichen Wirkungen der Aberhunderte von Enzymen verfügten, mit deren Hilfe die Leber unseren Stoffwechsel steuert, würde uns das nicht retten. Denn die Komplexität des fein aufeinander und auf die ständig wechselnden inneren Zustände unseres Organismus abgestimmten Zusammenspiels aller beteiligten Faktoren stellt Aufgaben, die das analytische Vermögen unseres bewußten Verstandes unermeßlich übersteigen.« (54/211)

Die Medizin nimmt an, daß es sich um autonome Funktionen handelt. Sicher ist, daß die Körperintelligenz zweifellos vieles vermag. Entscheidend wirkt aber bei jeder Steuerung eine geistige Instanz mit, nämlich das innere Selbst. Das innere Selbst, wie überhaupt das Bewußtsein, selbst Schwerkranker, sollte nie zu lange durch stärkste Schlafmittel oder andere starke Medikamente künstlich ausgeschaltet werden.

Dies ist im Traumzustand nicht der Fall. Träumen kann viel dazu beitragen, den Heilungsprozeß voranzutreiben. Im Traum wird uns im richtigen Moment so manche Information geschenkt, die für die Bewältigung unlöslich scheinender Probleme entscheidend ist und die Situation zum Besseren wendet. »Gelegentlich finden im Traumzustand auch regelrechte physische Heilungen statt. Dies mag euch erstaunen, nachdem ihr euch im Wachzustand für intelligent und wissend, im Traum aber für unwissend und halb verrückt haltet. Wenn ihr im Wachzustand aber ›dumm‹ wie im Traum wäret, hättet ihr eine viel bessere Gesundheit.« (215/48)

Unsere Träume können wir durch gezielte Suggestionen steuern. Nicht zuletzt auch deswegen ist es so wichtig, daß wir vor dem Einschlafen meditieren, uns innerlich unserem Wesentlichen zuwenden oder schlicht beten. Das Gebet als die innere Hinwendung zu Gott ist wohl die schönste und wirksamste Art der Meditation.

»Jeder Mensch besitzt etwas, das ich einen psychischen Machtbereich nennen möchte. Dieser stellt einen unverletzlichen Wesensteil dar, innerhalb dessen das Individuum seine Vorzugsstellung begründet und sich seiner Einmaligkeit und seiner Fähigkeiten bewußt ist. Dieser Wesensbereich wird um jeden Preis verteidigt, und hier ist der Mensch tatsächlich gegen Krankheit und Mangel gefeit. Andere Teile der Psyche können zum ›Schlachtfeld‹ eurer Probleme werden, aber keiner wird sich wirklich gefährlich bedroht fühlen, solange dieser primäre Machtbereich intakt bleibt.« (219/185)

Es ist eine aufregende und tröstliche Erkenntnis, daß dem Wesen des Menschen ein innerer Bereich der Unversehrtheit und somit höheren Schutzes zu eigen ist. So hat jeder Mensch seine Heileinheit in sich; er »benötigt« aber auch einige »Schwachstellen«, die sich zur Somatisierung lästiger Konflikte eignen. Halten wir uns an diese Erkenntnis, haben wir einen Grund mehr, Sorge und Angst hintanzustellen. Unser zentraler Wirkungs- und Schutzbereich ist unantastbar. Soweit es um die Verwirklichung unseres Lebenssinns geht, kann uns nichts geschehen. Dies ist ein wahrhaftig großartiger Trost. Wenn wir nur wollen, können wir verwirklichen, was wir sollen.

Zum Schluß dieses Kapitels sollte noch eines besonderen Heilphänomens gedacht werden. Viele Menschen haben schon die Erfahrung gemacht, daß es möglich ist, besonders wenn sie sich in ihrer Abendmeditation eine entsprechende Suggestion gaben, im Traum bildhaft diejenigen Gedanken und Gefühle zu entdecken, die Wirrnis und Krankheit hervorgerufen haben. Die in Symbole eingekleideten Bilder lassen sich meist ganz klar erkennen. Dann besteht die Aufgabe darin, unerwünschte und dunkle Bilder durch die Imagination lichtvoller, harmonischer Bilder zu ersetzen. Klar ist, daß solche Sichtbarwerdung geistig-seelischer Vorgänge immer nur dazu dienen kann, unsere eigentlichen Probleme zu erkennen und sie dann auch zu lösen.

Genau darum geht es ja. Leben heißt Probleme lösen! Selbst die umwälzendste Erkenntnis nützt nichts, wenn daraufhin nicht Taten folgen. Stets sind wir zum Handeln aufgefordert, und darin liegt ein großes Geheimnis. Wenn wir unsere verdrängten und versteckten Probleme ans Licht bringen und aktiv handelnd lösen, wird ein gesundes, glückliches Leben der Lohn sein. Der innere und der höhere Arzt ist in uns. »Ich will dir einen Verband anlegen, und dich heilen von deinen Schlägen, spricht der Herr ...« (Jeremias 30, 17) und »Ich, der Herr, bin dein Arzt.« (2. Mose 15, 26)

18
Unsere Erde dient als »Lernwiese«

Das recht ernstliche Streben
ist ein halbes Erreichen.

WILHELM VON HUMBOLDT

Wer stimmte nicht jubelnd mit ein, wenn frohlockend Hochzeitsglocken ertönen? Wer könnte mitleidlos sein Herz verschließen, wenn das Totenglöcklein den letzten Weg eines Mitmenschen begleitet? Dionysische Lebensfreude und abgrundtiefe Trauer, Friedenssehnsucht und aggressive Zerstörungswut, göttliche Liebe und unbändiger Haß wohnen eng beisammen. Schicksal scheint blindwütig zuzuschlagen – für den einen Menschen. Dann wieder fügt ein scheinbarer Zufall oder, für den anderen Menschen, segensreiche Schickung kaum faßbares Glück. Wie ist das alles zu erklären? Welchen Sinn könnte ein liebender Gott dieser Schöpfung zugrunde gelegt haben? Warum greift ein allmächtiger Gott nicht ein, wenn doch der Mensch so offenkundig versagt? Warum läßt sich der Sinn menschlichen Daseins und irdischen Geschehens so schwer erkennen, so wenig enträtseln?

Wir schauen gespannt auf die Schicksalsdramen, die vor unseren Augen tagtäglich in Szene gehen und nennen uns Realisten, wenn wir all dieses Ungereimte als einziges Kriterium unserer Wirklichkeit ansehen. Uns sind, scheint es, die Augen zugehalten, die eigentlichen Kriterien aus dem Nebel der scheinbaren Realität ins Licht zu rücken. Wir finden keinen Zusammenhang zwischen den Ereignissen »da draußen« und uns selbst. Wir entdecken nicht einmal einen Zusammenhang zwischen den uns unmittelbar berührenden äußeren Geschehnissen und unserer Innenwelt. Es scheint, als wären wir unfähig, ja hilflos, das auf uns zukommende Schicksal zu verändern, geschweige denn es selbst zu gestalten. Schicksal scheint uns zuzustoßen. »Es ist halt Schicksal!« sagen die meisten Menschen, wenn das eigene Lebensdrama eine »schicksalhafte« Wendung mitmacht. So wird Schicksal stets auch eher negativ empfunden und mit einem Unterton von Resignation interpretiert. Schicksal begegnet uns, wird erlitten und erduldet.

All dies ist schlicht Unsinn! Doch der Unsinn hat unser Leben vergiftet und einen vernünftig zu erklärenden Zusammenhang mit dem Sinn unseres Lebens auf dieser Erde nicht nur erschwert, sondern praktisch verunmöglicht. Das ausschließliche Wirkungskriterium liegt nicht »da draußen«, sondern in uns selbst. »Es entspringt dem menschlichen Wesenskern oder, wie Schiller sagt, der eigenen Brust.« (105/42)

Unwissenheit ist die Ursache aller Beschwerlichkeit

Jedes als Unglück bewertete Vorkommnis erscheint dem Menschen unausweichlich, solange er nicht erkannt hat, daß er selbst der Urheber dieses Geschehens war. Stets werden wir uns als Opfer einer zufälligen Entwicklung bemitleiden, solange wir unseren eigenen Einfluß auf uns selbst und unser Leben bagatellisieren oder gar verkennen. Unwissenheit ist die Ursache aller Beschwerlichkeit. Wäre es so, wie so viele Menschen annehmen, wären wir wirklich »arme Teufel«, die in einem »Jammertal« leben. Doch nein und abermals nein! Die Wirklichkeit unserer Welt, unseres körperlichen Soseins und unseres Lebens wird von unseren Vorstellungen, Überzeugungen und unserem Gefühlsleben gestaltet.

»›Es gibt keine schwierigere Kunst als zu leben‹, sagte SENECA. Zum geringsten Teil unseres Lebens leben wir wirklich. Unser Leben ist ein einziger Lebenslernprozeß. Denn obwohl wir im Leben stehen, ist uns das Leben fremd.« (105/179) Wir projizieren unsere Vorstellungswelt in Form von Überzeugungen, Gefühlen und Handlungsweisen nach außen. Dort, in der Wirklichkeit unserer Erscheinungswelt, schlagen sie sich nieder. Geistig-seelische Tatsachen nehmen in der Wirklichkeit greifbare, körperlich-materielle Formen an. Wir erkennen also in dieser Welt an dem materiellen Geschehen die Summe der Vorstellungen und Überzeugungen der Mehrheit der gesamten Menschheit.

Aber noch etwas drängt sich auf: Hier auf dieser Erde ist ein rein

»geistiges Durchspielen« lebensentscheidender Prozesse unmöglich. Die materielle Welt bedarf materieller Abläufe und bezieht von diesen her ihre Wirklichkeit. In anderen Welten – den geistigen höherer Dimensionen – gelten andere Gesetze. In dieser Welt wird uns das Spiegelbild unserer Vorstellungswelt in Form materiell-körperlichen Geschehens und greifbarer Ereignisse vor Augen geführt.

Unser Leben auf dieser Erde ist ein einziger Lernprozeß. Und wir sind dazu da, uns am scheinbaren Glücksregen richtig gestalteten Lebens zu erfreuen und die eher unangenehmen Konsequenzen eigenen Versagens mutig auf uns zu nehmen und uns selbst und unser Leben entsprechend solcher drastischen Hinweise, die als Ratschläge zu verstehen sind, zu verändern. Krisen sind daher nicht als Schicksalsschläge, sondern als eine Erfahrung zielführender Selbstvervollkommnung aufzufassen. Der Lernprozeß ist zwingend, und es kann sich kein Mensch, wie raffiniert er auch immer vorgehen mag, diesem inneren Gesetz entziehen. Der Ausgang bewußten Lernens ist unsere Öffnung hin zur Bewußtmachung des Problems, die dann den Einstieg in die Problemlösung durch befreiendes Handeln ermöglicht.

Das Dilemma beschreibt LUJO VON TONČIĆ-SORINJ: »Als ich so dasaß und dachte, überkam es mich wie eine große Unruhe. Ich kannte schon lange das Gefühl einer Art Verzweiflung, wenn ich mir vorstellte, daß eine mir geschenkte Zeit nutzlos und tatenlos verrinnt. Das Gefühl des Zeitverlustes als Alptraum. Zeitverlust durch eigene Untätigkeit, durch Unklarheit des Wollens, durch Sich-Gehenlassen; die zitternde Unfreiheit durch qualvolles Gebundensein an Nebensächliches oder Unwesentliches. Es gibt nur ein Mittel gegen den Zeitverlust und seinen qualvollen Vorwurf: die Tat. Ich mußte zur Tat schreiten. Die Entscheidung war gefallen.« (277/160)

Die mutige Tat ist wirklich der Akt der Befreiung, aber auch gleichzeitig die Verstrickung in ein neues Lebensdrama. Handeln wir – und wir müssen in der Tat handeln –, werden wir verstrickt in die Konsequenzen, die sich aus unserem Handeln ergeben, und die daraus resultierenden Probleme werfen uns auf uns selbst zurück. Wir sind gezwungen, die Folgen eigenen Handelns zu überdenken, zu überprüfen und daraus neue Erkenntnisse zu gewinnen.

Versuchen wir uns einer Problemlösung durch Nichthandeln zu

entziehen, tritt das Gesetz erzwungenen Lernens in Kraft: Unfälle »passieren« uns, Krankheiten »befallen« uns, Krisen in mitmenschlichen Beziehungen und in beruflicher Hinsicht »überrollen« uns. Eine solche Entwicklung erzwungenen Lernens ist keine Strafe, sondern kann als Ermunterung zu neuer Tat mit veränderter Schau gewertet werden. »Daß es in jeder Phase des Lebens zu mehr oder weniger großen Krisen kommt, die vom Schicksal wie eingebaut erscheinen, wird man innerlich bejahen müssen. Ein Leben ohne Krise ist nicht nur langweilig, ereignislos, es erstirbt, weil es sich an keinem Widerstand beleben kann. Eine Krise ist ein Wendepunkt wie ein Schrei, der sich verwandelt, um wieder Sprache zu werden. Wer sein Schicksal will, muß seine Krisen wollen. Ohne sie bleibt er in seinem Leben stehen.« (105/180)

Was ist das, »mein« oder »dein« Schicksal? Es ist das Ergebnis eines gewollten Lernprozesses, den jeder Mensch mit Hilfe der Anlagen und Talente, die er mitgebracht hat, also nach dem »Gesetz, wonach du angetreten bist«, durchlaufen muß. Jeder von uns hat ein gewisses Lernpensum zu bewältigen, das aber für keinen Menschen dem Inhalt nach gleich ist. Es sind also sehr unterschiedliche Lernprogramme zu bewältigen. Der Inhalt ist von Mensch zu Mensch verschieden, nicht jedoch das allgemeine Lernziel. Dieses allgemeine Lernziel ist die Erkenntnis, daß unsere Vorstellungswelt unser Schicksal bestimmt. Noch klarer: Wir sind es, die unser Schicksal gestalten.

Wir können in jedes Geschehen zumindest zweimal eingreifen

Wenn wir nun zu dieser Erkenntnis finden, müssen wir uns vor Augen halten, daß wir bis jetzt in der Einschätzung von sogenannten »Schicksalsfügungen« einen entscheidenden Fehler begingen. Wir haben auf uns schicksalhaft vorkommendes Geschehen reagiert, sind daher erst in der zweiten Phase des Geschehens bewußt handelnd aufgetreten. Die erste Phase, die der »selbstgestrickten« Veranstaltung des Geschehens haben wir immer übersehen!

Der weise Epiktet postulierte: »Fordere nicht, daß was geschieht so geschieht, wie du es wünschst, sondern wünsche, daß was geschieht so geschieht, wie es geschieht; dann wirst du glücklich sein.« So wird uns geraten, uns den Schickungen zu fügen und auch das als wünschenswert anzusehen, was nicht unserer ursprünglichen Intention entsprach – die Annahme des Schicksals also. Wenn wir ehrlich uns gegenüber sind, müssen wir uns eingestehen, daß uns dieser Aphorismus auch heute noch als weise anmutet, wenngleich er schlicht verkehrt ist!

Wir haben die Chance, selbst zu bestimmen, was geschieht. Wir können wünschen, daß was geschieht so geschieht, wie es unseren inneren Intentionen entspricht. Dabei sind wir, wie gesagt, in der vorteilhaften Lage, stets zweimal eingreifen zu können: einmal durch die geistige Konzeption eines Geschehens in unserer Vorstellungswelt und dann nochmals, wenn sich das Geschehen in der Erscheinungswelt niederschlägt. Aktion und Reaktion liegen bei uns – was wollen wir mehr? Wenn das Agens und Movens richtig angesetzt sind, werden die darauf folgenden Geschehnisse folgerichtig auch unserem inneren und äußeren Wollen entsprechen.

Sind die Geschehnisse in unserem Leben wenig wünschenswert oder gar eindeutig negativer Natur, so ist das im Sinne eines Feedbacks, das uns existentiell betrifft, aufzufassen: als Rückmeldung der Ergebnisse unseres Denkens und Glaubens. Unerwünschte Resultate verweisen uns darauf, daß etwas an unserer geistigen Konzeption nicht stimmt. Doch wir können unsere Vorstellungswelt jederzeit ändern! Außerdem haben wir auch noch die Chance, auf ein Geschehen tatkräftig handelnd zu reagieren. Wir sind nicht dazu angehalten, immer nur anzunehmen und auszuhalten, was kommt, sondern wir sind angehalten, richtig zu leben. Das aber ist ein gewaltiger Unterschied!

Schicksal als Ergebnis gewollter oder erzwungener Lernprozesse

Jeder Lernprozeß zielt auf eine Wandlung des Ich ab und bewirkt auch tatsächlich eine Veränderung der Persönlichkeit. Wirklichkeit entsteht durch selbstbestimmte Wahl. Je freier ein Mensch ist, desto größer die Variantenfülle, aus der er die Umstände und Geschehnisse seiner Lebenswirklichkeit auswählt. Für den freien Menschen von morgen ist die Fülle der wahrscheinlichen Möglichkeiten unübersehbar. Jedenfalls aber kann jeder Mensch auch heute schon aufgrund der eigenen Vorstellungswelt und seiner persönlichen Anlagestruktur aus einer Vielzahl von Möglichkeiten frei auswählen, und die getroffene Auswahl tritt dann als in der körperlich-materiellen Welt relevante Wirklichkeit zutage.

Für den Lernerfolg ist es irrelevant, ob optimales Lernen, das uns das Erwünschte verschafft, gewählt wurde oder wir uns damit begnügen, über Leid zu lernen. Leid hat es bekanntlich in sich, uns besonders rasch und wirkungsvoll erfahren zu lassen, was noch zu lernen ist. Extrem hart ist der Lern- und Reifungsprozeß über Katastrophen. Auch solche schmerzvollen Erfahrungen fallen nicht vom Himmel, sondern sind vom inneren Selbst – in vielen Fällen durchaus bewußt – als »Mittel der Wahl« akzeptiert worden, um einen sonst von dieser Persönlichkeit nicht erreichbaren Lern- und Reifeprozeß zu erzwingen.

Das Lernen über das Leid, über schmerzliche Erlebnisse oder über die Erfahrung sogar einer Katastrophe in unserem Leben wird dann zur traurigen Notwendigkeit, wenn wir uns selbst nicht vertrauen, wenn wir unseren Lebensbedingungen nicht trauen und aufgrund unserer falschverstandenen Erfahrungen dem ganzen Universum nicht trauen. Es mangelt uns an Vertrauen, daß wir in einem sinnvollen und sicheren Universum leben, in das unser Ich über unser inneres Selbst, das unversehrt und unverletzbar ist, eingebettet ist. Wenn es uns an diesem Vertrauen mangelt, dann bauen wir überall Hindernisse und »Garantien« des Scheiterns ein, so daß Lernprozesse über den Weg der direkten Problemlösung verunmöglicht werden. Da aber der Lernprozeß notwendig ist, wird von unserem Selbst, das in ständiger Fühlung mit dem höheren Selbst agiert, ein »alternativer« Weg ausgesucht.

Jeder Mensch hat Aufgaben und Probleme seiner augenblicklichen Lernstufe zu bewältigen. Diese Problemkreise und Aufgabenstellungen hat er »vor« Eintritt in dieses Leben selbst gewählt und akzeptiert, um zur Höherentwicklung seiner Wesenheit angemessen beitragen zu können. Im Augenblick der Geburt ist die Fixierung der Rahmenbedingungen gegeben, und es kann dieser große Rahmen im Normalfall während dieses Erdenlebens nicht mehr verändert werden. So sind die orphischen Urworte GOETHES zu verstehen:

»Wie an dem Tag, der dich der Welt verliehen,
Die Sonne stand zum Gruße der Planeten,
Bist alsobald und fort und fort gediehen
Nach dem Gesetz, wonach du angetreten.
So mußt du sein, dir kannst du nicht entfliehen,
So sagten schon Sibyllen, so Propheten;
Und keine Zeit und keine Macht zerstückelt
Geprägte Form, die lebend sich entwickelt.«

Diese Worte sind, wie in Kapitel 7 erörtert wurde, oft im Sinne deterministischer Auffassung fehlgedeutet worden. Zu Unrecht werden sie als eine Verneinung der Willensfreiheit beansprucht. Die »geprägte Form, die lebend sich entwickelt«, ist vom inneren Selbst gewählt und akzeptiert worden, und die lebendige Entwicklung ist unsere Aufgabe!

Die Anlagestrukturen eines Menschen sind mit der Geburt im großen Rahmen fixiert und können von einem weisen, astrologisch geschulten Deuter interpretiert werden. Die Aufgabenstellungen und Problemkreise können erkannt werden. Nie aber kann vorhergesehen werden, was der einzelne Mensch in seiner virtuellen Genialität oder in seinem Scheitern daraus macht. Auch das Niveau der bereits erreichten Lernstufe ist nicht erkennbar und muß von Fall zu Fall individuell, abgestimmt auf die Persönlichkeit des Lernenden, erfühlt oder eher intuitiv erkannt werden.

Worauf es auf unserem Weg ankommt

Der kontinuierliche Prozeß des Lernens und Reifens ist von Geburt an dem freien selbstbestimmenden Faktor überlassen. Die Wirklichkeitsgestaltung wird Ihnen optimal gelingen, wenn Sie Ihr Denken, Glauben und Fühlen auf folgende Werte beziehungsweise Erfahrungen ausrichten:

○ Bauen Sie auf Ihre eigene Stärke. In Ihrem Selbst sind Sie unversehrt und unverletzbar.

- Setzen Sie auf die Liebe. Liebe vermag alles und ist der höchste aller Werte.
- Gönnen Sie sich Freude. Frohsinn, Lachen und Humor führen zu innerer Gelassenheit und Heiterkeit.
- Beachten Sie Ihre Träume. Im Traumzustand haben Sie Zugang zu Ihrem höheren Selbst und zum kosmischen Bewußtsein.
- Vertrauen Sie auf die Erfüllung Ihrer Hoffnungen und Wünsche. Positive Erwartungshaltung ist entscheidend wichtig.
- Setzen Sie Ihre Intentionen hoch an. Hohe Zielgerichtetheit macht Sie souverän.
- Zielen Sie immer auf die Verwirklichung des Eigentlichen, des Wesentlichen Ihrer Persönlichkeit ab, auf Sinnerfüllung im Leben.

Diesen Faktoren, die ein optimales Lernen gewährleisten, stehen kontrastreich die eines erzwungenen Lernprozesses gegenüber – wenn nämlich aus der Anlagestruktur eines Menschen heraus bloß die Schwächen in der Wirklichkeitsgestaltung zur Geltung kommen und natürlich ebenso prompt in konkrete Lebenswirklichkeit umgesetzt werden. Die folgenden Stichworte sind kennzeichnend für unerwünschte, erzwungene Lernprozesse:

- Angst. Die Folge ist grundsätzlicher Pessimismus, der sich destruktiv auswirkt.
- Voreingenommenheit. Vorurteile führen unausweichlich zu Einseitigkeiten und Verblendungen.
- Eingeengtes Denken. Es ist der Nährboden für Kleinlichkeit, Unduldsamkeit, Rechthaberei und Fanatismus.
- Haß ist das größte Gift und die Grundlage aller Aggression und Zerstörung.

Täuschen wir uns nicht: Der Lernprozeß wird so oder so gelingen. Jedoch das *Wie*, das ist der ganze Unterschied! Leid, Krankheit und Katastrophen müssen nicht sein. Sie sind aber unabwendbar, wenn aufgrund der vorstehend genannten – natürlich keineswegs erschöpfend aufgezählten – Kriterien negativer Grundeinstellung gedacht, gefühlt und gehandelt wird. Ich werde auf dieses wichtige Thema noch ausführlicher eingehen. Man könnte sagen, daß die genannten positiven Faktoren eine harmonische und schöpferische Lebensgestaltung ermöglichen, wohingegen die negativen ganz sicher kontraproduktiv sind. Das zuletzt Festgestellte ist jedoch nicht unbedingt angebracht, da auch über die von negativen Faktoren ausgelösten Erfahrungen gelernt wird, wenngleich über den Umweg unerwünschter Folgeerscheinungen.

Wir tun jedenfalls gut daran, wenn wir die nun einmal uns aufgegebenen Probleme zielgerichtet und konsequent aufgrund unserer Stärken und nicht aufgrund unserer Schwächen zu lösen beginnen. Probleme sind dazu da, daß man sie löst. Probleme sind nicht dazu da, daß man sich auf das Problem selbst konzentriert, da sonst das Problem die Tendenz hat, riesengroß zu werden, und sich so der Möglichkeit, es zu bewältigen, entzieht. Die Konzentration muß sich auf die Problemlösung beziehen. Es ist überhaupt von ausschlaggebender Bedeutung, stets zielgerichtet auf das Angestrebte zuzugehen. »Echte Zielgerichtetheit verleiht einem Souveränität bei der Durchführung einer Aufgabe. Sie allein vermittelt den nötigen Einklang. Man wird mit allem fertig, übersieht nichts, erledigt alles bis ins einzelne. Ich habe keine Freude an Menschen mit niedriger Zielgerichtetheit. Es macht mir keinen Spaß, um kleine Einsätze zu spielen ... Ich verlange, daß Leute, mit denen ich zu tun habe, stets mit vollem Einsatz spielen.« (77/406)

Zielgerichtetes Handeln bedeutet Fortschritt. Solcher Fortschritt aber hat nichts mit Zeitablauf zu tun. Die Herausforderung ist gestellt, und wir sollen sie annehmen. Fürchten wir uns vor dem entscheidenden Handeln, ist uns die Erfahrung aktiv gestalteten Schicksals durch uns selbst versperrt. Dann setzt eben der erzwungene Lernprozeß ein. Wir fühlen uns dann von »Schicksalsfügungen« überrollt – zu Unrecht! Denn auch diese haben wir selbst verursacht. Es ist auch nicht richtig, wenn wir uns in unserem Handeln lähmen lassen, weil das von uns Erreichte im Vergleich zu unserer imaginierten Idealversion eher kümmerlich ausfällt. Wir sollen zwar das Ideale anstreben, nicht jedoch ständig Vergleiche zwischen vorgestelltem Ideal und erreichtem Istzustand anstellen. Das bringt uns höchstens Komplexe ein.

Natürlich stehen nicht nur wir selbst uns dauernd im Weg; oft weisen uns auch Ratschläge der Mitmenschen, mögen diese auch gut gemeint sein, in die falsche Richtung. Wenn uns jemand einreden will, wir seien schuldige Wesen und deshalb unfähig, recht zu handeln, sollten wir auf einen solchen Menschen nicht hören. Er will nicht wahrhaben, daß wir gesegnete Geschöpfe Gottes sind, die in der Ordnung eines sinnvollen Universums vertrauensvoll handeln können, und will uns künstliche Schuld einreden. Solche hat natürlich nichts mit natürlicher Schuld zu tun, die uns darauf hinweist: Das aber tu nie wieder!

Es wurde bereits ausführlich erörtert (Kapitel 8), daß wir uns auch nicht von der Doktrin herrschender Wissenschaft leiten lassen sollen, der zufolge der Verstand das alleinseligmachende sei und wir unseren inneren Wahrnehmungen und unseren Gefühlen nicht vertrauen dürften. So versperren wir uns im Streben nach »Wissenschaftlichkeit« den Weg zu unserem Eigentlichen und versperren uns innerer, das heißt höherer Führung.

Ebenso verfehlt ist der Ratschlag, wir sollten bei jeder Problemlösung auf unsere Schwächen achten, sonst würden wir gravierende Fehler machen. Das ist völlig verkehrt. Bei jeder Problemlösung müssen wir uns auf unsere Stärken konzentrieren und uns nicht von unseren Schwächen lähmen oder irritieren lassen. Wir sollten sogar versuchen, das »Unerreichbare« zu erreichen: »Jene, die Erfolg haben und nicht weiterstreben und dabei größere Risiken des Versagens eingehen, bilden die geistige Mittelklasse. Ihr Stehenbleiben beim Erfolg ist der Beweis für ihre kompromißbereite Bedeutungslosigkeit. Wie hübsch müssen ihre Träume gewesen sein! ... Allein durch das Unerreichbare erlangt der Mensch eine Hoffnung, für die zu leben und zu sterben es sich lohnt – und so erreicht er *sich selbst.*« (77/136)

In der Ausrichtung auf das Höhere hin, das Vollkommene, eben das Unerreichbare, wird der Mensch tatsächlich innerlich frei. Ihn quälen Sinnprobleme nicht mehr, da er für sich den Sinn seines Lebens gefunden hat. Er weiß endlich, wozu er dieses Leben geschenkt erhielt. Versagen, Scheitern verlieren ihre Bedeutung: es gibt sie auch nicht mehr. Jeder Tag ist ein neuer Anfang. Wenn wir erkennen, daß unser Leben ein einziger Entwicklungsprozeß ist, dann sehen wir alles neu.

Wir glauben nicht mehr, daß diese unsere Welt ein Jammertal und eine Drehscheibe der Ungerechtigkeit ist; Ungerechtigkeit gibt es nicht mehr, wenn das Leben im Rahmen größerer Zusammenhänge gesehen wird und wir das von uns selbst gestaltete Leben als Lern- und Reifungsprozeß erkennen. Unter diesem Gesichtspunkt ist die richtige Richtung unseres Weges dann wesentlicher als die Zielerreichung.

Im Licht dieser Erkenntnis erhellt sich, hoffe ich, nun auch der Hinweis, wie wichtig auf unserem Lebensweg Freude, Lachen und Humor sind. »Spinoza räumt der Freude in seinem anthropologisch-ethischen System einen beherrschenden Platz ein. ›Freude‹, sagt er, ›ist Übergang des Menschen von geringerer zu größerer Vollkommenheit. Trauer ist Übergang des Menschen von größerer zu geringerer Vollkommenheit.‹« (85/119) Da wir ja vollkommener werden sollen, sagen wir ja zur Freude auf unserem Lebensweg.

19
Die Macht unserer Vorstellungs- und Glaubenswelt

> Das Glück deines Lebens
> hängt von der Beschaffenheit
> deiner Gedanken ab.
>
> MARK AUREL

Zuerst ist eine Idee da. Daraus erwachsen spezifische und für diesen Menschen signifikante Vorstellungen. Diese Vorstellungen erwekken Gefühle und weitere Gedankengänge. Gedanken und Gefühle sind Energie. Sie sind nicht dem Raumzeitkontinuum unterworfen und wirken vom Augenblickspunkt in alle Richtungen, in alle Zeiten, in alle Wirklichkeiten hinein – in die körperlich-materielle Wirklichkeit unserer Erscheinungswelt wie auch in höherdimensionale Realitäten. Sie sind buchstäblich gebündelte Schöpfungsenergie.

Der Mensch ist das Spiegelbild seiner inneren Welt

Uralter fernöstlicher Weisheit erfloß schon die Warnung: »Achte auf deine Gedanken, sie sind der Anfang deiner Taten.« Der Mensch des zwanzigsten Jahrhunderts aber trennt willkürlich das, was er denkt, von dem, was er fühlt. Er trennt aber nicht nur das Verstandes- vom Gefühlsleben, sondern auch noch dies beides von seinem Handeln. Dann geht er in der Klugheit seines Sachverstandes auch noch soweit, das eigene Tun vom eigenen Schicksal zu trennen. So ist denn, wissenschaftlich »präzise«, alles zerstückelt, was zu einer Einheit gehört, und somit dem denkenden, fühlenden und handelnden Menschen die Möglichkeit genommen, die Zusammengehörigkeit all der unsere Wirklichkeit gestaltenden Komponenten zu erkennen. Es ist ein wahrer Jammer zuzusehen, was infolge solcher Verschleierung oder Verblendung angerichtet wird. Daß Denk- und Vorstellungsinhalte etwas mit unserer Persönlichkeit, mit unserem Zustand und unserem Leben zu tun haben könnten, erscheint demzufolge natürlich kaum mehr zwingend – obschon das doch auf der Hand liegt!

Jedem Gedanken kommt tatsächlich eine immense Kraft zu. Gedanken sind Urkräfte des Universums. Göttliche Ideen waren es, die eine Schöpfung unermeßlichen Ausmaßes hervorbrachten. Und jede Erfahrung, die wir in unserem Leben machen, wird durch unsere Gedanken- und Gefühlswelt hervorgebracht. Hätten wir ein geeignetes Instrumentarium, würden wir die Energieschwingungen messen können, die andauernd von uns ausgehen. Es sind Projektionen unserer Gedanken und Gefühle, die, in unterschiedlichen Intensitäten, »überallhin« ausstrahlen.

»Ihr könnt euren Geistes- und Gefühlshaltungen nicht entfliehen, denn sie färben den Inhalt dessen, was ihr seht. Ihr seht, ganz wörtlich genommen, das, was ihr sehen wollt. Und ihr seht dann später den Inhalt eurer Haltungen materiell verwirklicht. Wenn Wechsel stattfinden sollen, müssen sie zunächst geistig und gefühlsmäßig stattfinden.« (220/189)

Je intensiver unsere Ideen gefühlsbesetzt sind, desto stärker ist ihre Verwirklichungskraft. Menschen, die in der Lage sind, Gedankenklarheit mit Gefühlstiefe zu vereinen und Zielgerichtetheit dazuzuspannen, können die baldige Verwirklichung ihrer Anliegen erwarten. Am besten kommen die Inhalte unseres Denkens und Fühlens zur Geltung, wenn wir sie uns in Form bildhafter Vorstellung vergegenwärtigen und uns dem Gefühl hingeben, am Ziel unserer Wünsche zu sein. Gefühlsferne Gedankenarbeit ohne Zielvorgabe wäre nicht zielführend. Dieser Kriterien bedienen sich übrigens alle Imaginationstechniken.

Über die Fähigkeit, Gedanken und Gefühle in konkrete Lebenswirklichkeit, das heißt sie in unserer körperlich-materiellen Welt in Erfahrungen oder Tatsächlichkeiten umzusetzen, verfügt jeder Mensch. Sie ist ein Talent des Menschen, das er noch nicht zu würdigen weiß. Allerdings bringt dieses Talent auch Verpflichtung und Verantwortung mit sich. Der glorreiche Sieg, aber auch die vernichtende Niederlage sind sohin Selbstbewirktes. Beglückendes ist selbst erarbeitet. Aber auch für den Fehlschlag können wir niemand anderen zur Verantwortung ziehen als nur uns selbst. Unser Zustand, unsere Lebensbedingungen und Erfahrungen stellen das Ergebnis innerer Aktivität, unseres Denkens und Fühlens, dar. »Mißfällt euch das Ergebnis, dann ist es Zeit, eine Veränderung eurer Gedanken und Gefühle vorzunehmen.« (214/205)

Kein Wunder, daß einer Lehre, die sich kompromißlos auf Freiheit und freibestimmte Lebensgestaltung beruft, größte Skepsis entgegengebracht wird. »Viel zu schön, um wahr zu sein!« So tönt es da, so klingt es dort. Dabei wird die uneingeschränkte Verantwortung übersehen, die mit dieser Freiheit verbunden ist!

Selbstgestaltetes Schicksal bedeutet nämlich nicht nur Chance, sondern auch Risiko. Nichts hängt mehr vom »Zufall« ab, nichts mehr von »Gegebenheiten«. Jedes Individuum bringt seine Erfahrungen, sein Leben selbst hervor. Es schafft seine eigenen Realitäten nach den ihm eigenen Signifikanzen. Halten wir also unsere Geistes- und Seelenlandschaft unter Beobachtung. Wir erhalten daraus ein getreues Bild, wie wir eigenes Leben gestalten und wie sich uns Zukunft präsentieren wird. Dabei sollten wir nicht ängstlich sein. Nicht jeder flüchtige Gedanke findet seine materielle Verwirklichung. Nicht alles verwirklicht sich, was wir denken. Unsere Gedanken, die »verwirklichungsverdächtig« sind, müssen stets mit unseren grundlegenden Vorstellungen und Überzeugungen übereinstimmen, müssen zielgerecht und gefühlsintensiv projiziert werden.

Spüren wir dem Geheimnis eines gelungenen Lebens nach, werden wir immer wieder auf die gleichen Kriterien stoßen. Ich spreche bewußt von »gelungenem Leben«, um Fehlinterpretationen hintanzuhalten. Ein gelungenes Leben kann durchaus ein Leben des Erfolges sein. Aber das Merkmal gelungenen Lebens ist nicht unbedingt der Erfolg, sondern die Verwirklichung des Ureigenen, des Wesentlichen, und die Leistung eines uneigennützigen Beitrages zur Vermenschlichung dieser Welt.

Was Widersprüche im Denken und Fühlen anrichten

Ein gelungenes Leben ist uns versagt, wenn zwischen unserer Vorstellungswelt und unserem Gefühlsleben Diskrepanzen bestehen. Zwar wecken Vorstellungen dementsprechende Gefühle. Doch infolge althergebrachter Vorurteile, die Verstand und Gefühl als Merkmale männlicher und weiblicher Urpolarität abqualifizieren, können sich sehr wohl solche Diskrepanzen ergeben, was zu unerwünschten, ja manchmal katastrophalen Folgen für das so geprägte Leben des einzelnen Menschen führen kann. Deshalb müssen wir bestrebt sein, die Inhalte unseres Denkens mit unserem Gefühlsleben auf einen Nenner zu bringen. Denn es sind Denkqualitäten und Gefühlsintensitäten, die bestimmend für die Gestaltung eines von uns *erwünschten* Lebens entscheidend sind. Dies trifft – leider – immer zu. Fehlgeleitetes Denken und schädliche oder gar zerstörerische Gefühle werden ihren Ausdruck gleichfalls unfehlbar in der Lebenswirklichkeit finden. Es ist also wahrhaftig nicht gleichgültig, welche Denk- und Gefühlsinhalte unserer Einstellung zugrunde liegen.

Diskrepanzen können aber auch schon unserem Denken anhaften und somit die Zielstrebigkeit unseres Wollens vereiteln. Wir können uns nicht einander Ausschließendes wünschen. Tun wir es doch – und solches geschieht häufig –, so kann unsere Wunschvorstellung sich nicht verwirklichen. Sie endet bestenfalls bei einem Nullergebnis; schlimmstenfalls aber kommt es zu einem unlösbaren Dilemma. In derartigen Situationen wird oft der Ausweg über eine Krankheit oder gar über eine Katastrophe gesucht.

Gegenseitig sich ausschließende Wunschvorstellungen könnten beispielsweise darin bestehen, daß jemand sich vom Alltag seiner Arbeit überlastet fühlt und einen Ausstieg aus dem aktiven Berufsleben anstrebt, aber zugleich glaubt, ohne die aufzugebende Tätigkeit nicht leben zu können. Sehr problematisch kann es auch werden, wenn eine Wunschvorstellung nur über eine bestimmte Hindernisbewältigung zu verwirklichen wäre, der Betreffende aber vor der Konfrontation mit den zu meisternden Schwierigkeiten zurückschreckt. Gerade in solchen Fällen wird dann oft der Umweg über Krankheit oder sogenannte »schicksalshafte Fügung« gewählt. Doch, wie das Beispiel zeigt, ist auch ein solcher Weg selbstbestimmt oder, anders ausgedrückt, selbstverantwortet.

Nur die Wachheit des Bewußtseins und die Klarheit unseres Denkens können uns vor derartigen Fehlern schützen. Ich muß natürlich wirklich wissen, was ich will und welche Konsequenzen mit dem Gewollten verbunden sind. Wir sollten daher nie nur »einseitig« etwas wünschen oder wollen, sondern immer auch die Konsequenzen überdenken. Dabei kann von unschätzbarer Hilfe auch ein gutes Gespräch mit einem uns wohlwollenden Dritten sein. Wenn uns ein liebender Partner beschieden ist, so ist der Gedankenaustausch mit ihm nicht nur wertvoll, sondern zur harmonischen Abstimmung schicksalsbestimmender Entscheidungen unentbehrlich. Was wir denken und uns wünschen, soll, ja muß auf den Partner abgestimmt sein, da sonst sehr unterschiedliche und für den gemeinsamen Lebensweg nachteilige Ergebnisse im Ablauf des Lebens unvermeidlich sein werden.

Wichtig ist auch, daß durch unser Wollen und Wünschen ein anderer Mensch nicht geschädigt oder verletzt würde – sei es rein seelisch oder sei es körperlich oder materiell. Sind wir allerdings selbst solch abträglichem Wollen anderer ausgesetzt, so können wir uns der Sicherheit erfreuen, daß letzten Endes niemand verletzt werden kann, der eine solche Verletzung nicht bewußt oder unbewußt akzeptiert oder geradezu anzieht, weil er zu derartiger Schädigung unmittelbare Resonanz hat.

Das letzte Wort hat immer der Mensch, um den es geht. Was in meiner Welt verwirklicht wird, liegt einzig und allein bei mir. Es gibt keinen Sündenbock, den ich für Unerwünschtes verantwortlich machen kann. Weder ein numinoses »Schicksal« noch widrige Umstände, noch meine Umwelt, noch gar mein Partner können für meine Erfahrungen haftbar gemacht werden. Ich bin der einzig Verantwortliche für meinen Zustand – der Gesundheit oder der Krankheit –, für Gelingen oder Scheitern meines Lebens, für Erfolg oder Mißerfolg.

Und dies gilt für alle Menschen: für Sie, die Sie dieses Buch lesen, für mich und für »alle anderen«. Allerdings muß gesagt werden, nachdem davon noch nicht die Rede war: Am allerwirksamsten ist das, was wir glauben.

»Euch geschehe nach eurem Glauben!«

Dieses uns durch das *Matthäusevangelium* (9, 29) überlieferte Christuswort birgt ein Schlüsselgeheimnis allererster Ordnung in sich. Es weiht uns in das Wissen ein, warum etwas so geschieht, wie es geschieht. Doch was heißt »glauben«? Glauben ist ein vertrauensvolles Fürwahrhalten von etwas, das rein rational nicht erklärbar und das nicht beweisbar ist.

Der große Lebenslehrer positiven Denkens und »Weltbürger des Geistes« JOSEPH MURPHY hat immer wieder betont, daß »der Mensch ist, was er tagtäglich denkt«, und zwar »wie er im innersten Herzen denkt« – was er glaubt. »Mit dem ›Herzen‹ ist Ihr Unterbewußtsein gemeint. Jeder Gedanke, den Sie haben, gefühlsmäßig umsetzen und als wahr empfinden, wird in Ihrem Leben zur Geltung kommen. Alles, dem Sie Ihre Aufmerksamkeit zuwenden und von dessen Wahrheit Sie überzeugt sind, wird Ihrem Unterbewußtsein eingeprägt und muß sich darum zwangsläufig verwirklichen. Wenn Sie beispielsweise überzeugt und mit Nachdruck behaupten, daß Sie immer arm sein werden, können Sie im Leben nicht vorankommen. Wenn Sie glauben, ständig benachteiligt zu werden und dagegen machtlos zu sein, wird genau dies der Fall sein; denn was Sie glauben, das verfügen Sie. Umgekehrt gilt natürlich das gleiche: Was Sie verfügen, verwirklicht sich.« (172/73 f.)

Das zu wissen und im Leben zu beherzigen ist für jeden Menschen entscheidend wichtig. Es steht auch im Einklang mit der philosophischen Weisheit und der psychologischen Tiefgründigkeit eines nicht weniger verheißungsvollen Bibelwortes: »Wenn du könntest glauben! Alle Dinge sind möglich dem, der da glaubt.« (Markus 9, 22)

Das ist zweifellos eine psychologisch allgemeingültige Wahrheit. Doch mit dieser Bibelwahrheit ist darüber hinaus wohl sicher auch der Glaube an Gott und ein ewiges Leben gemeint. Darin ist gleichfalls alles enthalten, was uns im Leben glücklich und stark macht. Es ist die Erkenntnis, daß wir Geschöpfe Gottes sind, die in einem sinnvollen Universum geboren und in unserem inneren Selbst unverletzbar und unzerstörbar sind. Wenn wir dies zu glauben vermögen, haben wir die richtige Erwartungshaltung.

JESUS CHRISTUS überbrachte uns die Frohbotschaft, daß wir freie

Menschen sind und unser Leben frei gestalten können. Wir sollten uns dieser Botschaft nicht länger verschließen. Und wenn uns die gelebte Wirklichkeit nicht glücklich macht, müssen wir die Inhalte unseres Denkens und Glaubens überprüfen.

Die Erfahrungen, die wir machen, haben, um es nochmals zu sagen, ihren Ursprung immer in uns selbst. Kraft unserer zu Glaubenssätzen erhärteten Überzeugungen gestalten wir frei und schöpferisch unser Schicksal. Die meisten von uns übrigens glauben, Realisten zu sein, und verwechseln ihre Vorstellung von der Wirklichkeit mit der Wirklichkeit. Dabei handelt es sich keineswegs um die Wirklichkeit; es ist bloß eine von falschen Vorstellungen und Glaubensüberzeugungen abgestützte Scheinwirklichkeit. Dies aber ist ein entscheidender Unterschied.

Wenn wir einmal bewußt alle unsere Vorurteile, unsere unreflektierten, weil einfach übernommenen Ansichten und Überzeugungen, die in der Regel stark gefühlsbefrachtet, von Antipathien und Sympathien verzerrt sind, unter die Lupe nehmen, würden wir erschauern, wie willkürlich wir doch sind und auch unserem eigenen Lebensglück im Wege stehen. Einem jeden von uns ist seine einzigartige Wirklichkeit geschenkt, die seinem Denken und Fühlen, seinen Überzeugungen und seinen Erwartungen erwächst. Ein jeder von uns hat die Chance freier Willensentscheidung. Die einzige Limitierung, die verheerendste allerdings, die man sich überhaupt denken kann, erfahren wir durch uns selbst. Wenn wir uns dieser Tatsache nicht bewußt sind, bietet sich das Opferdasein sozusagen auf dem Präsentierteller an. Wir werden immer wieder bestätigt finden, daß wir Opfer »besonders tragischer Umstände« wurden, des »Zufalls«, »heimtückischer Intrige«, kurz: Opfer schlimmer »Schicksalsfügungen«.

Ausfluß dessen, was wir glauben, unserer Überzeugungen also, ist die Geistes- und Gefühlshaltung, die wir gegenüber Zukünftigem einnehmen: unsere Erwartungshaltung. Diese ist – obwohl der Mensch als Geschöpf Gottes allen Grund hätte, das für ihn Gute zu erwarten – sehr oft seinen Hoffnungen, Sehnsüchten und Wünschen entgegengesetzt, weil diese von Zweifeln und Ängsten überschattet sind.

Wenn wir den Menschen als schlecht, die Menschheit als verloren und die Welt als dem Untergang geweiht ansehen, so rufen wir geradezu Geschehnisse herbei, die diese Auffassung bestätigen. Wenn wir das für uns und die Menschheit Gute verwirklicht zu sehen wünschen, dann müssen wir unsere Überzeugungen ändern. Wir *sind* nicht unsere Überzeugungen. Wir können sie ändern. Wir sind nur (und das genügt wohl) das Selbst, das mit Überzeugungen, das heißt mit gefühlsbefrachteten Ansichten, seine eigenen Erfahrungen sammelt.

Wir sollten schon deswegen sorgfältiger mit unseren sich zu Überzeugungen verdichtenden Vorstellungen und Gefühlen umgehen, weil wir ja von außen nur für das erreichbar oder empfänglich sind, was sich mit unseren Glaubensüberzeugungen vereinbaren läßt. Was unseren Überzeugungen widerspricht, klammern wir aus. Eine eingeengte Geistes- und Gefühlshaltung prädisponiert daher zur Annahme dementsprechender Überzeugungen; sie aber ziehen eine Kette der Bestätigungen dementsprechender Erfahrungen nach sich. Das Gesetz heißt: Du erhältst, worauf du dich konzentrierst. Oder anders ausgedrückt: Worauf wir Gewicht legen, das bekommt Gewicht. Um dieses Gesetz kommen wir nicht herum.

Fühlen wir uns frei und offen für ein sinnerfülltes Leben, so wird es uns zuteil. Natürlich kann das nur zutreffen, wenn wir im verborgenen nicht gegensätzliche Ängste hegen. Angst- und Schuldgefühle sind ein Haupthindernis, ein glückliches Leben zu führen. Wenn wir zum Beispiel überzeugt sind, der Mensch habe das Recht auf Gesundheit, die menschliche Kreatur jedoch sei zum Kranksein verurteilt, dann werden für uns nachteilige Folgen nicht ausbleiben.

Das alles zeigt, wie wichtig unsere Glaubensüberzeugungen für uns und unser Leben sind. »Euch geschehe nach eurem Glauben.« Aber auch die Kehrseite der Medaille sollten wir uns ständig vergegenwärtigen. »Was ich befürchtet habe, ist über mich gekommen.« (Hiob 3, 25)

»Destruktiv verhalten Sie sich, wenn Sie sich Gefühlen der Angst überlassen, des Bedauerns, der Reue oder irgendeiner Form negativen Denkens. Besonders unheilvolle Auswüchse der falschen Gefühlseinstellung sind Ärger, Bitterkeit und Feindseligkeit, des weiteren anmaßender Stolz, verbohrter Eigensinn sowie die Kritik und Verurteilung anderer Menschen.« (171/92)

Dessenungeachtet wäre es falsch, negative Gefühle einfach zu unterdrücken oder zu verdrängen. Es hat in der Tat wenig Sinn, »gut und positiv« sein zu wollen, wenn uns gerade Gefühle des Zorns erfüllen. Wir steigern nur unsere Irritation, wenn wir nicht ehrlich zu uns sind. Gefühlen müssen wir Ausdruck verleihen. Negativ aufgeladenes Material soll nicht unterdrückt, es muß »angeschaut« werden. Es führt zurück auf fehlgeleitete Vorstellungen, die dafür verursachend waren. Gedanken und Gefühle sind ja auch ein Ausfluß unserer Grundüberzeugungen, die in der Regel tiefer sitzen, ein Niederschlag eben der erwähnten »zu Glaubenssätzen erhärteten Überzeugungen«, die wir hegen.

Was also zu ändern ist, das sind unsere Vorstellungs- und Glaubensinhalte. Angesichts destruktiver Gefühle wie Angst, Eifersucht, Neid, Wut, Haß, die wir an uns erfahren, sollten wir uns Rechenschaft geben darüber, »was uns eigentlich bewegt«. Eine Art bilanzierender Aufstellung im Geiste wird uns manch überraschende Erkenntnis schenken. Solche Gefühle sind nur durch ihre Offenlegung zu überwinden. So lohnt es sich zu erforschen, was sich in den Nischen unseres bewußten und unbewußten Seins eingenistet hat.

Unsere Aufgabe ist leicht definiert, doch schwer getan: Alle Vorstellungen sind abzulegen, die unerwünschte Konsequenzen in unserem Leben zur Folge haben. »Seid euch darüber klar, daß eure körperlich-materiellen Erfahrungen und eure Umwelt eine Vergegenständlichung eurer Glaubensüberzeugungen darstellen. Wenn ihr in ihnen die Zeichen überschäumender Lebensfreude, körperlicher und seelischer Gesundheit, erfolgreicher Arbeit, des Überflusses und lächelnde Gesichter um euch herum vorfindet, dann könnt ihr sicher sein, daß eure Überzeugungen förderlich sind. Fehlt es aber an der Gesundheit, an sinnvoller Arbeit, an Fülle und Überfluß und umgibt euch eine Welt von Sorgen und Übeln, dann müßt ihr den Schluß ziehen, daß mit euren Glaubensüberzeugungen etwas nicht stimmt, und ihr müßt diese überprüfen.« (219/58)

Zugegeben, wir haben es, wie schon erörtert wurde, nicht leicht. Die Naturwissenschaften machen uns weis, wir seien lediglich Zufallsprodukte einer chaotischen und sinnlosen Welt. Die Psychologen suggerieren uns, wir seien Opfer unserer Vergangenheit, und die Mediziner machen uns glauben, daß jederzeit schwere und bösartige Erkrankungen auf uns lauern. Wie sollen da unsere Überzeugungen positiv sein?

Wenn heute die Notwendigkeit positiven Denkens in so vieler

Menschen Munde ist, so ist die Saat des Wirkens eines Mannes aufgegangen, der sein Leben lang positives Denken – anhand insbesondere der Frohbotschaft der Evangelien – gelehrt, aber auch gesagt hat, positives Denken bleibe ein leeres Schlagwort, wenn man nicht die Gesetze des Denkens und Glaubens im Einklang mit den universell gültigen Lebensprinzipien und Wahrheiten beherzige. Es ist JOSEPH MURPHY, der uns versichert: »Sie haben ein göttliches Anrecht auf alle Reichtümer des Lebens. Gott ist der Gebende und die Gabe selbst, und alle Dinge liegen für den bereit, in dessen Geist sie Wirklichkeit sind. Akzeptieren Sie das Gute, das Ihnen zukommt, und leben Sie in freudiger Erwartung des Besten. Sie unterliegen keinerlei Einschränkung ... Alle Ihre Erlebnisse, Lebensumstände und Erfahrungen erwachsen aus Ihrem Glauben.« (170/203 f.)

Das erinnert tatsächlich an die Frohbotschaft der Evangelien. Auf diese werde ich in Kapitel 24 (»Allen aber baut Christus den Weg zu den Sternen«) zurückkommen.

20
Meditation als Öffnung zum Ureigentlichen

Laßt uns stille sein, damit wir das Flüstern Gottes hören.

RALPH WALDO EMERSON

Von Meditation wird heutzutage viel gesprochen. Was ist Meditation? Und zu welchem Zweck meditieren wir? Meditation bedeutet eine nachdenklich-betrachtende Versenkung. Der Meditierende taucht tief hinab in sein Unbewußtes, und es ist kein Zufall, daß dieses ihm vor allem zu philosophischen oder religiös-mystischen Einsichten verhilft. Was wir meditierend in uns aufnehmen, dringt tief in unsere Vorstellungs- und Seinswelt ein.

Meditation ist ein Weg nach innen. Alles Geheimnis, ja alle Wirklichkeit ist ja im eigenen Inneren beschlossen. Nur von innen her können tiefe Einsicht und Wandlung geschehen. Nur durch Innenschau können wir unser wahres Wesen erkennen und zu Gott finden. Meditierend können wir Grenzen überschreiten, die unser Wachbewußtsein einengen. Unser auf die materielle Welt zentriertes Ich tritt dabei in den Hintergrund, wird ganz einfach zurückgelassen. Wir werden fähig, uns eins mit dem All und deshalb geborgen zu fühlen. Meditation bedeutet, seine Mitte zu finden, sich in der Mitte der eigenen Wesenheit, gleichzeitig aber auch in der Mitte des Alls zu finden.

»Der vielfältig belastete Mensch findet zurück zur Ruhe, zum inneren Frieden. Er vermag immer wieder einzutauchen in die heilsame Stille, die seine Nerven kräftigt und beruhigt, die den Körper entspannt und seiner Seele wohltut; die darüber hinaus sein innerstes Sehnen nach geistiger Erleuchtung und nach Vereinigung mit Gott zu stillen vermag. Der Geist wird fähig, Inspirationen zu empfangen und wahrhaftig schöpferisch tätig zu werden. Die Persönlichkeit entfaltet sich, indem sie, zum reinen Geist hin geöffnet, auf ihn hin gesammelt und aus ihm heraus lebend, die in ihr angelegten höchsten Möglichkeiten verwirklicht!« (234/92)

Von innerer Erfahrung zu höherer Einsicht

Schon bei ARISTOTELES lesen wir vom kontemplativen Leben, das nicht mit irgendeiner Form von Inaktivität zu verwechseln ist. Die Vita contemplativa ist auch im Sinne THOMAS VON AQUINS als höchst aktiver Vorgang zu verstehen: innere Beschaulichkeit und Gelassenheit verhelfen uns zu spiritueller Erkenntnis. Dazu im Gegensatz steht die Vita activa, das Alltagsleben, das eben mehr nach außen gewandt gelebt wird. Meditation zielt auf Vertiefung, Verinnerlichung und schließlich auf Grenzüberschreitung ab. Sie bedeutet eine Einstimmung auf unser inneres Selbst und vermittelt uns Erfahrungen, die sich segensreich auf unser Leben auswirken. Meditierend schöpfen wir Kraft, finden wir aber auch zu der so heilsamen Grundstimmung innerer Heiterkeit, ja freudiger Gelassenheit im Gefühl der Geborgenheit in einem uns zugeneigten Universum. Sie bestärkt uns in unserem Urvertrauen zum Leben und in der Gewißheit in uns, daß »alles gut sei«.

In alten Schriften wird der durch Meditation herbeigeführte Zustand mit der Unio mystica, der geheimnisvollen Vereinigung der Seele mit Gott, beschrieben. Viele Menschen haben diese Erfahrung des Gefühls des Einsseins mit der Natur, mit dem allumfassenden Kosmos, ja mit Gott bezeugt. Ich empfinde den einströmenden Atem als Lichtenergie. Strahlendes Licht umgibt mich. Ich fühle mich lichtdurchflutet und werde selbst zu einer Lichtwolke oder glaube, badend in diesem geistigen Licht, so leicht, so hell wie eine Lichtwolke zu sein. Es erinnert mich an den Augenblick der Schöpfung ...

In der Stille regt sich unsere innere Stimme, die unseres inneren, unseres höheren Selbst. Wir erleben das wie ein geheimnisvolles Erwachen nach einem langen Schlaf. Meditieren ist nach innen gerichtetes Beten, also Beten abseits vorgegebener Gebetsformeln. Doch man kann auch umgekehrt sagen: Inbrünstiges Beten ist reine

Meditation. Der Sinn solcher Versenkung ist, wie immer man sie nennt, innere Erfahrung, die uns zu neuen, segensreichen Einsichten verhilft und uns ein Gefühl innerer Stärke vermittelt.

»Es ist ein Versprechen Gottes, daß ein Gebet stets erhört werde. ›Ich sage euch, bittet, so wird euch gegeben, suchet, so werdet ihr finden, klopfet an, und es wird euch aufgetan werden! Denn jedem, der bittet, dem wird gegeben, und jeder, der sucht, der findet, und dem, der anklopft, wird aufgetan.‹ Mit anderen Worten, Christus ermahnt uns: Wenn das große Prinzip ja sagt, dann sollt ihr nicht nein sagen. Nein hat seinen Ursprung nicht in Gott, sondern in eurem Mangel an Glauben an Gottes Versprechen.« (251/408)

In meditativer Versenkung gelingt uns zu glauben, was der Verstand zu bezweifeln versucht, weil wir der Erfüllung gewahr werden. Uns wird die Gewißheit zuteil, daß wir nicht allein sind, daß uns Kräfte zuwachsen und uns »mit Gott« die Erfüllung unseres Lebenssinns möglich ist. Geistig wird vorweg vollendet, was unsere Sehnsucht sich erträumt hat. Die Kräfte, die uns innewohnen, sind stärker als alle Probleme der Welt!

Nachdem heutzutage Sinn und Wert meditativer Betrachtung weitgehend anerkannt sind, braucht uns nicht zu wundern, daß auch bereits methodische praktische Übungen, die uns die Herbeiführung eines die Meditation begünstigenden Zustandes innerer Sammlung erleichtern, und geeignete Techniken empfohlen werden, wie für uns heilsam und segensreich meditiert werden soll. So gibt es beispielsweise Techniken der Text-, der Bild- und Musikmeditation. Dagegen gibt es nichts einzuwenden. Klar muß aber sein: »Bei der Meditation gehe ich absichtslos, das Unbewußte öffnend, einen mir unbekannten Weg in der Hoffnung, daß meine Seele einen Schlüssel findet.« (265/140)

Dadurch unterscheidet sich grundsätzlich Meditieren im eigentlichen Sinn von Psychotechniken wie etwa dem autogenen Training, Techniken der Selbstsuggestion oder Autohypnose sowie Imaginationstechniken, deren in einschlägiger Literatur* beschriebene Nützlichkeit durch diese Feststellung keineswegs in Abrede gestellt werden soll. Und natürlich können wir auch meditieren, indem wir eine bestimmte Absicht, ein Anliegen einbringen. Meditieren in dem ein-

---

* Siehe Literaturverzeichnis 158, 243, 265, 270, 271, 278.

gangs dieses Kapitels erläuterten Sinn ist einfach ein Weg zu Einsicht und Wandlung. KURT TEPPERWEIN: »Der ›geheime Ort‹, unser ›heiliger Bezirk‹, in dem wir Ruhe, Geborgenheit und Erleuchtung finden, liegt in unserem Inneren. Nur am Ort unserer inneren Wandlung kann sich uns unser wahres Wesen offenbaren.« (271/193)

Dieser innere Ort ist ein besonderer Bewußtseinszustand. In ihm werden wir gewahr, daß das Reich Gottes in uns ist. »Niemand kann sich Gott je durch den menschlichen Geist nahen; niemand kann durch bewußtes Denken Gott erreichen: Gott kann allein durch einen empfänglichen Bewußtseinszustand erreicht werden. In uns selbst muß dieser Kontakt hergestellt werden ... Innesein ist das Geheimnis.« (82/116)

Nach physiologischen Kriterien befindet sich der in tiefer Versenkung begriffene Mensch im Alphazustand. Die Hirnstromtätigkeit ist gekennzeichnet durch Alphawellen (mit einer Frequenz zwischen 8 und 13 Hertz). Hingegen sind Betawellen (zwischen 13 und 26 Hertz) mit der wachbewußten Aktivität unseres Lebens verbunden. So ist die westliche Zivilisation mit ihrem Leistungsdenken zu Recht auch als »Betawelt« bezeichnet worden. Die langsameren Alphawellen sind typisch für den veränderten Bewußtseinszustand eines meditierenden oder betenden Menschen.

Noch langsamer als die Alphawellen sind die Thetawellen (im Bereich einer Frequenz zwischen 4 bis 8 Hertz). Thetawellen sind vorherrschend im Traumzustand. Deswegen wird für die Art der hier besprochenen Meditation der Zustand zwischen Alpha und Theta von entscheidender Bedeutung sein. Von solcher Hirnstromtätigkeit ist der Bewußtseinszustand knapp vor dem Einschlafen und in der ersten Phase des Schlafes gekennzeichnet. Längst hat dann schon die rechte Gehirnhemisphäre die Herrschaft übernommen. Dort sind Meditation und Traum, Imagination und Intuition beheimatet.

Unterstützend wirkt sich dabei verinnerlichte Musik aus, insbesondere etwa die von tiefinniger Gläubigkeit getragenen Meisterwerke JOHANN SEBASTIAN BACHS. Wenn uns solche Musik in den Schlaf begleitet, kann diese in uns Schlüsselideen wie Liebe, Vertrauen, Gottnähe wachrufen, die zur Erfahrung einer neuen Wirklichkeit führen.

»Die Alphaebene ist eine Schwelle, eine Vorstufe, welche die physisch ausgerichteten Persönlichkeitsanteile mit dem inneren Selbst verbindet.« (214/304) »Die Absicht, mit der ihr euch dem Alphazustand nähert, bestimmt weitgehend im voraus, welche Art von Erfahrung ihr dort macht, denn sie gibt eurer Aufmerksamkeit automatisch eine bestimmte Richtung. Es ist auch nutzbringend, in jene Bereiche ganz ohne Absicht hineinzutauchen, denn hier kann euch die jeweils fällige Information, die ihr, ohne es zu wissen, gerade benötigt, zugänglich gemacht werden.« (214/309)

In vorgegebener Absicht meditieren wir, wenn wir beten. »Die Hinwendung zu Gott erfüllt uns mit Kraft, Zuversicht und Freude. Sie befähigt uns, uns selbst und unsere Mitmenschen zu lieben, und diese Liebe wiederum ermöglicht uns, das Leben zu meistern im Versuch, das Beste zu wollen und zu tun.« (265/151)

»Seid aber Täter des Worts!«

Da unser ganzes Leben nichts anderes ist als eine unentwegte Folge von Entscheidungen, ist einleuchtend, daß es auf die Richtigkeit unserer jeweiligen Entscheidungen ankommt. Richtige Entscheidungen können aber nur auf der Grundlage richtiger Informationen getroffen werden. Im Alphazustand innerer Sammlung und Einkehr und im Thetazustand des Träumens kommen uns, gerade wenn es um Wesentliches geht, wertvollste Informationen zu, die uns auch die richtigen Entscheidungen nahelegen. Wir wissen auf einmal: Das ist es! Das werde ich tun!

Wenn wir uns mit dem Urvertrauen in die Sinnhaftigkeit des eigenen Lebens und mit der Gewißheit, ein unversehrtes und gesegnetes Geschöpf Gottes zu sein, meditativer Einkehr hingeben, können wir tatsächlich »das Universum in Bewegung setzen«. Wir sind nicht, wie rückständige Wissenschaft lehrt, Zufallsprodukte einer launenhaften Natur, »Zigeuner am Rande des Universums«! Wir sind nicht, wie mißverstandene religiöse und esoterische Lehren uns bedeuten wollen, gefallene Kreaturen, die ewig lastende Schuld, ein leidvolles Dasein auf dieser Erde und die Bedrohung ewiger Verdammnis zu tragen haben!

Wir sind frei und in die Würde und die Liebe Gottes eingebunden. Wir können darauf vertrauen, von unserem gestrigen Scheitern erlöst zu sein. Immer wieder können wir neu beginnen. Morgen ist ein neuer Tag, morgen ist alles anders. Wir stellen das Gute in den Mittelpunkt unseres Denkens und glauben unerschütterlich an das Gute im Menschen, auch an das Gute in uns selbst. Scheitern wir dennoch, ist doch die gute Absicht unbezweifelbar. So stellen wir unser Sein in das Licht Gottes.

Sinn und Wert unserer Traumerfahrungen wurden schon an verschiedenen Stellen dieses Buches erörtert. Durch Traumbotschaften erhalten wir oft Rat und Hilfe für unsere Entscheidungen im Alltagsleben, wenn wir die verschlüsselten Symbolinhalte richtig zu deuten wissen. Oft zeigen Trauminformationen »wahrscheinliche Zukünfte« auf und versetzen uns so in die Lage, bewußt zu wählen und uns zu entscheiden.

»Nachdem die Persönlichkeit durch jede Erfahrung verändert wird, wird sie auch durch ihre Traumerfahrungen verändert ... Das Selbst kennt keine Grenzen. Nur weil eure Wahrnehmung versagt, glaubt ihr euch von Grenzen umstellt. Zum Beispiel glaubt ihr, Träume seien unerheblich, wenn ihr euch ihrer nicht erinnert oder sobald sie euch nicht mehr bewußt sind. Doch das ist nicht so. Die Persönlichkeit versucht durch Traumkonstruktionen Probleme zu lösen. Oft wird auf dieser Ebene der Erfahrung die Freiheit eines Handelns ermöglicht, das sich im Wachleben nicht angemessen ausdrücken läßt.« (220/208 f.)

»Handeln« heißt es da, und darauf kommt es auch für den Meditierenden entscheidend an. »Seid aber Täter des Worts und nicht Hörer allein ...« (Jakobus 1, 22)

In der Praxis regelmäßig meditierender Menschen haben sich bestimmte, vom Handeln und Bewirken her bewährte Methoden der Meditation eingebürgert, etwa die der Liebestrahlung oder die Heilmeditation. »In der Liebestrahlung vermag der Meditierende die Kraft des Guten, der Wahrheit und der Liebe, die ihm aus dem unendlichen und unerschöpflichen Bereich des göttlichen Geistes zufließt, weiter zu vermitteln und auf andere zu übertragen, denen zu helfen ihm ein inneres Anliegen ist.« (234/73)

Die Heilmeditation hat ganz konkret die körperliche Genesung eines Kranken oder das geistig-seelische Heilwerden eines bestimmten Menschen zum Ziel. Sie liegt als Prinzip auch allen Methoden der Geistheilung zugrunde.

Die Urkraft allen Meditierens ist die Liebe. Sie versetzt uns erst in die Lage, aus dem kleinen, beengten Ego auszubrechen und uns auf das Du eines Mitmenschen oder sogar auf jenes allerhöchste Du der Allgegenwart Gottes einzustimmen. Liebe transzendiert alles gegensätzlich Scheinende.

Im Hinblick auf die Liebe als Urkraft ist eine Art Krönung mystischer Meditationsvertiefung die Christus-Meditation. Der Meditierende vergegenwärtigt und verinnerlicht sich den Namen »Jesus Christus«. Es kommt weniger darauf an, mit seinem Namen bestimmte Vorstellungen zu verbinden; es kommt eher auf die Schwingung der Wortbedeutung »Jesus Christus« selbst an, auf die wir uns geistig-seelisch einschwingen.

Ich kann Ihnen aus eigener Erfahrung versichern, daß von solcher Christus-Meditation eine fast unglaubliche Wirkung auf mich selbst ausgeht. Ich fühle mich behutsam in die Christus-Schwingung aufgenommen und liebevoll den Weg meines Lebens geführt.

Doch muß zweifellos jeder Mensch seinen eigenen Weg der Meditation finden. Generalisierungen in diesem so höchstpersönlichen, intimen Bereich wären jedenfalls verfehlt. Immer wieder wird aber gesagt, daß »fortgesetztes Meditieren, fortgesetzte innere Versenkung in den Mittelpunkt unseres Seins schließlich im Christus-Erlebnis aufgehen wird ... Und dann ist uns zu unerschütterlicher Gewißheit geworden: ›Ich bin gekommen, daß sie das Leben und volle Genüge haben sollen.‹« (89/121 f.)

Ich möchte sagen, daß solche Christus-Meditation innerlich immer weiter in uns fortbetet. Der Künder der Frohbotschaft und Fürsprecher der Liebe wirkt in uns, mit uns und stets auch für uns.

»Jeder Augenblick echten mystischen Erlebens bewirkt eine innerseelische Einheit [mit Gott]. Das betroffene Individuum wird dadurch nicht isoliert, sondern vielmehr in die Lage versetzt, seine Wahrnehmungen auf die Realität und Einmaligkeit so vieler Aspekte der Wirklichkeit auszudehnen, als es ihm seine Natur erlaubt. Es fühlt sich daher weniger isoliert und abgesondert. Es fühlt sich den anderen durch diese Erfahrung auch nicht überlegen. Im Gegenteil, es wird von seiner ›Gestalt‹ des Erkennens ergriffen, durch die ihm sein eigenes Einssein mit All-das-was-ist durchsichtig wird.« (214/243)

Ich habe es mir zur Gewohnheit gemacht, vor dem Einschlafen, liegend also, zu meditieren. Verfolge ich dabei eine bestimmte Absicht, so halte ich mich an die Regeln wirksamer Suggestionstechnik: Was ich mir einpräge, muß der gesprochenen oder gedachten Formulierung nach erstens eindeutig, zweitens affirmativ (ohne Verneinung) und drittens in der Gegenwartsform ausgedrückt sein. Man soll sich also nicht einprägen: »Ich werde künftig negative Gedanken vermeiden!«, sondern: »Ich denke stets positiv!«

Für das Meditieren vor dem Einschlafen sprechen verschiedene Gründe: Endlich haben wir, nach den Aufregungen des Tages, Ruhe. Sodann sind wir bei verändertem Bewußtsein – im Alphazustand – besonders empfänglich, besonders suggestibel, und das Gehirn arbeitet ja auch nach dem Einschlafen weiter. Ideal wäre natürlich, Tag für Tag die uns bewegenden Anliegen neu zu formulieren. Doch dazu sind wir nach der Tagesarbeit oft einfach zu müde. Daher habe ich mir all das, was mir für mich wesentlich erscheint, auf eine Tonkassette gesprochen. Das können Sie auch. Tun Sie es! Sie können »Ihrer« Kassette Ihre innersten Anliegen und geheimsten Wünsche anvertrauen. Sie haben dann eine von der Eigenmelodie Ihres Wortes und Herzens »maßgeschneiderte« Anleitung, das Richtige zu denken, damit Sie im Leben das Richtige auch tun.

Bevor Sie einschlafen, schalten Sie einfach die Kassette ein, und Sie lauschen Ihren Worten. Sie brauchen nicht unbedingt mitzudenken. Sie lassen die Worte wirken und in sich einfließen. Dabei spielt es keine Rolle, wenn Sie vorzeitig einschlafen. Ich kenne Menschen, die an Schlafstörungen litten und heute wunderbar mit »ihrer« Kassette einschlafen.

Sicher ist, daß solche vor dem Schlafen eingegebenen Meditationsinhalte, die der Persönlichkeit des Meditierenden entstammen, tief in sein Unbewußtes eindringen und ihre Wirkung nicht verfehlen. Indem er so alles hinter sich läßt, was ihn während des Tages beschwert hat, wird er offen und frei für Wesentliches. Wem solches Meditieren, solches Beten zur Gewohnheit geworden ist, der weiß um die segensreiche Wirkung. Er fühlt sich innerlich gewandelt.

Doch meditativ gewonnener Einsicht muß die Tat folgen! Nur wer handelt, ändert die Welt. Wir sind dazu da, Entscheidungen zu treffen und zu handeln. Gegenteiligenfalls bleiben wir bloße »Zuhörer«; wir sollen aber »Täter des Worts« sein! Das ist für uns alle nicht einfach. Wir können aber nur handelnd die neuen Menschen werden, als die wir uns sehen und die freudig den immer wieder neuen Herausforderungen des Lebens begegnen. Denn in uns ist das Licht ...

21
Bewußtsein und Seele in Zeit und Raum

Das Herz hat seine Gründe,
die der Verstand nicht kennt.

Blaise Pascal

»Wahrhaftig, eine Persönlichkeit mit Selbstbewußtsein!« Ist mit einer solchen Feststellung nun gemeint, daß es sich hier um einen Menschen handelt, der sich seines inneren, seines höheren Selbst bewußt ist? Oder ist damit bloß das Ichbewußtsein eines Menschen gemeint? Und was heißt eigentlich »Bewußtsein«? Da immer wieder auch vom notwendigen »Bewußtwerden« und von der wünschenswerten »Bewußtseinserweiterung« die Rede ist, sollte doch einmal nahegelegt werden, was mit solchen Begriffen eigentlich gemeint sein könnte.

Vorweg möchte ich nehmen, daß Bewußtsein viel mehr ist als – wie es gängige Schulpsychologie definiert – das »unmittelbare Gegenwärtighaben von Erlebnissen, allgemeiner auch: die Fähigkeit zu solcher Vergegenwärtigung und damit zugleich zu vorausschauendem Lenken des Handelns«. (95/61) Um uns aber im Labyrinth auch anderer Definitionen nicht zu verirren, seien dieser Betrachtung einige auf den ersten Blick ziemlich provozierende Leitsätze vorangestellt:

- Bewußtsein ist keineswegs, wie die herrschende Wissenschaft lehrt, nur eine Eigenschaft komplexer materieller Strukturen, die in einem bestimmten Stadium der biologischen Evolution in Erscheinung getreten ist.
- Nicht die Materie ermöglicht Bewußtsein, sondern Bewußtsein schafft sich die Materie. Das Selbst entscheidet, worauf sich das Bewußtsein zentriert.

- ○ Bewußtsein ist von der Materie, vom Körper, vom Gehirn, unabhängig und nicht in einem Raumzeitkontinuum angesiedelt; daher ist es von unserer Welt aus unangreifbar.
- ○ Bewußtsein ist nicht Körper, ist nicht Seele, ist nicht Geist; es gehört jedoch der ewigen Geistessphäre an.
- ○ Bewußtsein ist ein Attribut der Seele, nicht aber die Seele selbst. Doch sie beide existieren unabhängig von der Erscheinungswelt.
- ○ Die Seele oder die Wesenheit ist mehr als das Ichbewußtsein. Ichbewußtsein ist etwas, über das ich verfügen kann; Bewußtsein ist aber auch mehr als das Ichbewußtsein.
- ○ Selbstbewußtsein – Bewußtsein des Selbst – ist ein erstrebenswertes Ziel, aber nicht zu verwechseln mit dem Ichbewußtsein, das nur ein Abglanz unseres wahren Wesens ist.
- ○ Bewußtsein ist nie konstant, immer fluktuierend, stets im Wandel und in mehreren Realitäten gleichzeitig beheimatet.
- ○ Bewußtsein hat die Tendenz, Individualität zu konstituieren und zu perpetuieren, also sowohl zu schaffen als auch aufrechtzuerhalten.
- ○ Sich wandelndes Bewußtsein bedeutet nicht, daß Erfahrung gewordene Bewußtseinsinhalte durch andere neue ausgelöscht werden.
- ○ Bewußtsein hat vor den Atomen und Molekülen existiert. Bewußtsein hat die Stoffwelt erst geschaffen.
- ○ Kosmisches Bewußtsein, also ein Bewußtsein, dem sämtliche Daten aller materiellen und geistigen Universen gegenwärtig sind, ist nur Gott zugänglich.

Aus diesen Leitsätzen wird höchstens die Kontur des Begriffs »Bewußtsein« deutlicher. Ich möchte aber im folgenden versuchen, zu dem konturierten Bild einige Facetten beizusteuern. Bewußtsein hängt gewiß mit Erleben und Handeln zusammen. Unser Erleben hängt davon ab, worauf unser Bewußtsein gerichtet ist. So ist Ichbewußtsein das Wissen um mich selbst als Subjekt meines Erlebens. Selbstbewußtsein ist das Wissen um die Wesenheit meines Selbst in Zeit und Ewigkeit.

Bewußtsein schließt auch das Innewerden seelischer Erfahrungen mit ein. Der englische Philosoph George Berkeley sagte schon im achtzehnten Jahrhundert, Sein sei Wahrgenommenwerden; das Bewußtsein ermögliche uns erst, uns wahrzunehmen. Jedenfalls empfangen wir zahllose Reize von innen und außen, die unser Bewußtsein verarbeitet. Ohne Bewußtsein hätten wir die Fähigkeit zu erleben nicht. Die menschliche Erlebnisfähigkeit ist aber eine Bedingung möglicher Erfahrung schlechthin.

Bewußtsein erschafft die Materie – nicht umgekehrt

Irregeleitet werden wir von der zur Zeit in der Wissenschaft vorherrschenden evolutionären Erkenntnistheorie. Sie geht davon aus, daß sich menschliches Bewußtsein erst im Zuge der stammesgeschichtlichen Entwicklung der Lebewesen, und zwar in Anpassung an die natürliche Umwelt, entwickelt hat. Wahrnehmungs- und Erkenntnisfähigkeit des Menschen seien das Ergebnis eines langen Ausleseprozesses. Geist und Bewußtsein seien der Evolution zu verdanken. Damit wird die kühne Behauptung aufgestellt, daß die Materie im Laufe der Evolution in Jahrmillionen Geist und Bewußtsein »entwickelt« habe.

Dies stellt schlicht eine Umkehrung der Tatsachen dar. Bewußtsein ist nicht eine Eigenschaft komplexer werdender materieller Strukturen, die erst in einem bestimmten Stadium der biologischen Evolution in Erscheinung tritt. Bewußtsein erschafft die Materie und nicht umgekehrt. Die Komplexität eines menschlichen Gehirns wurde nicht durch eine zufällige Entwicklung der Materie aufgebaut. Vielmehr hat kosmisches Bewußtsein die komplexe Gehirnstruktur erschaffen, um diese als Umschlagplatz menschlichen Erlebens dienlich werden zu lassen.

Die Wissenschaft will uns oktroyieren, daß ohne unser Gehirn »nichts geht«! Bewußtsein ist jedoch, auch wenn dies jedem naturwissenschaftlich Geschulten befremdend vorkommen mag, vom Gehirn unabhängig. Es scheint uns vom Gehirn abhängig zu sein, solange wir dieser Erscheinungswelt verhaftet leben. Doch schon in diesem Leben ist Bewußtsein auch in höherdimensionalen Realitäten beheimatet, die von unserem leiblichen Tod nicht verändert werden. Wissenschaftliche Theorien, die uns Menschen suggerieren, die körperlich-materielle Struktur sei primär gewesen und für Geist und Bewußtsein Vorbedingung, sind tragische Irrtümer.

Ernst Bloch sinniert über diese geheimnisvollen Vorgänge:

»Der dialektische Sprung vom Atom zur Zelle, von einem physischen Quantum zu einem organischen Quale ist via Aminosäure nicht schwer nachdenkbar, aber freilich von der Zelle zum Gedanken, von einem noch so organisch gewordenen Quantum zu einem physisch sich selbst reflektierenden Quale schwierig, dergestalt daß, auch wenn man in einem Gehirn umhergehen könnte wie in einer Mühle, man nicht darauf käme, daß hier Gedanken erzeugt werden.« (13/VII, 311 f.)

Goldene Brücken zur naturwissenschaftlichen Irrlehre baute Karl Rahner mit seiner Definition der »Materie als gefrorenem Geist«. Heutzutage spricht man aber nicht gerne von Geist; man verwendet statt dessen lieber das Wort »Information«. »Alles was lebend sich entwickelt und Individualität zeigt, hat Bewußtsein ... Auch jede Zelle ist eine Individualität. Sie lebt, sie kann sich fortpflanzen, besitzt also zweifellos auch Bewußtsein, empfindet sich als ›ich bin‹.« (51/40)

Solche Erkenntnisse sind allerdings Häresien in den Augen eingefleischter Wissenschaftler. Jean E. Charon, selbst Physiker, sagt in Richtung seiner Wissenschaftskollegen etwas geringschätzig: »Das gilt vor allem dann, wenn man versucht, mit Physikern (das trifft auf die meisten zu) über Phänomene, in die in irgendeiner Weise der Geist hineinspielt, zu sprechen. Der Geist kann alles bewirken, ja sogar daß sie die Phänomene, die sie erforschen wollen, verstehen: Nur eine physikalische Erklärung dafür, was der Geist selbst ist, die darf man von ihnen nicht erwarten.« (43/49 f.)

Charon hat die These aufgestellt, daß das Elektron der Träger, und zwar der einzige Träger des Geistes, in der Welt sei. »Im den Elektronen eigenen Raum wurden alle geistigen Fortschritte gemacht, die im Laufe der Zeit im Universum (oder auch nur auf unserer Erde) festzustellen waren. Man könnte die Elektronen als so etwas wie die ›Motoren‹ jeder Evolution bezeichnen.« (43/85)

Charon meint auch, der Geist sei vorgegeben und kein Privileg des Menschen. Der Geist sei der gesamten Natur inhärent: »Er ist getragen von jenen denkenden Elektronen, die in aller Materie enthalten sind, im Mineral, in den Pflanzen, im Tier und im Menschen. Natürlich beweist der Mensch oft, daß er Geist besitzt, doch das ist weiter nicht erstaunlich: die ›Äonen‹ seines Körpers verströmen jenen Geist, den er bewußt (zum Beispiel in seiner Sprache) zur Schau stellt ... Der unbewußte Teil des gesamten Geistes funktioniert bereits seit Millionen Jahren, lange vor dem Zeitpunkt also, den der bewußte als seine Geburtsstunde betrachtet.« (43/143)

Dieser Physiker und Esoteriker ist dem Wissen seiner Zeit weit voraus. Was er sagt, erinnert an die von JANE ROBERTS schon im *Seth-Material* erörterten »elektromagnetischen Energieeinheiten«: »Es gibt elektromagnetische Strukturen, genauer gesagt, elektromagnetische Energieeinheiten, die der Überträgerstrom für Emanationen eurer Bewußtseinsinhalte sind. Sie werden von Bewußtseinsinhalten, insbesondere von Gefühlsintensitäten, aufgebaut. Sie folgen den Gesetzen von Anziehung und Abstoßung. Gleichsam magnetisch ziehen diese elektromagnetischen Energieeinheiten ihre eigene Art an, wodurch Muster zustande kommen, die euch dann einen Wahrnehmungsinhalt vermitteln oder sogar materielle Verwirklichungen in Gang setzen ... Diese Einheiten sind unmittelbare Energieausstrahlungen, die dem Bewußtsein entstammen. Dabei spreche ich von Bewußtsein im weitesten Sinn, vom molekularen Bewußtsein, vom zellularen Bewußtsein ebenso wie von jenem, mit dem ihr vertraut seid. Ihr könnt diese Einheiten mit dem unsichtbaren Atem des Bewußtseins vergleichen ... Sie werden ebenso wie von euren Körperzellen auch von den Zellen der Pflanzen, Tiere, ja sogar von Gesteinen emaniert.« (220/325 f.)

Diese elektromagnetischen Energieeinheiten werden von der Intensität der Bewußtseinsinhalte, insbesondere Gefühlsenergien, aufgebaut. Es gibt Millionen davon in jedem Atom. Sie sind jenseits des Erkennbaren, haben zwar eine Struktur, aber keine materielle; sie sind unsichtbar und unzerstörbar. Nahe dem liegt JEAN E. CHARON, wenn er postuliert: »Ich habe bereits mehrmals auf die grundlegende Tatsache hingewiesen, daß unser gesamtes Ich, das, was wir unsere Persönlichkeit nennen, von ›Äonen‹ nicht ›fabriziert‹ wird, sondern aus ihnen besteht und in jedem von ihnen ganz enthalten ist. Wohlgemerkt: unsere Persönlichkeit besteht aus ihnen.« (43/169)

Wie aus diesen Ausführungen zu erkennen ist, hat der Begriff »Bewußtsein« nicht nur abstrakte Implikationen. Da das Bewußtsein immateriell und unzerstörbar ist, kann Bewußtsein auch durch den körperlichen Tod nicht bedroht sein. Bewußtsein tendiert zur Individualität, ist aber nicht identisch mit einer Individualität. Sir

Karl R. Popper schlägt vor, von »Geist« zu sprechen, wenn wir die höhere Funktion des Bewußtseins meinen. (185/35) Dem Begriff »Geist« haften jedoch Konnotationen und Assoziationen an, daß ich es für angebracht halte, hier, in dem erörterten Zusammenhang, beim Begriff »Bewußtsein« zu bleiben.

Ichbewußtsein und Bewußtsein des Selbst

Bewußtsein befähigt uns, wie gesagt, überhaupt erleben zu können. Ohne Erlebnisfähigkeit gäbe es keine menschliche Erfahrung. Eine andere Qualität des Bewußtseins ist die, daß es sich ständig verändert. Dadurch sind auch die Identitäten, die mit Bewußtsein ausgestattet sind, gezwungen, sich laufend zu wandeln. Dies bedeutet aber nicht, daß Bewußtseinsinhalte infolge der Veränderung des Bewußtseins ausgelöscht werden. Bewußtsein kennt der Individualität gegenüber keine Destruktivität.

Es wird sicher klarer, was mit diesen reichlich abstrakten Formulierungen gemeint ist, wenn wir das alte Postulat religiöser und esoterischer Lehren überdenken, unser beschränktes Ego, das Ichbewußtsein, sterben zu lassen, um zu höherem Bewußtsein zu gelangen. Das höhere Bewußtsein »denkt« nicht daran, irgend etwas in uns abzutöten. Es handelt sich also nur um eine symbolische Ausdrucksweise, die uns darauf hinweist, daß wir uns nicht ausschließlich mit dem Ego, dessen wir uns bewußt sind, also mit dem egotistischen Selbst, identifizieren sollen. Das innere Selbst umfaßt wesentlich komplexere und höhere Strukturen, und das Bewußtsein dieses höheren Selbst kann sich nicht nur mit dem Ichbewußtsein identifizieren; es identifiziert sich mit der unermeßlichen Gestaltstruktur der eigenen Wesenheit.

Bewußtseinserweiterung führt somit zur Befähigung, etwas wahrzunehmen, das wir vorher nicht wahrzunehmen vermochten. Bewußtseinserweiterung bedeutet demnach vor allem, nicht mehr nur das kleine, ichbezogene Selbst unseres Egos wahrzunehmen, sondern die höhere Wirklichkeit unserer persönlichen Wesenheit zu erfahren. »Das Bewußtsein ist ein Instrument, das die verschiedenen Dimensionen der Realität registriert. Das Bewußtsein, wie ihr es kennt, ist hochgradig spezialisiert. Die physischen Sinnesorgane vermitteln die Wahrnehmung der dreidimensionalen Welt, aber sie können aufgrund ihrer eigentümlichen Beschaffenheit auch die Wahrnehmungen anderer, ebenso gültiger Dimensionen verhindern. Die meisten von euch sind mit eurem alltäglichen, körperlich orientierten Selbst identifiziert. Es würde euch nie einfallen, euch nur mit einem Teil eures Körpers zu identifizieren und alle anderen Teile zu ignorieren, und dennoch tut ihr nichts anderes, wenn ihr euch einbildet, das egotistische Selbst trüge die Last eurer Identität.« (214/216)

Selbstbewußtsein – wohlverstanden als Bewußtsein unseres inneren Selbst – schließt also das Bewußtsein einer größeren Seinskategorie, der wir unmittelbar zugehören, mit ein. Es ist eine naive Selbstüberschätzung zu glauben, das wahrnehmbare Ich sei unsere gesamte Wirklichkeit und unser Ichbewußtsein sei das Bewußtsein schlechthin, wo doch das Bewußtsein unseres höheren Selbst, unserer Wesenheit, die dreidimensional eingeschrankte Wirklichkeit der Erscheinungswelt so unsagbar weit übersteigt! Wie so oft in erkenntnistheoretischen Überlegungen denkt der Mensch auch in diesem Zusammenhang zu klein von sich und dem Kosmos. Wären wir uns der ewigen Existenz unserer Wesenheit in allen Dimensionen der Realitäten des Universums bewußt, würde so manches Angstgefühl unnötig, so manche Depression obsolet!

Behalten wir also im Auge, daß unser Bewußtsein gleichzeitig in Wirklichkeiten unterschiedlicher Dimensionalität zu Hause und somit von der physischen Existenz unseres Ich unabhängig ist. Werden wir uns bewußt, daß unser auf die materielle Welt und das Ego bezogenes Ich nur einen winzigen Bruchteil der eigenen ewigen Existenz erfährt. Sinnliche Erfahrung und überhaupt physische Existenz sind bloß Ausschnitte unseres ganzheitlichen Seins.

Der schon erwähnte Philosoph Sir Karl R. Popper hat darauf hingewiesen, daß Bewußtsein nicht nur mit Problemlösungen beschäftigt sei, obwohl das seiner Meinung nach die wichtigste biologische Funktion des Bewußtseins darstellt. Popper vermutet, daß die ursprüngliche Funktion des Bewußtseins darin besteht, beim Lösen von Problemen Erfolg und Mißerfolg zu antizipieren und dem Organismus des Menschen in Form von Freude und Schmerz zu signalisieren, ob er auf dem richtigen oder unrichtigen Weg zur Lösung des Problems sei.

Der unorthodoxe Religions- und Kulturwissenschaftler PIERRE TEILHARD DE CHARDIN definierte ein »Gesetz des Komplexitätsbewußtseins«. Er meint, daß die Evolution in Richtung zunehmender Komplexität verlaufe. Mit dieser Komplexität verbunden sei ein entsprechender Aufstieg des Bewußtseins. Aber eben: Bewußtsein ist nicht evolutionsbedingt entstanden. Bewußtsein war immer schon im kleinsten Teilchen enthalten!

Der Physiker und Weisheitssucher HERBERT PIETSCHMANN wiederum stellt fest: »Die Einheit von Yin und Yang erhielt wohl einen Namen: Tao. Obwohl damit auch das Eine Bewußtsein gemeint war, umfaßte dieser Name mehr: das Ganze, die All-Gegenwart, die Wesenheiten und ihren Sinn, auch die Darstellung des Einen Bewußtseins durch die Welt; Tao war das Eine Bewußtsein erst durch das, was es aus seiner Kreativität hatte werden lassen.« (182/144) Der wahre Mensch, meint Pietschmann, war auf diesem Weg – Tao bedeutet Weg –, er war »Weg-Mensch«, ständig im Aufbruch. Für Pietschmann erweist sich Bewußtsein an den Früchten seiner Schöpferkraft.

»Jedes Bewußtsein verfügt über eine Kreativität, die multidimensional ist, so daß es für sich selbst so viele mögliche Realitäten zu ›erobern‹ versucht, wie es kann. Dabei benützt es seine eigene Signifikanz als einen Brennpunkt, um aus dem Universum alle möglichen Geschehnisse in seinen Erfahrungsbereich zu ziehen. So zieht es Ereignisse aus dem Universum an, während seine eigene Existenz das Universum prägt als ein Ereignis, das den unauslöschlichen Stempel seiner individuellen Eigenart trägt.« (215/214)

In Kapitel 5 wurde bereits erörtert, daß wir aufgrund unserer Anlagestruktur, der Summe unserer Fähigkeiten und Begabungen, Erfahrungen, für die in uns Resonanz ist, in unsere Lebenswirklichkeit zu ziehen vermögen. Unser Bewußtsein ist durch unsere Individualität geprägt und zieht jene Erfahrungen an, die zu unserer Individualität passen. Je mehr es uns gelingt, unser Bewußtsein auszuweiten, um so reichhaltiger wird der Erlebnisumraum unseres Lebens. Mit der Erweiterung des Bewußtseins erweitert sich auch unser Lebensraum. Was uns zuvor unbewußt war, blieb nicht deswegen unbewußt, weil es an Bewußtsein gemangelt hätte. Unbewußt blieb es, weil es keine Resonanz in unserem Bewußtsein fand.

»Ihr habt mehr als nur euer Alltagsbewußtsein. Seht zu, daß ihr die verschiedenen Kanäle eurer Bewußtheit benutzen könnt ... Gewöhnlich benutzt ihr nur die eine Tür, die eures Alltagsbewußtseins, von dessen Türschwelle aus ihr auf eure körperlich-materielle Realität schaut. Doch es gibt auch andere Türen ... Wenn ihr in euch hineinschaut, dann dehnt ihr die Grenzen eures Bewußtseins aus, ihr erweitert es und setzt so Fähigkeiten eures ichgebundenen Selbst frei, von denen es meist gar nicht gewußt hat, daß es über solche verfügt.«

Und Jane Roberts kommentiert diese Seth-Botschaft wie folgt: »Zu diesen gehören die ASW-Fähigkeiten, also die der Telepathie und des Hellsehens, die in jedem Menschen schlummern. Die außersinnliche Wahrnehmung kann man schlicht auch einfach als innere Wahrnehmung bezeichnen. Doch nicht allein deswegen kommt den inneren Sinnen Wichtigkeit zu. Sie lassen uns, darin liegt ihre Bedeutung, unsere Unabhängigkeit von materiellen Bedingtheiten und unsere einmalige, individuelle, multidimensionale Wesenheit erkennen. Sie verhelfen uns aber auch dazu, das Wunder unserer physischen Existenz und unseren Platz in der Welt zu erkennen. Wir können ein weiseres, produktiveres und glücklicheres Leben führen, wenn wir zu verstehen beginnen, weshalb wir hier sind – als einzelne Menschen wie auch als Gemeinschaft.« (220/286 f.)

Das ist ein sehr wichtiger Punkt in zweifacher Hinsicht. Einerseits sollen Sie nicht annehmen, daß ich als Autor das – zugegebenermaßen von vielen Rätseln besetzte – Thema des menschlichen Bewußtseins aus erkenntnistheoretischer Liebhaberei an Sie herantrage. Nein! Das geschieht nur, weil es sich dabei um kapitale Fragen unserer Existenz, der Ihren wie der meinen, ja der ganzen Menschheit, handelt. Es ist lebensentscheidend, wie weit- oder wie engmaschig wir die Grenzen des Bewußtseins gesteckt sehen. Andererseits fühle ich mich an dieser Stelle gedrängt und berechtigt zu sagen: Wenn Wissenschaft zu lebensentscheidenden vitalen Fragen des Menschen und der Menschheit keine anderen als auf unsere Erscheinungswelt beschränkte Aussagen, geschweige denn Lösungen zu bieten hat, dann können wir uns, wie dies in dem vorliegenden Buch der Fall ist, weitgehend nur noch auf religiöse und esoterische Quellen stützen.

In religiöser Hinsicht war und ist für mich die Bibel die Offenbarung, eine Quelle der Erleuchtung und Erquickung. An Erkenntnissen aus esoterischen Quellen verdanke ich besonders viel JANE ROBERTS' »Seth-Büchern«, aus denen ich bis hierher schon des öfteren zitiert habe. »Seth« ist, wie RAYMOND VAN OVER, Professor für Parapsychologie an der New York University, es objektiv zu formulieren versucht, »die Trancepersönlichkeit einer zuhöchst ASW-begabten Sensitiven«; wie Seth sich selbst darstellt, ist er »ein Energiepersönlichkeitskern, der nicht mehr physisch zentriert ist«.

Jedenfalls haben die Seth-Botschaften, die sich aufgrund der im Literaturverzeichnis genannten Werke JANE ROBERTS' geradezu als Seth-Philosophie bezeichnen lassen, viel zu den Erkenntnissen beigetragen, die in diesem Buch verarbeitet sind. Diesen Erkenntnissen zufolge ist klar: Es besteht ein großer Unterschied zwischen dem Ichbewußtsein und dem Bewußtsein unseres inneren, unseres höheren Selbst. Wie groß muß der Unterschied zwischen diesem und dem kosmischen Bewußtsein sein? Meine Antwort ist schlicht: Das kosmische Bewußtsein ist Gott.

Uns steht der Weg offen, unser Bewußtsein zu erweitern. Indem wir bewußter werden, kommen wir dem Licht näher ...

Die Seele ist mehr als ein weites Land

Die Seele schenkt Individualität und Identität, ist aber nicht das Ich. Der griechische Philosoph HERAKLIT hat schon im sechsten vorchristlichen Jahrhundert erkannt: »Die Grenzen der Seele kannst du vorwärtsschreitend nicht erforschen, wenn du auch jeden Weg dahinzögest; so tiefen Sinn hat sie.« Diese Tiefe ist wohl auch inbegriffen, wenn ARTHUR SCHNITZLER vom »weiten Land« der Seele spricht. Der heilige AUGUSTINUS sagte: »Da gehen die Menschen hin, bewundern das Meer und die Berge, aber die Größe der eigenen Seele sehen sie nicht.«

Was verbirgt sich hinter dem schwer faßbaren, geheimnisvollen Wort »Seele«? Wir sprechen von »seelenvoll« oder »beseelt«: seelische Zustandsbilder sind gefühlvoll, ergreifen und beeindrucken uns, bewegen und berühren uns. Von »Seelengröße« sprechen wir, wenn wir Hochherzigkeit, Selbstlosigkeit, Großmut und Erhabenheit meinen. Schon der sprachliche Ausdruck weist auf das Besondere hin. Seele wie auch die dem Altgriechischen entstammende

»Psyche« oder die lateinische »Anima« bedeutet Atem, Hauch. Der Zusammenhang mit der Schöpfungsgeschichte ist offenkundig.

Die Seele ist der Träger der Lebensvorgänge im Menschen, ist aber nicht mit dem Ich identisch. HEINO SONNEMANS, Theologe und ein profunder Denker: »Will man den Faden des Verstehens des Seelenbegriffs, wie er im Schreiben der Glaubenskongregation vorliegt und auch bei Joseph Ratzinger aufgefaßt wird, im Sinne des Thomas von Aquin aufnehmen, so ließe sich das ›Ich des Menschen‹ zur Seele wohl auch so in Beziehung setzen, daß ›Seele‹ nicht das Ich ist (›anima mea non est ego‹), sondern das Ich in der Seele aufgehoben bleibt. Denn die Seele ist zwar nicht der Mensch, aber sie gewährleistet dennoch des Menschen Identität und Individualität.« (248/464)

JOSEPH RATZINGER sagte in seiner *Eschatologie,* der Leib sei »das, was die Seele sich als ihren körperlichen Ausdruck baut«. Anders ausgedrückt kann man auch sagen, daß die Seele in Leibesform unsere Natur ist. Alles Lebendige ist beseelt. Unser leiblicher Körper ist ein Ausdruck der lebendigen Seele, der wir angehören. Das Ich ist somit ein bestimmter Ausdruck der Seele, nicht aber die Seele selbst. Das Ich bleibt in der Seele »aufgehoben«. Die Seele bestimmt Identität und Individualität der Ich-Natur. Sie ist ewig und unzerstörbar. »Hast du nicht beobachtet«, fragte PLATON, »daß deine Seele unsterblich und unzerstörbar ist?«

Wir müssen daher unsere Seele wirklich nicht retten, nachdem sie unverlierbar, unzerstörbar und ewig ist. Unsere Seele ist über Zerstörung und Tod erhaben. Sie braucht sich keine Angst um ihre Einzigartigkeit und ewige Existenz zu machen; sie weiß um ihr eigenes Sein.

Die Seele ist allerdings nicht als etwas Statisches aufzufassen, noch kann sie je vollendet sein. Die Seele ist ewig im Werden und kann daher auch als Weg erklärt werden. (»Ich bin der Weg, die Wahrheit und das Leben.«) Die Seele verfügt über eine solche Fülle und Mächtigkeit, daß sie sich in einer Persönlichkeit allein nie und nimmer erschöpfend darstellen könnte, sie ist unserem Raumzeitkontinuum enthoben. ANGELUS SILESIUS scheint das geahnt zu haben: »Zwei Augen hat die Seel': Eines schauet in die Zeit, das andere richtet sich hin in die Ewigkeit.«

Hat dieser Dichter und Mystiker etwas vom inneren Selbst oder gar vom Gesamtselbst gewußt? Das innere Selbst ist das »Alter ego«, die geistige Komponente unserer Persönlichkeit; das Gesamtselbst ist das Eigentliche unserer Wesenheit – unsere Seele. Jede Seele ist – im psychischen Netzwerk des höheren Selbst – gleichsam ein Kind einer großen Familie und gehört dieser Familie untrennbar an und bleibt trotzdem eine selbständige Individualität, ausgestattet mit Willensfreiheit.

Ich gebe mir Rechenschaft, daß das nicht einfach zu verstehen ist; es ist auch nicht einfach zu erklären, denn letzte Klarheit über die geheimnisvollen Zusammenhänge unseres Seins im Universum wird wohl keinem Sterblichen je zuteil. Dennoch haben erleuchtete Menschen auf der Suche nach Erkenntnis diesem großen Geheimnis wegweisende Einsichten abzuringen vermocht.

Alfons Rosenberg, der Symbolforscher und Philosoph, zitiert in seinem *Leben nach dem Sterben* Carl Gustav Jung wie folgt: »Die Seele ist es, die aus eingeborener göttlicher Schöpferkraft die metaphysischen Aussagen macht, sie setzt die Distinktionen der metaphysischen Wesenheiten. Sie ist nicht nur die Bedingung des metaphysisch Realen, sondern sie ist es selbst.« Und er kommentiert: »Hier durchbricht seine Aussage endgültig alle positivistischen Kerkermauern.« (225/67) J. M. Pryse befindet, daß die Seele des Menschen, sein wirkliches Selbst, im Wesen gleich mit der Gottheit oder dem einen universellen Sein sei. Das wahre Selbst des Menschen sei ewig – was nicht nur bedeutet, daß es niemals aufhöre zu sein, sondern daß es auch niemals zu sein begonnen habe; es sei »selbstexistent«. Das äußere Leben der Seele bestehe aus einer Reihe fortschreitender Entwicklungsstufen. Beim Tod werde die Seele von ihrem wahren Lebensmittelpunkt angezogen, während der physische Körper in seine Elemente aufgelöst werde.

Die Seele ist wie das Bewußtsein ebenfalls nicht im Gehirn zu Hause, sie bedient sich vielmehr des Gehirns als Werkzeug und gewährleistet gerade dadurch das Überleben des Todes: »Das Gehirn erschöpft sich nicht als in sich geschlossene Schaltzentrale; auch sie benötigt ›jemanden‹, der sie ›bedient‹, bedienen kann. In diesem Sinne und noch weit über ihn hinaus wagt Sir John Eccles, Gehirnfachmann und Nobelpreisträger, von der Realität der Seele zu sprechen, die sich des Gehirns als Werkzeug bediene und das Leibessterben überdauere.« (105/242)

Die Seele beherbergt tatsächlich die Einheit unserer Persönlichkeit und benützt das Gehirn wie überhaupt den Körper als Ausdrucksmittel in diesem Leben. Sie lebt aber auch in höherdimensionalen Realitäten – gleichzeitig. Dies sprengt natürlich die von herrschender Wissenschaft gelehrten materialistischen Theorien, denen zufolge geistige und innerseelische Vorgänge von chemischen Veränderungen im Körper abhängen. Sitz der Seele ist nicht das Gehirn; das Gehirn ist das Werkzeug der Seele, des inneren, des höheren Selbst. Hier stößt die Naturwissenschaft einmal mehr an die von ihr selbst gesetzten Grenzen. So meint KONRAD LORENZ, daß »selbst eine Erweiterung der naturwissenschaftlichen Resultate auf psycho-physischem Gebiet uns der Lösung des Leib-Seele-Problems nicht um Haaresbreite näherbringen würde.« (151/II, 362) Auch WERNER KARL HEISENBERG erwartete sich keinen naturwissenschaftlichen Zugang zum Verständnis der menschlichen Psyche.

Hingegen sagt der Tiefenpsychologe IGOR CARUSO: »Es gibt aber eine seelische Funktionsart, die wichtigste von allen, die das Verhältnis zu allen anderen regelt und leitet; sie wird von Jung als ›Selbst‹ bezeichnet ... Das ›Selbst‹ nach Jung ist numinos, es ist höchstes Gut und Endlosigkeit. Der strebsame Leser Jungscher Werke staunt: Ist es Gott? Ist es der Urgrund der Seele? Ist es Gott, der sich im Urgrund der Seele spiegelt? Ist es die Seele, die sich, wie Narziß, aus dem eigenen Spiegelbild einen Gott schafft?« (41/177)

WILHELM HEINEN hat das Ich vom Selbst wie folgt abgegrenzt: »Unter Selbst wird das Ich der Geistperson verstanden ... Dabei ist zu beachten, daß innerhalb der menschlichen Person eine Scheidung von Ich und Selbst nicht möglich ist, da Trieb- und Geistperson aufs engste integriert sind. Die Einheit oder Identität der Person wird durch die *eine* Seele garantiert.« (98/485)

Weiter noch führt uns eine Seth-Botschaft: »Dem inneren Selbst mit seinem ungeheuren Wissen und der grenzenlosen Reichweite seines Bewußtseins kommt die Aufgabe zu, die Wirklichkeiten der Erscheinungswelt zu erschaffen und dem äußeren Ich so viele Reize zukommen zu lassen, daß es seinerseits die Aufgaben, die dem Ichbewußtsein zufallen, ständig erfüllen kann ... Das äußere Ich ist ein Löffelkind, dem nur die Gedanken, Gefühle und Empfindungen, nur die Erfahrungen gegeben sind, mit denen es umgehen kann. Diese Erfahrungen werden ihm auf sehr spezifische Weise dargeboten, und zwar gewöhnlich in Form von Reizen und Informationen, die die körperlichen Sinne ihm vermitteln. Das innere Selbst agiert nicht nur bewußt, sondern es ist sich auch seiner selbst bewußt, sowohl als einer sich von anderen unterscheidenden Individualität als auch einer individuellen Wesenheit, die Teil kosmischen Bewußtseins ist. Es ist sich also ständig sowohl seiner Einmaligkeit als auch der Tatsache bewußt, daß es ein Teil des großen Ganzen ist.« (220/332 f.)

All dies legt uns die Schlußfolgerung nahe, daß wir auch nach unserem körperlichen Tod nicht in unserer höheren Wesenheit aufgehen, sondern daß die Individualität unseres Selbst erhalten bleibt. Nichtsdestoweniger ist unser Selbst Teil der unermeßlichen Ganzheit seiner höheren Wesenheit. Es ist etwa so zu verstehen, daß eben ein Österreicher wie ich auch Europäer und gleichzeitig Weltbürger sein kann. Die multidimensionale Struktur unserer Wesenheit ist für uns vorläufig kaum vorstellbar, geschweige denn erklärbar. Wir können nur ahnen, welch unauslotbare Dimensionalität unsere Seele hat! Sie ist zeitlos, reicht also in alle Zukünfte und in alle Vergangenheiten hinein. Stromaufwärts liegt – bildlich gesprochen – unsere Vergangenheit, liegen die »vergangenen« Existenzen. Stromabwärts aber liegen alle zukünftigen Erfahrungen, unsere wahrscheinlichen Zukünfte. *Wahrscheinlich* sind sie nur deshalb für uns, weil wir sie aus der Sicht unserer Erscheinungswelt nicht erfassen können. Nichtsdestoweniger sind diese wahrscheinlichen Realitäten jetzt existent, weil alle Zeit eins ist.

22
Reinkarnation – Wirklichkeit oder Mythos?

Ach, du warst in abgelebten Zeiten
meine Schwester oder meine Frau ...

GOETHE

Die traditionelle Reinkarnationslehre ging von der Auffassung aus, daß der Mensch nicht nur ein, sondern mehrere Leben durchlebt. Irdische Existenzen liegen hinter ihm, künftige werden folgen. Das in diesem Leben dem Denken, dem Wort und der Tat nach bewirkte Gute schlägt sich im nächsten Leben nieder, ebenso aber auch begangenes Unrecht. Das Karma – nach hinduistischer Vorstellung der »Weg der Tat«, das heißt das Handeln in einem früheren Leben – ist schicksalverursachend für das nächste Leben. Dieses karmische »Gesetz« bestimmt Art und Umstände der Wiedergeburt eines Menschen in einer glücklichen oder unglücklichen Existenz.

Die Idee karmisch bedingten Schicksals geht von der selbst über den Tod hinaus wirksamen vollen Gültigkeit des Kausalitätsprinzips aus. Was in einem früheren Leben gesät wurde, wird in einem späteren Leben geerntet. Freiheit und Verantwortlichkeit sind nicht in Frage gestellt; es sind aber die Bedingungen eines Lebens vorbestimmt. Dem Menschen bleibt nur die Chance, sich aus alter karmischer Verstrickung zu lösen. So kommt die Reinkarnationslehre einer Lex talionis, einem Gesetz der Vergeltung, gleich, das keine Gnade kennt. Alle Schuld rächt sich!

Für und Wider der Reinkarnationsidee

Es muß wohl eine innere Notwendigkeit, die zu derartigen Überzeugungen führte, bestanden haben. Engagiert verteidigt sie KARL SPIESBERGER: »Vielen ist der Glaube oftmaligen Geborenwerdens unerträglich. Ist der Gedanke erträglicher, ein einzigesmal zu leben? Entweder das Nichts vor Augen oder zu schweben zwischen ewigem Heil und ewiger Verdammung? Ausgeliefert einem, der mit Strafen droht, wie sie der Verderbteste nie und nimmer verdient; einem, der mit Seligkeiten lockt, deren der Beste der Sterblichen nicht würdig ist. Die Lehre der Reinkarnation ist die Ehrenrettung Gottes. Schlecht stünde es um seinen unerforschlichen Ratschluß, schüfe er für jeden neuen Körper eine neue Seele. Arme unschuldige Seele, eben dem Höchstvollendeten entworden, bestimmt für ein einmaliges Erdenwallen, und eingeschlossen vielleicht in den Leib eines Krüppels, bestraft mit dem Hirn eines Idioten, dem Charakter eines Schwächlings, eines Verbrechers gar! Wie töricht grausam müßte so ein Überwesen sein, geradezu satanisch. Keine Schuld träfe mehr den Menschen, jegliche Verantwortung läge einzig bei ihm, dem sinnlos Spielenden.« (252/91)

Ähnlich argumentiert THORWALD DETHLEFSEN: »Betrachtet man nur ein Leben isoliert, so könnte man tatsächlich an der Sinnhaftigkeit der Schicksalsmacht zweifeln – weshalb auch manche daran verzweifeln. Es ist offenkundig, daß nicht allen Menschen in diesem Leben die gleichen Startlöcher zugewiesen werden, und das ist ganz bestimmt nicht Schuld der Gesellschaft. Ob aus religiösem oder atheistischem Blickwinkel: Es ist ziemlich schwierig, ohne den Reinkarnationsgedanken jemandem zu erklären, warum ausgerechnet er stumm oder gelähmt, verstümmelt oder debil das Licht ›dieser besten aller Welten‹ erblickte. Auch ein Hinweis auf die unerforschlichen Ratschlüsse Gottes ist wenig geeignet, in solchen Fällen ein Gefühl der Sinnhaftigkeit zu vermitteln.« (51/204 f.)

Es geht also um den Begriff der Gerechtigkeit – die doch wohl Gott walten lassen und die doch wohl dem Menschen widerfahren muß. Es gibt aber auch andere Gründe, die die Reinkarnationsidee stützen: Welch andere Idee wäre wie sie geeignet, das Wirken von Wunderkindern oder Genies zu erklären? MOZART komponierte im zarten Kindesalter unvergängliche Meisterwerke der Musik. Woher diese Begabung, die Inspiration, wenn nicht aus einem »früheren« Leben? Und nehmen schwere Erkrankungen nicht stets ihren Ursprung in einem »vergangenen« Leben? Die Rückführungstherapie (Regression im Hypnosezustand) ging von solchen Überlegungen aus.

Die Reinkarnationslehre ist uralt und schon frühgeschichtlichen Kulturen bekannt. Sie findet sich in der buddhistischen, orphischen und pythagoreischen Philosophie. Von PYTHAGORAS geht sie über PLATON und ARISTOTELES, das junge Christentum bis zur klassischen und romantischen Dichtung. GOETHE hat der Idee ein Denkmal gesetzt mit seinem Gedicht »Geheimnis der Reminiszenz«, das er Charlotte von Stein zudachte: »Ach, du warst in abgelebten Zeiten meine Schwester oder meine Frau.«

Der Reinkarnationsgedanke durchzieht auch G. E. LESSINGS Werk die *Erziehung des Menschengeschlechts.* RICHARD WAGNER hat in seinem zutiefst mystischen *Parsifal* eine tragische Reinkarnationsfigur auf die Bühne gestellt: Kundry, die nach Bewußtwerden einer wieder neuen Existenz ihren erschütternden Schrei ausstößt. Und Gurnemanz über Kundry: »Ja, eine Verwünschte mag sie sein. Hier lebt sie heut' vielleicht erneut, zu büßen Schuld aus früh'rem Leben, die dort ihr noch nicht vergeben.« Im zweiten Akt nimmt Klingsor Bezug auf Kundrys viele Erdenleben: »Herodias warst du und was noch?«

In der Reihe der die Reinkarnationsidee stützenden Philosophen stehen die Namen von IMMANUEL KANT, J. K. LAVATER und ARTHUR SCHOPENHAUER für viele andere. Mit seiner Anthroposophie war sicherlich RUDOLF STEINER dann der wesentlichste Repräsentant dieser Ideen in unserem Jahrhundert.

Auch in der Bibel gibt es Hinweise auf die Reinkarnationsidee. In diesem Sinn können die Schlußverse des *Alten Testamentes* (Maleachi 3, 23 und 24) mit der Wiederankündigung des ELIA ausgelegt werden. Und jedermann kennt das prophetische Wort, daß die Sünden der Väter bis ins dritte und vierte Glied nachwirken werden. Ein die Reinkarnationsidee stützender Hinweis findet sich zum Beispiel auch im *Neuen Testament* mit der Schilderung der Evangelisten (Matthäus 11, 13–15 und Markus 9, 10–13), wie JESUS die Jünger auf die Wiederkunft des ELIA in Gestalt von JOHANNES DEM TÄUFER vorbereitet.

Die Reinkarnationslehre wurde zwar nicht beim Konzil von 553, aber beim Konzil von 869 nach Christus zu Konstantinopel mehrheitlich verworfen. Die Thematik wurde von der Kirche seither offiziell nicht mehr berührt.

Was bringt heutige Kritik gegen die Reinkarnationsidee vor? Was ergibt eine unvoreingenommene Prüfung? »Es ist zu fragen, warum wir für böse Taten bestraft werden sollen, an die wir uns nicht im leisesten erinnern ... warum sollten wir in andere Körper einkehren müssen, wenn es wieder derselbe Mensch ist, der sich entscheidet?« (16/143 f.) Die Frage scheint nicht ihrer Berechtigung zu entbehren, obwohl es sich nicht um »denselben Menschen«, sondern nur allenfalls um dasselbe Selbst handeln kann.

Schärfer noch wendet sich gegen die Reinkarnationslehre ALFONS ROSENBERG: »Der Gott (des Karmagedankens) ... und das kosmische Gesetz, das hier konzipiert wird, sind eine Vergrößerung menschlicher Methoden und Maßstäbe, die mit dem Menschen so verfährt, wie dieser mit seinen Nachbarn zu verfahren gewohnt ist, nur noch mit einer viel härteren und unentrinnbaren Festigkeit in der Anwendung und automatischen Notwendigkeit der Konsequenz. Aber ein solcher Gott oder ein solches Gesetz ist selbst nicht ethisch ... es ähnelte dem Menschen in seinem kalt erbarmungslosen, primitiv moralischen Verstand oder Unverstand ... Das Karmagesetz ist ... im Leistungs- wie im Vergeltungsschema befangen, über das sich bereits jede wahrhaft ›humane‹ Ethik zu erheben hat. Das Karmagesetz als Lex talionis (Vergeltungsrecht) ... das ist der zum übermenschlichen Gesetz erhobene Stolz des ethisch und religiös Primitiven, ein ›ungöttlicher‹ Kodex primitiver und barbarischer Justiz.« (225/112)

Deutlicher und vernichtender kann eine Kritik kaum noch ausfallen. Ist sie vom Standpunkt der christlichen Eschatologie, der Lehre von den letzten Dingen, berechtigt?

»Ich bin der Weg, die Wahrheit und das Leben!«

Ich erinnere mich noch genau, wie ich schon als junger Mensch versuchte, mir zwischen dem Glauben an die Auferstehung des Fleisches am Jüngsten Tag und der Einsteinschen Relativitätstheorie eine Brücke des Trostes zu bauen. Da der Zeitbegriff relativ und Zeit nur im Gefüge eines Raumzeitkontinuums zu denken war, mußten wohl der Todeszeitpunkt und der Jüngste Tag für mein Erleben zusammenfallen. Damit baute ich mir schon damals die Brücke zur »Auferstehung im Tode«.

Später erst trat dann LADISLAUS BOROS mit seiner großartigen Theologie der Hoffnung auf den Plan und kündete von der Christus-Begegnung in der unmittelbaren Auferstehung im Tode. Die Aula der Salzburger Universität war von einem begeisterten Auditorium bis hinauf zu den Fensterbänken gefüllt, als er anläßlich der katholischen Hochschulwochen über das »Mysterium mortis« sprach. Vorbei und überholt war die Vertröstung auf den »Jüngsten Tag«! Im Glaubensbekenntnis wich die Formel der »Auferstehung des Fleisches« (die zu so vielen Mißverständnissen Anlaß gegeben hatte) der klaren »Auferstehung der Toten«.

Schon PAULUS hat den »geistlichen Leib« postuliert: »Es wird gesäet ein natürlicher Leib und wird auferstehen ein geistlicher Leib. Ist ein natürlicher Leib, so ist auch ein geistlicher Leib.« (1. Korinther 15, 44) Solange die christliche Glaubenslehre von einer »Auferstehung des Fleisches« sprach, war das natürlich mit der von der Reinkarnationslehre behaupteten Seelenwanderung unvereinbar. Das hat sich in neuester Zeit geändert.

In seiner *Einführung in das Christentum* hat JOSEPH RATZINGER betont, daß mit dem »geistlichen Leib« die Auferstehung der Person, nicht des Körpers gemeint sei. Gemeint war und gemeint ist tatsächlich, wie KARL RAHNER in einer Karfreitagsdiskussion 1980 in München sagte, die »Bleibendheit des verantwortlichen und geistigen Subjektes, das die Quintessenz seines verantwortlichen Lebens auch nach dem Tode behält«.

Endlich ist somit auch christliche Theorie frei geworden für die Botschaft der Auferstehung der ganzheitlichen Person unmittelbar im Tode. Die richtige Interpretation des Pauluswortes vom »geistlichen Leib« als Person führte diese Wende herbei. Die meisten Christen haben dies von jeher schon angenommen. Was hätte das an einen Heiligen gerichtete Gebet für seinen Sinn?

Als Rahner im Zuge der erwähnten Karfreitagsdiskussion gefragt wurde: »Sieht die katholische Theologie die Sache so, daß man im Jenseits jemanden wiedererkennt oder von ihm wiedererkannt werden kann?«, antwortete er: »Ich würde mich als katholischer Theologe hüten, ein solches Wiedererkennen zu verneinen ... Wenn Sie von der Bleibendheit eines geistigen Subjekts im Tode ausgehen, ist die notwendige Konsequenz, daß diese auch mit den anderen geistigen Persönlichkeiten in einer für uns nicht vorstellbaren Weise kommunizieren.«

Erinnern wir uns in diesem Zusammenhang an das Christuswort: »Ich bin der Weg, die Wahrheit und das Leben.« (Johannes 14, 6) CHRISTUS identifiziert sich also selbst mit dem Prinzip des Weges, er, die göttliche Wesenheit ist es, die sich als »Weg« bezeichnet. Dieser Weg ist selbstverständlich weder nach räumlichen noch nach zeitlichen Kriterien zu verstehen. Gemeint ist vielmehr ein qualitatives Wesentlichwerden der eigenen Wesenheit, die aufgrund immer neuer Lernprozesse zu höherer Reife, zu immer höherem Bewußtsein und immer ausgeprägterer Individualität in der Großartigkeit göttlicher Schöpfung gelangt.

Auf diesem Weg begeht der Mensch immer wieder Fehler. Er kann scheitern. Doch das führt nicht zur Sühnung von Schuld durch Strafe. Der Mensch ist, wie dargelegt wurde, ein gesegnetes, von Schuld erlöstes Geschöpf Gottes, und der erlöste Mensch kann »hier« und »drüben« auf unendliche Liebe vertrauen. Wenn ihn nach dem leiblichen Tod nach religiöser Vorstellung das »Fegefeuer« erwartet, so ist das als ein Symbol der Läuterung zu verstehen: Das innere Selbst unterzieht sich einer kritischen Selbstanalyse und zieht eine zusammenfassende »Bilanz« des vergangenen Lebens. Da nichts vorbestimmt war und alle Schicksalsumstände selbst gewählt waren, erkennt es seinen Standort auf dem Weg des Lern- und Entwicklungsprozesses. »Ihr untersucht die Struktur der Existenz, die ihr zurückgelassen habt, und lernt verstehen, wie eure Erfahrungen die Ergebnisse eurer Gedanken und Empfindungen waren und wie sie auf andere gewirkt haben.« (214/153)

Diesen Prozeß kritischer Überprüfung eigener Leistungen und Fehlleistungen veranstaltet das innere Selbst. Das Ego, das während der physischen Existenz dominante, egotistische, also ichgebundene Selbst hat seine Macht dem inneren, dem höheren Selbst abgetreten. Dieses »Alter ego« war während der körperlichen Existenz nie in Raum und Zeit eingebunden. Es betrieb stets nur die schöpferische Gestaltung von Wirklichkeiten, die eine Konsequenz der Vorstellungs- und Gefühlswelt des Menschen waren. All diese Einengungen, die den Menschen in seiner Existenz in dieser Erscheinungswelt gefangen hielten, sind jetzt gesprengt.

Bei solcher Rückschau auf gelebtes Leben wird klar, inwieweit es uns auf dem zurückgelegten Weg geglückt ist, zu unserer Sinnerfüllung zu finden. Haben wir zu spiritueller Weisheit und Freude, zu innerer Harmonie und liebevollen Beziehungen zum Partner, innerhalb unserer Familie, zu den Mitmenschen gefunden? Wenn nicht – nichts ist verspielt, nichts ist auf ewig verloren! Wir begreifen jetzt ganz deutlich, an welcher Weggabelung des Schicksals wir vielleicht hätten anders handeln sollen, uns hätten anders verhalten sollen. Wir erkennen klar, was wir gut gelöst, aber auch was wir schlecht gemacht haben. Dieser Erkenntnisprozeß ist notwendig und sicherlich oft schmerzlich. Auch dies ist im Symbol des Fegefeuers ausgedrückt.

Allerdings gibt es ja Schuld, und vor allem gibt es das Schuldbewußtsein im Leben des Menschen. Seit Urzeiten sind Schuld und Sühne Thema der Religion, der Philosophie und der Dichtung der Menschheit gewesen. Sie wurden unter dem heute unhaltbar gewordenen Aspekt der Gültigkeit des Kausalgesetzes – hier Schuld als Ursache, dort als Wirkung Strafe – und der linearen Zeitfolge zum Gesetz erhoben, zu einem Gesetz der Vergeltung, von dessen der Christusbotschaft ferner Erbarmungslosigkeit noch in Kapitel 24 die Rede sein wird.

Niemand von uns ist frei von Schuld. Doch sollten wir unser Schuldgefühl eher als Prophylaktikum auffassen. Wir werden uns der Unrichtigkeit einer Lebensentscheidung bewußt und versuchen Unrecht so weit wie möglich gutzumachen und uns zu wandeln. »So etwas nie wieder!« ist der Anruf, der uns von unserem unbestechlichen Gewissen aus erreicht. Auf böse Tat muß nicht Strafe, nicht Vergeltung folgen, aber Erkenntnis und Wandlung!

Wenn Zeit, wie in Kapitel 4 aufgezeigt wurde, eine Illusion ist, kann es kein »Vorher« und kein »Nachher« geben. Schuldhafte Tat und verdiente Bestrafung würden zeitlich zusammenfallen. Daraus ergibt sich die Unhaltbarkeit der Theorie einer strafenden Gerechtigkeit, die an Kausalität gebunden ist. Kausalität ist jenseits von Raum und Zeit eine Illusion. Befreit vom Denken in Vorher und Nachher müssen wir erkennen, daß nichts nacheinander geschieht, sondern daß alles im umfassenden Jetzt geschieht. Schuld und Sühne bedeuten unter dem Aspekt der Zeitlosigkeit einen Widerspruch in sich.

Mit der somit in sich widersprüchlichen Problematik von Schuld und Sühne sind wir im Kern der Gefahren, die sich aus falschverstandener Reinkarnationslehre ergeben. Und: Ist sie überhaupt nur ein Mythos? Mythen enthalten ja, meist geheimnisvoll verschlüsselt, oft eine Botschaft, widerspiegeln aber nicht Wirklichkeit. Ein Mythos kann, wie der Philologe und Religionswissenschaftler KÁROLY KERÉNYI es ausgedrückt hat, verstanden werden »als eine Aussage, die mit dem Anspruch der Wahrheit, ja einer wichtigen Wahrheit auftritt, ohne den Forderungen der Wahrheit zu entsprechen«. (61/I, 138)

Genau das ist es. Die Reinkarnationslehre tritt mit dem Anspruch der Wahrheit, ja einer wichtigen Wahrheit auf, ohne der Wahrheit – das heißt der Forderung, Wirklichkeit zu sein – zu entsprechen. Und wenn es so ist, stellt sich natürlich die Frage, inwiefern sie dennoch eine wichtige Botschaft enthält. Die Unhaltbarkeit traditioneller Reinkarnationslehre wurde schon vorweggenommen: Erstens ist sie auf ein lineares Zeitverständnis, zweitens auf das Kausalitätsprinzip gegründet. Ferner baut sie auf sehr eingeschränkten Begriffen von Bewußtsein und Seele auf: sie kennt die Multidimensionalität der Wesenheit nicht.

Da diese Themen ausführlich in den Kapiteln 2, 3, 4 und 23 behandelt sind, brauche ich hier auf Einzelheiten nicht einzugehen. Zitiert sei in diesem Zusammenhang nochmals VIKTOR E. FRANKL: »Wo es keine Zeit, wo es weder Vergangenheit noch Zukunft gibt, dort verliert aber auch alles Gerede von ›früher‹ oder ›später‹, ›vor‹ oder ›nach‹, ›prä‹ oder ›post‹ seinen Sinn.« (83/258) Es ist also sinnlos, von einer »vergangenen Inkarnation« zu reden. Verkörperungen zu welcher Zeit immer, ob in nach unseren Zeitbegriffen weit zurückliegender Vergangenheit oder in ferner Zukunft, ereignen sich gleichzeitig.

Aber viele Menschen finden – und darin liegt die Botschaft – anhand einer sie betreffenden Reinkarnationsgeschichte erstmals eine Erklärung, warum ihr Leben so und nicht anders ist. Ein Blindgeborener, ein Krüppel, ein unheilbar Kranker hätte sonst nicht begreifen, nicht akzeptieren können, warum ihm dieses ungerecht scheinende Los aufgebürdet wurde. »Was man gewöhnlich unter Reinkarnation versteht, nämlich ein Nacheinander verschiedener Leben, ist ein Mythos, aber es ist ein Mythos, der vielen dazu verhilft, gewisse Tatsachen wenigstens teilweise zu verstehen, die sie sonst von der Hand weisen würden, weil sie auf den Begriff der zeitlichen Kontinuität so großen Wert legen.« (214/442)

Heute läßt sich sagen: Alle die sogenannten Reinkarnationsleben – vergangene oder zukünftige Leben – sind nichts anderes als die Erfahrungen unseres in Zeit und Raum nicht eingebundenen inneren Selbst, das im Augenblickspunkt der Raum-Zeit, des umfassenden ewigen Jetzt, heimisch ist.

»Reinkarnation ist auf eine Weise auch eine Parabel. Es scheint sehr schwierig für euch zu sein einzusehen, daß ihr in vielen Realitäten – und vielen Jahrhunderten – gleichzeitig lebt.« (214/408) Diese Einsicht fällt uns tatsächlich schwer. In den zwei folgenden Kapiteln werde ich daher ein Bild von unserem inneren Selbst und der wiederholt in Anspruch genommenen multidimensionalen Wirklichkeit zu entwerfen versuchen.

23
Vom Ich zur multidimensionalen Wirklichkeit

Jeder von euch ist eine
multidimensionale Persönlichkeit.
Vertraut dem Wunder eures Seins.

JANE ROBERTS

Begegnen wir einem Menschen, nehmen wir zunächst das Erscheinungsbild seines physischen Ich wahr. Dieses physische Ich hat seine ihm eigentümliche Charakteristik, seine signifikante, individuelle Note, seine Eigenmelodie. Das physische Ich ist eine Persönlichkeit.

Das Wort »Persönlichkeit« hat aber mit dem Begriff der Person zu tun. Person kommt vom lateinischen *personare*; dies aber bedeutet »durchtönen«. Und das altgriechische *Prosopon* bedeutete in einem »Gesicht, Gestalt, Maske, Person«. Die etymologische Bedeutung des Wortes »Person« knüpft in beiden Sprachen bei der »Maske« des Schauspielers an, durch die seine Stimme »durchtönt«. Die Persönlichkeit spielt ihre Rolle. Hinter der Maske verbirgt sich jedoch eine unsichtbare Wirklichkeit, die aber in das physische Ich einfließt. Das eigentliche Selbst agiert hinter der Maske des Spielers, der die ihm überantwortete Rolle meisterhaft, durchschnittlich oder jämmerlich spielt. Das Wie bleibt ihm also überlassen.

Dem vergleichbar bleibt uns auch unsere wahre Natur, das Eigentliche unserer Wesenheit, geheimnisvoll verborgen. Unser inneres Selbst, unsere Wesenheit, ist in einer Welt zu Hause, die sinnvoll, sicher und unzerstörbar und Raum und Zeit überhoben ist. Von da her kann der Mensch alle Antworten zu seinen offenen Fragen erhalten. Dort sind alle Fragen längst beantwortet.

Äußeres Ich und inneres Selbst – ihre Rollen

Gehen wir von einer Grundwahrheit aus. Die mahnende Erkenntnis stammt von KARLFRIED GRAF DÜRCKHEIM: »Für den sich total mit seinem Ich identifizierenden Menschen lauert hinter all seiner Wirklichkeit das Nichts, und vor diesem Nichts hat er Angst.« (60/186) Nachdem jedoch, wie insbesondere in den Kapiteln 5 und 19 aufzuzeigen versucht wurde, Wirklichkeit ein Niederschlag unserer Vorstellungs- und Glaubenswelt ist, muß diese Erkenntnis weitergeführt werden: Was das Ich als Wirklichkeit erfährt, ist nur ein Ausschnitt der höheren Wirklichkeit, zu der wir Zugang durch unser inneres, unser höheres Selbst haben. Wenn von diesem die Rede ist, so ist unser Eigentliches, eine Gestaltstruktur gemeint, die nach »oben« offen ist und – über zeitlose Ewigkeiten hinweg – schließlich in Gott mündet. Denn alles Leben kommt von Gott.

Nach Absolvierung unseres Lernprozesses in dieser Welt kehren wir zurück zu unserer höheren Seinsform, die unsere geistige Heimat oder, genauer, die unseres höheren Selbst ist. Dieses innere Selbst wählt vor unserer Geburt Sinn und Ziel unseres körperlich-materiellen Lebens aus, und es wählt auch aus der Seinsform der Zeitlosigkeit – das höhere Selbst ist ja in zeitloser Geistigkeit heimisch – Lebenszeit und Umwelt aus. Auch die irdischen Eltern sind kein Zufall, sondern im Hinblick auf das zu absolvierende Lernprogramm erwählt. Dieses in zeitloser Dimensionalität beheimatete höhere Selbst ist aber gleichwohl gleichzeitig in uns. Es ist Teil unserer Wesenheit.

Wir müssen daher auch unser Ich als Teil oder, besser gesagt, als Ausdruck unserer multidimensionalen Wesenheit verstehen. Die Struktur unseres Ich wird vom inneren Selbst geformt. Unsere Anlagestruktur ist somit der reichstrukturierten inneren Gestalt entnommen. Es ist eine höchst individuelle Komposition von Wesensmerkmalen, die unsere Persönlichkeit konstituiert. Unser inneres Selbst verfolgt bestimmte Zielrichtungen und wird durch die Erfahrungen unseres individuellen Lebens auf dieser Erde bereichert. Das heißt aber, wie schon in Kapitel 22, betreffend die Reinkarnation, erörtert wurde, keineswegs, daß ein durch Erfüllung oder Scheitern gekennzeichnetes Leben einem anderen Leben folgt. Es kann nicht oft genug betont werden, daß wir erlöste Wesen sind, die nicht mit der Last schuldbeladener Vergangenheit leben müssen. Natürliche Schuld ist ein Lernprozeß, und sie ist uns vergeben, und mit Schuld ist nur gemeint, daß wir begangene Fehler nicht mehr wiederholen sollen.

Die Selektion unserer Erbanlagen und unseres Charakters ist allerdings nicht zufällig, sondern erfolgt mit bewußter Zielrichtung auf ein ganz bestimmtes Leben. In der »Aufeinanderfolge« von Leben, die in Wirklichkeit alle gleichzeitig gelebt werden, wird wohl auf der Erfahrung anderer Existenzen aufgebaut, jedoch ist die Persönlichkeit, die da in diesem Leben steht, eine andere und völlig neue. Die Ausformung der Facetten ihrer spezifischen Charakteristik basiert auf höherer Sinngebung. Jedes Ich ist also eine brandneue Figur im Gesamtmosaik der höheren Wesenheit, kommt aber nicht ohne nach unserem Zeitverständnis »historische« Implikation auf diese Erde.

Es sollte auch klar sein, daß unsere menschliche Natur physisch natürlich nur einen Bruchteil unserer höheren Wesenheit ausdrükken kann. Ein überdurchschnittlicher Intelligenzquotient, Gefühlstiefe und athletische Bärenkraft sind kaum je einem Menschen gegeben. Bestimmte Wesensmerkmale machen die eine einzigartige Individualität aus. Und dies aus gutem Grunde. Es geht um Aufgabestellungen und Zielvorgaben, die mit der exklusiven Mischung eigener Art in einem Individuum erfüllt werden sollen. Viele andere oder nach Kriterien alter Reinkarnationsvorstellungen »frühere« Persönlichkeiten haben zu dieser neuen Lebenskomposition beigetragen.

So tragen wir also einen Fundus geistigen und körperlichen Erbes in uns. Da dies so ist, wird – unserer üblichen Terminologie zufolge – jedes neu in die Welt kommende Kind immer »älter« geboren. Neugeborene sind daher schon »uralt«. Sie tragen unbewußt einen großen Erfahrungsschatz in sich, sind aber trotzdem frei, ein völlig neues Leben zu gestalten. Sie sind Träger nicht nur einer erbbiologischen, sondern auch einer geistigen Botschaft. Die physischen Strukturformen sind nur Ausdruck dieser Botschaft, nicht aber sind sie die Botschaft selbst.

Diese Aussage soll nicht dazu verführen, die Willensfreiheit in Frage zu stellen. Jede Persönlichkeit ist völlig frei, ihr Schicksal zu gestalten; sie ist auf alle Seiten hin prinzipiell offen. Unsere Seinsverwirklichung hier und jetzt ist sozusagen eine großartige Imago, die Ebenbildlichkeit eines Traumes: So hat dich Gott gedacht, so hast du dich selbst gewünscht ...

»Wenn ihr fragt: ›Wer bin ich?‹, versucht ihr euch zu lesen, als ob ihr einfach ein Satz wärt, der bereits geschrieben ist. Statt dessen schreibt ihr selbst, während ihr weitergeht. Der Satz, den ihr erkennt, ist nur eine von vielen wahrscheinlichen Variationen. Ihr selbst und niemand anderer wählt, welche Erfahrungen ihr aktualisieren wollt. Ihr tut dies so spontan, wie ihr Worte sprecht.« (215/161)

Sinngebung und Zielrichtung eines Lebens sind mit der Geburt vorgegeben und deren Verwirklichung in einer bestimmten Anlagestruktur ermöglicht. Dennoch ist nichts vorbestimmt, nichts definitiv festgeschrieben. Das Leben mündet ein in »Alles fließt«, und wir erfahren im Abenteuer höchsteigenen Lebens unsere Individuation. »Ihr markiert das Universum. Ihr prägt oder stempelt es mit eurer Identität.« (215/170)

Der Sinn unseres Lebens besteht ja nicht nur in Selbstverwirklichung, also in der Aufgabe, unsere Begabungen zu entfalten, sondern auch darin, an der Schöpfung aktiv mitzuwirken. Mit unserem Leben soll etwas bewirkt werden. Allgemein formuliert heißt das: Das Leben auf dieser Erde soll durch unser Wirken lebenswerter werden. Der Wertbegriff ist für die Persönlichkeit von entscheidender Bedeutung. Bewährte Werte zu verwirklichen und neue Werte zu schaffen ist Teil unserer Lebensaufgabe. »Denn das Wertgesetz für die Selbstverwirklichung des Menschen in der Persönlichkeit spiegelt das Urbild aller Wertwirklichkeit; jenes personhafte Sein, nach dessen ›Bild und Gleichnis‹ die Selbstverwirklichung dem Menschen aufgetragen ist.« (159/180)

Das menschliche Bewußtsein ist hoch spezialisiert und auf die Bewältigung einer jeden in Angriff genommenen Aufgabe ausgerichtet. Diese einseitige Zentrierung der Aufmerksamkeit ermöglicht einerseits die Konzentration auf die wahrgenommene Aufgabe, verhindert aber andererseits nicht die Bewußtwerdung anderer höherdimensionaler Realitäten. Wir sind zu stark auf die Verwirklichung unseres eigenen Lebenstraums konzentriert und nehmen deshalb die ebenso gültigen Wirklichkeiten anderer Ebenen unseres Seins nicht wahr. Vielleicht ist es entschuldbar, daß wir nur einem so bescheidenen Spektrum unserer ganzen Seinswirklichkeit verhaftet sind. Aufgrund dieser hochgradigen Spezialisierung sind wir in der Lage, eigene Erfahrungen zu sammeln und uns dadurch immer mehr zu individualisieren.

Wir erschaffen unsere Wirklichkeit, unsere uns eigene Lebensmelodie, die nur von uns, hier und jetzt, auf der uns eigenen Frequenz gespielt werden kann. Obwohl wir der stolzen Ansicht sind, Solisten zu sein, sind wir dennoch bloß Mitwirkende in einem großen Orchester, das aber ausschließlich aus Mitwirkenden unserer Wesenheit besteht. Daß dabei im letzten nicht Dissonanzen erklingen, sondern alles in eine wohltönende Harmonie einmündet, ist ein uns noch geheimnisvoller Vorgang. Wir haben viele Mitspieler in diesem Spiel des Lebens, sind aber zugleich selbst verantwortlich für einen ganz bestimmten Solopart in dieser Lebenssymphonie.

Viktor E. Frankl: »Es gibt Menschen, die einen Schritt weiter gehen, das Leben gleichsam in einer weiteren Dimension erleben. Für sie ist Aufgabe sozusagen etwas Transitives. Sie erleben gleichzeitig eine Instanz, von der die Aufgabe kommt, sie erleben jene Instanz hinzu, welche die Aufgabe stellt. Sie erleben die Aufgabe als Auftrag. Das Leben erscheint dann in der Transparenz auf einen transzendenten Auftraggeber hin.« (83/269)

Auch der Physiker Carl Friedrich von Weizsäcker postuliert, daß das Ich nicht die ganze Wirklichkeit der Seele sei. »Dieser Satz läßt sich nicht nur theologisch, sondern auch philosophisch bewahrheiten, denn in diesem Sinn ist das ›Ich‹ in der ›Seele‹ immer schon in ein ›Wir‹ gebunden, an Gott und Menschen. ›Seele‹ besagt mehr als ›Ich‹ und das Individuum ›Mensch‹.« (248/507)

»Die Seele *ist* zwar nicht der Mensch, aber sie gewährleistet dennoch des Menschen Identität und Individualität.« (248/464) Und ferner: »Leib, und zwar identischer Leib, ist das, was die Seele sich als ihren körperlichen Ausdruck baut.« (195/148) Das sind Brücken zum Verständnis, daß die Seele in ihrer Individualität nach dem leiblichen Tod des Menschen weiterlebt. Ist das Leben unserer körperlich-geistigen Persönlichkeit in der materiellen Wirklichkeit unserer Erscheinungswelt beendet, so entfällt die Notwendigkeit der Körperlichkeit. Die geistige Persönlichkeit aber als Teil der höheren Wesenheit überlebt den Tod.

Daß äußeres Ich und Seele nicht das gleiche sind, leuchtet jedermann ein. Schwieriger ist, das innere oder höhere Selbst und die höhere Ichwirklichkeit zu umschreiben. Zunächst eine Klarstellung einiger Begriffe: Wenn in einschlägiger Literatur vom »Selbst« die Rede ist, so kann das egotistische, also ichbezogene Selbst, das Ego, das Ichbewußtsein, gemeint sein. Es kann aber auch das innere Selbst, oft als »Alter ego« bezeichnet, ein höheres Selbst also, das nicht an Zeit und Raum gebunden ist, gemeint sein. Und manche Autoren bezeichnen dann dieses höhere Selbst wiederum als Seele. Deshalb rate ich Ihnen: Klammern Sie sich nicht an Worten an, halten Sie sich an den Sinn des jeweils Gemeinten und, zugegeben, schwer Erklärbaren.

Nach allem, was bisher in diesem Buch, insbesondere in den Kapiteln 5 und 19 gesagt wurde, stellen sich Befindlichkeit, Lebensumstände und Erfahrungen eines Menschen als Ergebnisse seiner Vorstellungs-, Gefühls- und Glaubenswelt dar. Aber mehr noch: Bewußtsein erschafft nicht nur unsere materiellen Lebensbedingungen in dieser Welt; es erschafft überhaupt alles wahrnehmbare Materielle unserer Dingwelt, unserer Erscheinungswelt. Anders ausgedrückt: Die wahrnehmbare Wirklichkeit ist eine Projektion unserer Innenwelt. (Eben deshalb zum Beispiel mein Rat, sich nicht an das Wort zu klammern.)

Unser inneres Selbst nun begleitet uns in unserem Leben nicht nur etwa als »innere Stimme« oder in Form innerer Impulse; es sorgt auch für die Verwirklichung all dessen, wofür wir uns aufgrund unserer Bewußtseinsinhalte – unserer Vorstellungen, Überzeugungen und Gefühle – entschieden haben. Insofern ist es also – in diesem Leben – auf die Beurteilung und Entscheidung unseres Ich mit angewiesen. Nach unserem körperlichen Tod findet gleichsam ein Rollentausch statt: Das höhere Selbst übernimmt unter Wahrnehmung unserer nicht zuletzt auch vom Ego geprägten Individualität die weitere Führung unserer geistigen Persönlichkeit.

Das innere Selbst wird von manchen Autoren auch als »zweite Wirklichkeit« gekennzeichnet. Der Schweizer Psychiater Balthasar Staehelin formuliert das wie folgt: »Diese zweite Wirklichkeit in der Natur jedes Menschen entspricht im Kern dem, was schon von vielen der großen Geister, zum Beispiel von Laotse, Buddha, Plotin, Johannes, Mohammed, Magnus, Augustin, Seuse, Eckhart, Teresa von Avila, Johannes vom Kreuz, Böhme, Silesius, Baalschem, Novalis, Tersteegen, Bergson, Buber, als der innere Mensch ... oder ähnlich in großartigster Weise beschrieben wurde.« (259/157)

Das innere Selbst war wissenden Sprechern der Menschheit immer schon bewußt. Dieses Wissen trug zu der Erkenntnis bei, daß im äußeren Ich des Menschen zweifellos nicht das eigentliche Machtzentrum der Wesenheit zu suchen sei. Die auf der Lebensbühne auftretende Persönlichkeit hat hier und jetzt zweifellos sehr viel zu sagen. Dennoch bleibt das Zentrum des eigentlichen Seins hinter der Maske des Rollenspielers verborgen. Ewald Nörr hat einmal gesagt, das äußere Antlitz des Menschen sei der Ausdruck der Zeitlichkeit, das Innenantlitz aber sehe ganz anders aus. Die wahre Wirklichkeit sei der inwendige Mensch und dieser sei Geist. »Daß in uns ein Engel wohnt, daß in uns ein Freier wohnt, ein König und eine Königin, das enthebt uns der Furcht vor dem Karma und auch der Furcht vor dem Jenseits.« (173)

Rudolf Steiner, der Begründer der Anthroposophie und wohl auch ein solcher Sprecher, machte schon 1911 in einem Vortrag darauf aufmerksam, daß der Mensch, der sich auf sich selbst besinnt, bald zu der Einsicht komme, daß er außer dem Selbst, das er mit seinen Gedanken, Gefühlen und vollbewußten Willensimpulsen umfaßt, noch ein zweites kraftvolleres Selbst in sich trage.

Das innere Selbst übt eine Beobachtungsfunktion aus und kontrolliert als eine Art Aufsichtsorgan, gleichsam »delegiert« von der höheren Wesenheit, die Irren und Wirren des Ego. Bisher fühlte sich der wissenschaftlich aufgeklärte Mensch aufgrund seines Verstandes als Oberkommandierender seines Lebens. Unbewußtes wurde als chaotisch abqualifiziert. In Wirklichkeit ist in diesem geheimnisvollen »Unbewußten« mit dem inneren Selbst ein überlegenes Bewußtsein als beobachtende, kontrollierende und wirkende Instanz am Werk. Erst die Erkenntnis, daß eben von dieser zweiten Wirklichkeit Rat und Hilfe kommt, macht uns wieder ruhig und stärkt unser Vertrauen in das Leben und auch das Vertrauen in die Seele: »Das innere Selbst kennt seine Beziehung zur Seele. Es ... vermittelt, wie man sagen könnte, als Bote zwischen der Seele und der gegenwärtigen Persönlichkeit.« (214/109)

Das innere Selbst hat eine Art Richtlinienkompetenz. Die die Maske tragende Persona, das in diesem Leben handelnde Ich, ist nicht sich selbst überlassen; ihm wird seitens des inneren Selbst Weisung und Führung zuteil. Das innere Kontrollorgan verfügt über ein umfassendes Wissen über »vergangene« und »zukünftige« Existenzen der Ichwesenheit, die in der höheren Wirklichkeit der Wesenheit alle gleichzeitig leben. Es kann die unterschiedlichen Informationen, die ihm aus allen Seinsebenen zukommen, vergleichen, prüfen und abstimmen. Das innere Selbst blickt buchstäblich in die Unendlichkeit und verfügt über unerschöpfliche Ressourcen. Das in diesem Leben heimische Ich wiederum braucht nicht zu zittern, daß es sich nach dem Tode an das innere Selbst völlig verliert. Die Persona hat eine neue Persönlichkeit gefunden und dadurch auch dem inneren Selbst eine Bereicherung geboten. Dieses innere Selbst hat sich ja auch erst über das äußere Ich in der Erscheinungswelt manifestieren und so in der körperlich-materiellen Welt seinen schöpferischen Ausdruck finden können. So wie alles von Gott Geschaffene ist auch das innere Selbst immer auf dem Weg und immer im Werden. Alles Leben ist charakterisiert durch ständig sich veränderndes Sein und Werden.

Obwohl das innere Selbst in multidimensionaler Realität beheimatet ist, bleibt es uns dennoch ganz nahe. So ist sich das innere Selbst unserer intimsten Wünsche und Sehnsüchte, der kompliziertesten Probleme und aller unserer Konflikte bewußt; es weiß Bescheid über Freud und Leid und alle unsere Erfahrungen. Das innere Selbst ist zwar unserem Ego unendlich überlegen, ihm kommen aber dennoch nicht die Prärogativen einer unerreichbaren, omnipotenten Allmacht zu. Unser inneres Ich, das Ego, und unser inneres Selbst sind »Brüder«, die auf verschiedenen Seinsebenen an der Lösung gemeinsamer Aufgaben wirken. Wir können uns, wenn ihm unser Ich nicht entgegenwirkt, auf die tätige Mithilfe des inneren Selbst in jeder Lebenslage verlassen. Von entscheidender Bedeutung ist natürlich, daß wir die Stimme dieses unserem Ich liebevoll zugewandten Selbst vernehmen. Es ist ja auch die Quelle unserer Vitalität und Schöpferkraft.

Wie können aber so verschiedene Brüder – oder Schwestern – miteinander kommunizieren? Wie vernimmt das vom geschäftigen äußeren Ich abgelenkte Ego seinen geistigen Counterpart? Es vernimmt ihn hauptsächlich aufgrund spontaner Impulse. Ja – dieses Verständnis kann nicht durch Folgerichtigkeit, durch zwingende Logik des Verstandes hergestellt werden. Dennoch: Wegweisung des inneren Selbst wird uns durch spontane Impulse, im Traumzustand oder in dem in Kapitel 20 beschriebenen Alphazustand, der unsere innere Wahrnehmung begünstigt, zuteil.

Auf solches sollten wir, wenn es zu unserer Persönlichkeit, die auf der Bühne dieses Lebens ihre Rolle spielt, »durchtönt«, viel mehr achten: auf die Botschaften unseres inneren Selbst. Dieses hat »Gründe, die der Verstand nicht kennt«. Jetzt, zur Zeit des Aufbruchs der Menschheit ins Wassermannzeitalter, haben wir eine Chance wie nie zuvor, zu unserer höheren, in der multidimensionalen Wirklichkeit beheimateten Wesenheit zu finden.

Die höhere Wirklichkeit unserer Wesenheit

Göttliche Ordnung hat uns die Wege bereitet zu ewig neuem Leben. In uns ist die Gewißheit größeren, umfassenderen Seins. Diese unermeßliche Seinswirklichkeit ist unserem Wahrnehmungsvermögen weitgehend entzogen. Glauben wir eine Frage enträtselt zu haben, stehen wir vor neuen Fragen. Es ist geradezu so, daß sich angesichts jeder gefundenen Antwort hundert neue Fragen aufwerfen. Wir werden auf unseren Wegen noch unendlich viel zulernen müssen. Das läßt uns bescheiden werden. Geschenktes Wissen aber läßt uns noch demütiger werden ... Dennoch müssen wir uns entscheiden. Wir müssen wählen und handeln!

Indem wir jedoch als Persönlichkeit in dieser unserer Erscheinungswelt handeln, agiert unser inneres Selbst in »brüderlichem« Einklang mit unserem Ich hier und jetzt mit – es agiert jedoch auch in anderen, in multidimensionalen Wirklichkeiten. Dennoch bleibt die Freiheit unserer Individualität gewährleistet und das unverwechselbare Profil unserer Persönlichkeit erhalten. Die Verflochtenheit unseres inneren Selbst in die höhere Seinswirklichkeit unserer Wesenheit hat keineswegs die Überschwemmung unserer Persönlichkeit zur Folge, vielmehr ermöglicht uns das innere Selbst, existentielle Erfahrungen auch in Realitäten zu machen, die unserer materiellen Welt überhoben sind.

Stellen wir uns einmal vor, daß wir unsere Lebenserfahrung auf Geleise eins machen. Irgendwann nach einer Weiche biegt dieses Geleise auf Geleise zwei, dann auf Geleise drei ein und so unendlich weiter. Eine solche Aufeinanderfolge von Leben ist nach dieser Beschreibung leicht zu verstehen. Komplizierter wird der Sachverhalt aber, sobald wir uns vergegenwärtigen, daß der geschilderte Zeitablauf illusionär ist und in Wirklichkeit alle diese Leben gleichzeitig gelebt werden. Während wir also im gegenwärtigen Leben noch auf Geleise eins »dahinrollen«, ist unser inneres Selbst der »Zukunft« als Teil unserer Wesenheit längst schon auf dem Geleise zwei bis unendlich unterwegs.

Ist dies schon schwer zu denken, wird die Sache noch verwickelter: Uns ist ja diese höhere Wesenheit zu eigen; ihr entstammen aber, wie einer Familie, unterschiedliche Persönlichkeiten. Die Wesenheit ist also auf den Existenzebenen verschiedenster Seinsdimensionen und Epochen gleichzeitig unterwegs. Die einzelne Persönlichkeit aber erlebt jeweils jede »nächste Lebensphase« neu. Um bei unserem Bild zu bleiben: Die Persönlichkeit, die sich »früher« auf Geleise eins befand, durchlebt jetzt die »nächsthöhere« Lebensphase auf Geleise zwei. In der »Zwischenzeit« hat die Persönlichkeit, die bis dahin das zweite Geleise befahren hat, die Weiche zum Geleise drei erreicht und rollt jetzt auf dieser gleichsam dritten Ebene dahin.

Diese schon schwierige Überlegung wird noch um einen Qualitätssprung komplizierter, wenn man bedenkt, daß auf allen Lebensebenen volle Entscheidungs- und Entwicklungsfreiheit gegeben ist. Dies wiederum bedeutet, daß niemals eine Wiederholung der Wegstrecke des »Vorgängers« möglich ist. Wandelt sich also die Persönlichkeit A im »nächsten« Leben (auf Geleise zwei) in Persönlichkeit B, während die bisherige Persönlichkeit B sich (auf Geleise drei) zur Persönlichkeit C verwandelt, wird Persönlichkeit A niemals in die Fußstapfen von Persönlichkeit B treten, sondern sich als eine unverwechselbar neue Persönlichkeit darstellen und ihr Leben frei und souverän neu gestalten. Persönlichkeit A bleibt also auch in ihrem »künftigen« Leben stets Persönlichkeit A, nur in immer neuen Verwandlungen.

Von der Wesenheit her gesehen kennt diese zahlreiche »Personifizierungen«, Persönlichkeiten also, die gleichzeitig – im Augenblickspunkt – existent sind. Dennoch erlebt jede einzelne dieser Persönlichkeiten über ihr inneres Selbst die Seinsprozesse auf allen Ebenen der multidimensionalen Wirklichkeit. Eine dieser Persönlichkeiten ist unser Ich. Vom inneren Selbst geleitet können wir so einerseits unserer Persönlichkeit Geltung verschaffen und andererseits von Stufe zu Stufe in immer höhere Wirklichkeiten unserer Wesenheit gelangen. Wenn wir auf diese Art ständig wachsend uns unserer »höheren« Wesenheit annähern, werden wir als »augenblickliche« Inhaber welcher Lebenspositionen auch immer (Geleise eins) uns gleichzeitig auch in »höheren« Seinsdimensionen (Geleise zwei und so unendlich weiter) bewegen.

An der Anhäufung von Anführungszeichen in den letztversuchten Formulierungen kann man schon erkennen, daß der uns zur Verfügung stehende Wortschatz ganz einfach nicht ausreicht, die Transzendenz der gemeinten Wirklichkeiten in rational verständlicher Sprache auszudrücken. Weder gibt es ein »Früher« noch ein »Später«, noch ein »Höher«, das eine Hierarchie voraussetzt, die es nicht gibt.

Die vielen Persönlichkeiten aus der »Familie« unserer Wesenheit wirken in der Bewältigung ihrer individuellen Aufgaben im Gesamtplan der Wesenheit mit. Das innere Selbst einer jeden Persönlichkeit ist sich sowohl dieses »höheren« Zusammenhangs als auch der der Persönlichkeit gestellten Aufgabe bewußt. Die Aufgabestellung wird aber der Persönlichkeit nicht »von oben« her angeordnet oder diktiert. Die Persönlichkeit hat sie freiwillig, das heißt freien Willens, als Herausforderung akzeptiert.

Dieser große oder eben »höhere« Zusammenhang macht uns darauf aufmerksam, daß kleinliche Vorurteile in unserer Vorstellungswelt über jegliche rassische, religiöse, nationale oder soziale Grenzen hinweg überwunden werden müssen. Der »Großfamilie« unserer Wesenheit können auch Angehörige verschiedenster Kulturen angehören. Menschen Afrikas oder Asiens in Not können, so gesehen, unsere wirklichen »Brüder« und »Schwestern« sein. Das Bewußtsein dieser Tatsache sollte unser Verantwortungsgefühl für alles, was »sehr fern von uns« passiert, wecken und unser Handeln beeinflussen. Denkend und handelnd verändern wir die Welt! Das ist die praktische Schlußfolgerung, die wir ziehen müssen.

Jeder Art bewußter oder unbewußter Abkapselung von solcher Kommunikation der Persönlichkeit mit der über das innere Selbst ermöglichten Verbindung mit der Wesenheit muß uns im Weg stehen. Diese Verbindung führt über unser inneres Selbst zur Erkenntnis unserer Wesenheit. Solche Erkenntnis ist allerdings eher eine großartige Vision unseres Weges durch die Ewigkeit ...

24
Allen aber baut Christus den Weg zu den Sternen

Seit Christus Jesus
geht die Grenze mit uns.
RUDOLF KASSNER

In der Nähe von Breslau steht ein Wegstein mit dem Hinweis eines unbekannten Weisen: »Andere haben uns, den Nachgeborenen, diese Straße gebaut, allen aber baut Christus den Weg zu den Sternen.« Welch schönes Wort eines tiefgläubigen Menschen!

Die Religion gibt uns auf unsere Fragen nach dem Sinn und dem Ziel unseres Lebens Antwort. Religiöse Lehre erklärt die Einbindung des Menschen in ein sinnvolles Universum. Innere Erfahrung leuchtet auf, die dem Verstand und den fünf Sinnen nicht zugänglich erscheint. Der tiefgläubige Mensch – Mystiker insofern, als er durch innere Versenkung und Hingabe die Gotteserfahrung sucht – transzendiert die Grenzen des überschaubaren, faßbaren Lebens unserer Erscheinungswelt. Er sucht Erkenntnis durch unmittelbares Innewerden, durch Erleuchtung. Der religiöse Mensch will sich in einer Welt höherer Dimensionalität zu Hause fühlen, die rational nicht begriffen und wissenschaftlich nicht erklärt werden kann, sondern vom »Innersten seines Herzens« her als wahr erkannt und deshalb geglaubt wird.

Ein religiöser Mensch ist von der jenseitigen höheren Wirklichkeit überzeugt und glaubt an die Sinnbezogenheit eigenen Lebens. Er ist von Idealen, also geistigen Werten, getragen und versucht sein Leben in Harmonie mit einer übergeordneten Wertordnung zu führen. Der Homo religiosus empfindet sich inmitten von Raum und Zeit unserer körperlich-materiellen Welt in einen mächtigen Seinszusammenhang eingebunden. Der in seinem Kampf gegen Rationalismus und Orthodoxie lebenslang engagierte evangelische Theologe und Philosoph FRIEDRICH SCHLEIERMACHER faßte das von ihm als wesentlich Erkannte schon vor mehr als hundertfünfzig Jahren wie folgt zusammen: »Mitten in der Endlichkeit eins werden mit dem Unendlichen und ewig sein in einem Augenblick!«

Die Frohbotschaft für die neue Sinngeneration

Es ist ganz einfach unrichtig, wenn behauptet wird, der Mensch an der Schwelle zum einundzwanzigsten Jahrhundert sei weniger religiös als frühere Generationen. Man spricht von einer »skeptischen«, von einer ausschließlich »materiell orientierten« Generation, die nur Erfolgsstreben und Genußsucht kenne und sich höchstens für die Ergebnisse wissenschaftlicher Forschung eindeutigen Diesseitswissens interessiere. Das ist eine Fehlansicht, die sogar durch statistische Daten widerlegt ist.

Fast die Hälfte aller Menschen unseres Kulturkreises beschäftigt sich mit der Sinnfrage ihres Lebens. Sie sind auf der Suche nach ideellen Werten. Sogar in Managementseminaren wird gelehrt, daß ohne Mitgefühl, Toleranz, ja sogar Liebe ein erfolgreiches Wirken an der Spitze wirtschaftlicher Organisationsformen nicht möglich ist. Es kann in diesem Zusammenhang geradezu von einem Wertewandel und daher auch zu Recht von einer neuen *Sinngeneration* gesprochen werden, die zu höheren Seinsdimensionen aufbricht.

Diese Sinngeneration wird den ihr von einer höheren Instanz erteilten Lebensauftrag wieder ernst nehmen. Sie wird die große Verantwortung spüren, die Welt menschlicher zu gestalten. Dies bedeutet, im eigentlichen Sinne des Wortes die Lehre JESU CHRISTI zu verwirklichen.

Religion – ich spreche hier natürlich im besonderen von der christlichen – stellt für den in der Wirklichkeit der Erscheinungswelt lebenden Menschen den sinnvollen Zusammenhang mit kosmischer Wirklichkeit her, zu der wir über unser inneres Selbst Zugang haben. Sie vermag uns, wie insbesondere in den Kapiteln 4 und 7 dieses Buches aufgezeigt wurde, das Urvertrauen zu vermitteln, sich in einer göttlichen Ordnung geborgen zu wissen, das uns von der verhängnisvollen Vorstellung, einem zufälligen, dunklen Schicksal ausgeliefert zu sein, und von dem beengten Denken in Kriterien der Zeit, der Kausalität und Polarität befreit.

Max Planck hat die Abgrenzung zum wissenschaftlichen Weltbild etwa so gekennzeichnet, daß die Naturwissenschaft die Aufgabe hat, richtige Aussagen über die Wirklichkeit der uns bekannten Welt zu machen; die Religion aber handele von der »Welt der Werte«. Wie gesagt sind aber »richtige Aussagen« über die Wirklichkeit unserer dreidimensionalen oder – nachdem Zeit den Erkenntnissen moderner Physik zufolge die Krümmung in die vierte Dimension darstellt – unserer vierdimensionalen Welt fragwürdig, wenn die höherdimensionalen Wirklichkeiten des Universums nicht erkannt werden.

Der katholische Konzilstheologe Karl Rahner hat darauf hingewiesen, daß wir in einer Zeit leben, in der es notwendig sei, im Mut zum Neuen und Unerprobten bis zur äußersten Grenze zu gehen. Die mächtige Gestalt Jesu Christi wird uns helfen, dieses Ziel nicht nur zu erreichen, sondern auch die von uns selbst gesetzten Grenzen zu überschreiten. Oder wie Rudolf Kassner sagte: »Seit Christus Jesus geht die Grenze mit uns.«

Christliche Religion orientiert sich an der Frohbotschaft des *Evangeliums.* Jesus Christus ist in die Welt gekommen, um diese Welt menschlicher zu machen. Es ist eine Botschaft, die von Hoffnung, Freude, Fülle und ewigem Leben kündet. Jesus hat dabei in der Sprache seiner Zeit gesprochen. Damit wir seine Lehre recht verstehen, müssen Vokabular und Symbolwelt seiner Zeit in heutige Sprache übersetzt werden. Da aber haben die Heutigen offenbar Probleme. Längst ist die Schriftauslegung von Weisheitslehrern auf wissenschaftlich geschulte Theologen übergegangen. Um einer falschverstandenen Forderung unserer Zeit zu entsprechen, befleißigt sich die Mehrzahl aller Lehrstühle der Bibelwissenschaften der historisch-kritischen Methode der Bibelexegese. Das ist aber der Zeitgeist des neunzehnten Jahrhunderts und entspricht lange nicht mehr der Notwendigkeit unserer Zeit, die aufgrund einer neuen Weltsicht eine neue Welt aufzubauen hat.

Eugen Drewermann klagt die Verfechter dieser Methode an, die »Worte für wichtiger nimmt als die Bilder, die Handlungen für wichtiger als die Gefühle und die literarische Form der Überlieferung für wichtiger als die Erlebnisse und Erfahrungen, aus denen die einzelnen Formen erwachsen sind«, hält. (61/I, 62)

Religiöse Erfahrung hat ihren Kern im inneren Erfahrungsraum seelischer Befindlichkeit und nicht in der Welt historisch beweisbarer Sachverhalte. Die innere Wirklichkeit will der Welt durch eine bestimmte Symbolsprache übermittelt werden. Die Botschaft liegt in der inneren Wahrheit, nicht im historisch nachprüfbaren Vorgang. Wir bringen uns um das Eigentliche der Frohbotschaft, wenn wir die Bibel verwissenschaftlichen wollen und sie so des Geheimnisses und ihrer inneren Wahrheit berauben. Innere Wirklichkeit kann man nicht mit der Elle kritischer Wissenschaftlichkeit nachvollziehen. Bitter bemerkt Drewermann an anderer Stelle: »Die Bibelexegese, das wagen wir nach dem Gesagten unumwunden zu behaupten, ist als historisch-kritische das Symptom der geistigen Krankheit des Christentums, wo nicht das wirksamste Instrument der gewollten oder ungewollten Selbstzerstörung desselben, und jeder, dem am Glauben des Christentums oder am Leben kommender Generationen auch nur das Geringste gelegen ist, kann nur von Herzen wünschen, daß die Überfremdung und Unnatur einer solchen rein ›historischen Wissenschaft‹ in Gestalt der Exegese möglichst bald selbst der Historie überantwortet werden.« (61/I, 62)

Dabei ist uns mit der Bibel, besonders mit dem *Neuen Testament*, von Erleuchteten eine Summe göttlicher Weisheit und wertvollster Unterweisung an die Hand gegeben worden, die uns jederzeit Rat und Trost auf unserem Lebensweg zu geben vermag. Rechten »Denkens im Herzen«, frohgestimmt und gläubig auf Gottes Wort vertrauend, kann jeder Mensch erkennen, zu welchen wahrhaft höheren Dimensionen uns JESUS CHRISTUS zu führen versucht hat.

Betrachten wir die beiden Höhepunkte im Jahr christlichen Glaubenslebens, dann neigen wir dazu, das Osterereignis der Auferstehung als Höhepunkt der Frohbotschaft und als das wichtigste Ereignis für die Menschheit anzusehen. Und doch ist es das Weihnachtsfest, das für uns Menschen die größte Bedeutung hat. Christus ist Mensch geworden, damit wir alle wahre Menschen sein können und das Heil haben. »Wenn aber jener kommt, der Geist der Wahrheit, wird er euch in die ganze Wahrheit führen. Denn er wird nicht aus sich selbst heraus reden, sondern er wird sagen, was er gehört, und euch verkünden, was kommen wird.« (Johannes 16, 13)

Jesus wurde als Sprecher von Gottes Majestät zu uns gesandt, damit Gottes Schöpfung, die Menschheit, hinaufgehoben werde. Jesus kam, um die Menschen aufzurichten, ihnen Mut zu geben und ihnen zu helfen, sich von Abhängigkeit und Verblendung zu befreien. »Er wird alles in allem vollenden«, versicherte PAULUS in seinem *Brief an die Epheser* (1, 23).

Die Verkündigung des Aufbruchs zu neuem Sein

Wer sich an der Frohbotschaft des *Neuen Testamentes* aufzurichten pflegt, wird wissen, daß darin vieles vorweggenommen ist, was in diesem Buch erörtert wurde. Dieses Buch soll ja, aus solcher Quelle schöpfend, gleichfalls dazu dienen, den Menschen Mut zu machen, ihr Leben selbst in die Hand zu nehmen und zu neuen Ufern aufzubrechen. JESUS ist der große Künder dieses Aufbruchs.

»Am schwierigsten war für Jesus die Darstellung des Widerspruches von Zeit und All-Gegenwart (Ewigkeit) durch bloße Worte. Auch dies gelang ihm durch sein eigenes Beispiel: ›Wollte ich mich selbst ehren, so wäre meine Ehre nichts. Mein Vater ist es, der mich ehrt. Ihr nennt ihn unseren Gott, und doch kennt ihr ihn nicht. Ich aber kenne ihn; wollte ich sagen, ich kenne ihn nicht, so wäre ich ein Lügner ähnlich wie ihr. Aber ich kenne ihn und bewahre sein Wort. Abraham, euer Vater, frohlockte, daß er meinen Tag sehen wollte. Er sah ihn und freute sich.‹« (182/165)

Auch andere Christusworte weisen darauf hin, wie Jesus die Menschen zur Erkenntnis der Gleichzeitigkeit aller Zeit führen wollte: »Wahrlich, wahrlich, ich sage euch: Ehe Abraham *ward, bin* ich.« Wie HERBERT PIETSCHMANN erklärt hat, konnte es nicht heißen: »Ehe Abraham ward, *war* ich«; das wäre ebenso falsch wie: »Ehe Abraham *ist,* bin ich.« Pietschmann: »Er, dem der Blick in die Allgegenwart nicht mehr getrübt war, der vom Blinden zum wahrhaft Sehenden geworden war, fühlte seine Wesenheit in der Allgegenwart verankert, er *ist* dort, wo keine Zeit vergeht.« (182/166)

Die Gleichzeitigkeit aller Zeit setzt auch die schon in Kapitel 4 erörterte großartige Verheißung voraus: »Bei allem, was ihr im Gebet erfleht, sollt ihr glauben, daß ihr es bereits empfangen habt, und es wird euch zuteil werden.« (Markus 11, 24) Ebenso eindeutig ist die

Botschaft: »Ehe sie rufen, antworte ich ihnen!« (Jesaja 65, 24) Eine derartige Aussage hätte nach Kriterien unserer Zeiterfahrung keinen Sinn. Sie hat ihren Sinn, weil Vergangenheit, Gegenwart und Zukunft in höherer Dimensionalität *zusammenfallen.*

Erinnern Sie sich in diesem Zusammenhang auch an das Wort: »Euer Vater weiß ja, wessen ihr bedürft, schon ehe ihr ihn bittet.« (Matthäus 6, 8) »Allerdings hat die Gleich-Zeitigkeit Gottes zu aller Geschichte auch für die in der Erdenzeit Lebenden praktische Folgen«, erklärt LADISLAUS BOROS. »Für Gott ist alles Gegenwart; der Tod des Menschen, für den wir beten, und unser Gebet fallen für ihn zusammen. Unsere Fürbitten können also nie ›zu spät‹ ankommen, da Gott in seinem Wesen kein Vorher und kein Nachher kennt.« (248/441)

In den Kapiteln 3 über die Kausalität, 4 über die Zeit, 7 über die Freiheit und 22 über die Reinkarnation sollte deutlich geworden sein, welche Revolutionierung der Erklärung allen Geschehens und Lebens der Begriff der Gleichzeitigkeit aller Zeit zur Folge hat. Nehmen wir ihn ernst, dann kann es nicht ein Leben nach dem anderen geben, von der die traditionelle Reinkarnationslehre ausgeht, dann ist das Kausalitätsgesetz ad absurdum geführt. Erinnern Sie sich der schon zitierten erleuchteten Einsicht JAKOB BÖHMES: »Wem Zeit wie Ewigkeit und Ewigkeit wie Zeit, der ist befreit von allem Leid.« Gott ist das ewige, das umfassende Jetzt. In der Kategorie des Absoluten gibt es nur den ewigen Augenblick, die Allgegenwart.

JESUS CHRISTUS hat sich selbst als Sprecher einer höheren Wirklichkeit bezeichnet: »Meine Lehre ist nicht die meine, sondern dessen, der mich gesandt hat.« (Johannes 7, 16) Diese höhere Wirklichkeit aber läßt uns wissen: Die Wahrheit wird euch freimachen!

Jesus wollte uns in unserem Menschsein bestätigen. Seine Botschaft ist eine einzige Bestätigung und Rechtfertigung des Menschen. Er spricht von Wandlung und Verwandlung und dem Weg als Sinnbild für diesseitiges und jenseitiges Leben. (»Ich bin der Weg, die Wahrheit und das Leben.« Johannes 14, 6) Er will aber auch von der Multidimensionalität des Gottesreiches künden: »Im Hause meines Vaters sind viele Wohnungen. Wäre es nicht so, hätte ich es euch gesagt ...« (Johannes 14, 2) Er wurde vor zweitausend Jahren mißverstanden und wird wohl auch heute noch nicht recht verstanden. Wahrscheinlich ist Verstehen eine Gnade, die nicht jeder Mensch hat.

»Euer Interesse hat hauptsächlich eurem Überleben gegolten. Andere Gattungen habt ihr nur im Lichte ihrer Nützlichkeit für euch selber gesehen. Ihr habt euch keine wahre Vorstellung von der großen Heiligkeit der Hierarchie allen Bewußtseins gemacht, noch von dem Platz, den ihr darin einnehmt. Ihr habt den Zugang zu dieser großen Wahrheit verloren.« (214/211) So ist dann auch zu verstehen, wenn davor gewarnt wird, die eigene Seele zu verlieren. Damit kann nur gemeint sein, daß uns durch die Fixierung auf die Bedürfnisse des Lebens in unserer Erscheinungswelt der Zusammenhang mit der größeren Wirklichkeit abhanden kommt. Wir können zwar unsere Seele nicht verlieren, aber es kann uns unser Bewußtsein des größeren Zusammenhangs mit der höheren Seinswirklichkeit verlorengehen, so daß wir uns unserer höheren Wesenheit nicht mehr erinnern und deshalb gleichsam die Seele für uns »verloren« ist.

Durch den göttlichen Sprecher soll uns die Tiefe multidimensionaler Erfahrung nahegebracht werden. Denn in Christus »ist erschienen die Gnade Gottes, die allen Menschen Rettung bringen will« (Titus 2,11), und mit ihm sind »Fülle« und »Frieden« in die Welt gekommen (Kolosser 1,19). Wir sollen der Weisheit Gottes teilhaftig werden und in Freude und in der Fülle göttlicher Liebe leben können. Der Mensch soll sich nicht als gefallenes Wesen, sondern als begnadetes, gesegnetes Geschöpf Gottes empfinden. Dieses neue Bewußtsein soll uns zu neuer Menschlichkeit und zu neuer Harmonie führen. Im Bewußtsein, in ein sinnvolles Universum und in die Allgegenwart Gottes eingebettet zu sein, weiß sich der Mensch unverletzbar und mit dem ganzen Kosmos in Harmonie.

Natürlich kann in uns die Botschaft Jesu nur dann lebendige Wirklichkeit werden, wenn wir uns ihr öffnen. Wir sind aufgerufen, aus der Beengtheit unserer materiellen Scheinwirklichkeit herauszufinden und uns der umfassenden Wirklichkeit zu stellen – sie zuerst zu erkennen und dann demgemäß zu handeln. Das ist der Auftrag Jesu, der uns den Weg für unsere weitere menschliche Entwicklung zugewiesen hat. Er hat uns die Augen und den Sinn für das Wesentliche geöffnet. Zu seiner Frohbotschaft gehört aber das furchtbare Verhängnis nicht, das so viele Menschen bedrückt. Ja – von Schuld und Sühne ist die Rede, vom sündigen Menschen und der Gefallenheit der Kreatur. Das sind die Vokabeln, mit denen die Menschen in Verzweiflung gestoßen werden.

Das entspricht aber nicht der Wirklichkeit Christi. Es beginnt schon damit, daß der Ausdruck »Sünde« erst seit dem Mittelalter Verwendung findet und eine unbarmherzige Verfälschung der Texte in sich birgt. ERICH FROMM: »Es entspricht dem gleichen Geist, wenn das alttestamentliche Wort *chatah*, das gewöhnlich mit ›Sünde‹ übersetzt wird, in Wirklichkeit verfehlen bedeutet (den rechten Weg). Es fehlt die Qualität der Verurteilung, die in den Wörtern ›Sünde‹ und ›Sünder‹ enthalten ist. Ähnlich bedeutet das hebräische Wort für Reue, *teschuwah*, ›Rückkehr zu Gott‹, zu sich selbst, zum rechten Weg, und auch hierin liegt nichts von Selbstverurteilung. So benutzt der *Talmud* den Ausdruck ›Meister der Umkehr‹ für den ›reuigen Sünder‹ und sagt von ihm, er stehe sogar noch über denen, die nie gesündigt haben.« (86/135)

Es ist ein sehr großer Unterschied, ob man von einer Sünde spricht, die zu einer Trennung von Gott führen kann, oder von einer Verfehlung des rechten Weges. Da sich ja der Mensch unentwegt in Lernprozessen verwickelt befindet, wird er zweifellos auch Fehler machen. Sicher kann der Mensch auch in Schuld kommen. Das Erkennen von Schuld aber kann nur den Sinn haben, solches Handeln oder Unterlassen nicht mehr zuzulassen. Wir sind weder Beschuldigte noch Angeklagte, noch gar Verurteilte. PAULUS verkündet in seinem *Brief an die Römer* triumphierend: »Wer will verdammen? ... Was kann uns scheiden von der Liebe Christi? ... Voller Sieg wird uns über dieses alles durch ihn, der uns geliebt hat!« (Römer 8, 34–37)

Wie sehr fühlen sich doch gläubige Christen vom Gericht bedroht! Doch im Römerbrief heißt es ausdrücklich, daß wer gestorben ist von der Sünde freigesprochen ist. Die Rede ist weder von einem schrecklichen Gericht noch etwa von karmischer Schuld, die abgebüßt werden müßte. Kurz und bündig ist dieser aufrichtende Trost der Frohbotschaft: »Denn wer gestorben ist, ist von der Sünde freigesprochen.« (Römer 6, 7) Aber auch im Leben sollten wir uns nicht mit Sünde und Schuld quälen. Im *Matthäusevangelium* (6, 14) wird uns offenbart, daß uns unsere Fehler verziehen sind, allerdings unter der Bedingung, daß wir auch den anderen ihre Fehler verzeihen: »Denn wie ihr den Menschen ihre Fehler verzeihet, so wird euer Vater im Himmel auch eure Fehler verzeihen.« Interessanterweise wird hier, zumindest in dieser Bibelübersetzung und an dieser Stelle, nicht von Sünde, sondern von Fehlern gesprochen; es ist hier noch die ursprüngliche Bedeutung des Wortes erhalten geblieben.

Der Mensch kann irren, kann den Weg verfehlen, kann scheitern. Gott verurteilt ihn nicht. Was vom Menschen verlangt wird, ist das Erkennen des verfehlten Weges und insofern seiner eigenen Schuld. Dies ist notwendig, damit er von nun an den rechten Weg nicht mehr verfehlt. Nehmen wir diesen Sinn der Frohbotschaft dankbaren Herzens an.

Wenn die Angst vor Schuld und Sühne von uns abfällt, können wir uns frei und zielstrebig unseren kleineren oder größeren Problemen zuwenden. Vertrauensvoll können wir das froh und heiter tun. Und: »Ein fröhlich Herz macht ein fröhlich Angesicht.« (Sprüche 15, 13) Wir können »ein fröhliches Herz« haben, weil wir von Gott alles erhalten, was wir benötigen. Wenn wir uns selbst verwirklichen, unsere Fähigkeiten entfalten und unseren Beitrag zu einem menschlicheren Leben auf dieser Erde leisten, wird uns alles gelingen, wird uns alles zufallen. Wenn wir Gottes Wege gehen, werden wir die Fülle haben: »Fraget nicht darnach, was ihr essen und trinken sollt ... Euer Vater im Himmel weiß wohl, daß ihr es bedürfet. Doch trachtet nach dem Reich Gottes, so wird euch alles zufallen.« (Lukas 12, 29–31)

Es kommt auf unsere Vorstellungswelt und unseren Glauben an. Wenn wir dem Göttlichen, das in uns ist, und uns selbst vertrauen, können wir sogar das unmöglich Scheinende vollbringen: »Denn wahrlich! ich sage euch: Wer zu diesem Berge spricht: Hebe dich und stürze dich ins Meer! und in seiner Seele keinen Zweifel hat, sondern glaubt, daß geschehen werde, was er sagt, dem wird auch werden, was er sagt.« (Markus 11, 23)

Mit diesem Wort des Evangeliums wird uns eine an psychologischer Tiefe und Schlüssigkeit unüberbietbare Wahrheit enthüllt. Unsere Mißerfolge sind doch regelmäßig darauf zurückzuführen, daß wir an den Erfolg dessen, was wir angehen, nur beschränkt, eben zuwenig überzeugt glauben und uns deswegen wenig oder gar nichts zutrauen. Auch sind wir von angeblich unfehlbarer Wissenschaft über die Grenzen unserer Möglichkeiten falsch belehrt. Die

Folgen sind Ratlosigkeit und Hilflosigkeit. Das Evangelium spricht da wahrhaftig eine andere Sprache! Es ist entscheidend, daß wir an das glauben, was wir zu erreichen gedenken und daher erbitten. »Alles, um was ihr im Gebete bittet, glaubet, daß ihr es erhalten werdet, und es wird euch werden.« (Markus 11, 24)

Immer wieder werden wir auf die Kraft des Glaubens hingewiesen. »Alle Dinge sind möglich dem, der glaubt.« (Markus 9, 22) Es geschieht uns nicht nur nach unserem Glauben, sondern wir werden zu dem, was unsere Vorstellungswelt ist. Wenn wir in einer von uns auf das Materielle reduzierten Welt mit einem eingeschränkten Bewußtsein nur die kleine Welt des körperlich-materiellen Ich anerkennen, dann werden wir auch nur eine dementsprechende Welt erleben können. Es geschieht uns nach unserem Glauben, nach – wie schon erörtert – unseren »zu Glaubenssätzen erhärteten Überzeugungen« (219/56) oder nach »dem, was der Mensch tagtäglich denkt, und zwar wie er im innersten Herzen denkt« (172/73 f.) – also glaubt.

Zu glauben liegt an uns. Auch die Kraft zu glauben wird uns zuteil, wenn wir nur daran glauben.

»Aus seiner Fülle haben wir alle empfangen, und zwar Gnade über Gnade.« (Johannes 1, 16) Wir sind, aus solcher Fülle beschenkt, wahrhaftig nicht dazu verurteilt, in Sorge und Verzweiflung zu leben. Wenn wir Gottvertrauen haben, so wird uns auch Selbstvertrauen zuteil. Mit dem Vertrauen in uns selbst und unser Leben aber ist fast alles gewonnen. JESUS CHRISTUS hat uns Fülle verheißen: »Daß es euch an keiner Gabe mangelt ...« (Korinther 1, 7) Wie sollten wir uns angesichts dieser Frohbotschaft Christi hilflos und verzweifelt fühlen?

»Ihr werdet mit Freuden Wasser schöpfen.« (Jesaja 12, 3) Freude ist ebenfalls ein wesentliches Element seiner Botschaft – und dann vor allem auch die Freiheit: »Denn zur Freiheit, Brüder! seid ihr berufen.« (Galater 5, 13) Verantwortetes Sein setzt ja, wie ich in Kapitel 7 aufzuzeigen versucht habe, Entscheidung in Freiheit voraus. Nur bei freier Entscheidungswahl kann der Mensch den ihm innewohnenden Sinn erfüllen. Nichts ist vorbestimmt, nichts determiniert, aber dennoch ist die uns geschenkte Willensfreiheit auch eingebunden in die göttliche Ordnung der kosmischen Wirklichkeit.

Das Bild des freien, von Schuld erlösten Menschen

Der freie Mensch, der sich erlöst weiß, anerkennt als höchstes Gebot: »Du sollst deinen Nächsten lieben wie dich selbst.« (Matthäus 22, 39; auch Galater 5, 14) Bemerkenswert ist übrigens, daß dieses Liebesgebot auch schon im *Alten Testament* (3. Mose 19,18) enthalten ist. Was ist nicht alles in diesem lapidaren Gebot enthalten! Es verändert wahrlich unsere Welt!

Um zum Du zu finden, müssen wir uns vorerst selbst erkennen und unsere Fähigkeiten entfalten. Wir müssen uns annehmen, unsere Aufgabe erkennen und nach deren Verwirklichung streben. Erst wenn wir uns selbst liebend angenommen haben, können wir zum Du finden. Voraussetzung ist also die liebevolle Annahme der eigenen Ichwirklichkeit. Erst wenn ich mit mir selbst im reinen bin, kann ich den Weg zum Mitmenschen finden. Schön sagt es Gabriel Marcel: »Einen Menschen lieben heißt sagen: Du wirst nicht sterben.« (155/55) Geliebtwerden ist ein Anhauch der Unsterblichkeit. Gott ist die Liebe, und Gott liebt den Menschen. Liebevoll ist er seiner Schöpfung zugewandt.

Wir aber sind aufgefordert, uns in Liebe unseren Mitmenschen zuzuwenden. »Das ist mein Gebot, daß ihr euch untereinander liebt, gleich wie ich euch liebe.« (Johannes 15, 12) Was wir aus Nächstenliebe tun, hat Jesus Christus einer liebenden Zuwendung ihm selbst gegenüber gleichgesetzt: »Was du dem geringsten deiner Brüder getan, das hast du mir getan.« (Matthäus 25, 40) Verfehlt ist daher zu meinen, der Mensch sei es nicht wert, daß wir ihm Liebe entgegenbringen. Im Grunde seines Wollens ist der Mensch gut. Vieles mißlingt ihm dann in seinem Handeln. Wir sollten in jedem Menschen das Göttliche sehen, das er kraft Geistes in sich hat. Auch setzt die Vorstellung einer Welt schuldbefreiter, frei entscheidender Menschen voraus, daß wir den Menschen für gut halten. Nur so ist es möglich, Gutes zu tun. »Einer trage des anderen Last, so werdet ihr das Gesetz Christi erfüllen.« (Galater 6, 2)

Liebe aber verträgt keine Gewalt und schließt jegliche Art der Aggression aus. Nie läßt sich die Anwendung von Gewalt rechtfertigen, nie die Verletzung eines anderen Menschen. Das sollten wir uns immer wieder vergegenwärtigen und »vom Herzen her denken«. Kreatürliche Schuld bedeutet ja vor allem, einen Mitmenschen verletzt zu haben. Unsere Mitmenschen sind nicht nur wert, daß wir ihnen mit Verständnis, Toleranz und liebender Zuwendung begegnen, wir sind ihnen das auch um unserer selbst willen schuldig: das Göttliche wohnt jedem Menschen inne. »So ist nun die Liebe des Gesetzes Erfüllung.« (Römer 13, 10)

Wer sich aufgrund falsch verstandener Reinkarnationslehren auf karmische Schuld beruft, sollte diese Ansicht revidieren. Im *Matthäusevangelium* (11, 13 und 14) heißt es zwar: »Denn alle Propheten und das Gesetz bis Johannes hin haben es angekündigt. Und wenn ihr es recht fassen wolltet, so ist es der Elia, der kommen soll. Wer Ohren hat zu hören, der höre!« Und dann verstanden die Jünger, daß JESUS zu ihnen von JOHANNES DEM TÄUFER redete. Das erwähnte »Gesetz« läßt an Reinkarnation denken. Doch hat sich JESUS CHRISTUS entschieden gegen die Idee der Reinkarnationsschuld gewandt.

Das ergibt sich eindeutig aus der vom *Johannesevangelium* überlieferten Schilderung der Heilung eines Blindgeborenen. Jesus wurde von seinen Jüngern gefragt: »Lehrer, wer hat es verschuldet, er selbst oder seine Eltern, daß er blind geboren wurde?« Das Schicksal, blind geboren worden zu sein, wurde von den Jüngern klar und deutlich auf ein Verschulden zurückgeführt – sei es der Eltern oder sei es des Blinden selbst, also, nachdem er blind geboren worden war, auf ein Verschulden aus einem früheren Leben. »Jesus antwortete: Weder dieser hat es verschuldet noch seine Eltern, sondern Gottes Werke sollten an ihm offenbar werden.« (Johannes 9, 2 und 3)

Das ist eine deutliche Absage an die Idee der Verkettung von Krankheit und Schuld. Der Blindgeborene hat kein ihm auferladenes Karma abzutragen. Weder er selbst noch seine Eltern waren schuld an seiner Blindheit. Er war vielmehr dazu auserkoren, durch Jesus von seiner Blindheit geheilt zu werden. Dies war offensichtlich der Sinn seines Schicksals als Blindgeborener und sicherlich auch ein wesentlicher Teil seines eigentlichen Lebensauftrages, für den er auf diese Welt gekommen war.

In den Evangelien sind daher die Leitideen der Reinkarnation genauso enthalten wie auch Erklärungen, die Fehldeutungen vorbeugen sollten. Krankheit ist niemals Schuld aus sogenannten »früheren« Leben, da wir ja von Schuld befreit sind. Mit karmischer Schuld beladen geht nur der Unglückliche durch sein Leben, der sich in seiner Vorstellungswelt selbst nicht vergeben kann. Längst ist ihm von Gott vergeben worden, aber er selbst ist von dem Gedanken karmischer Wiedergutmachung und Abtragung seiner Schuld besessen. Seine irrigen Vorstellungen allein bewahrheiten sich in seinem Leben.

Reinkarnation ist ein Mythos. Sie enthält, geheimnisvoll chiffriert, eine Botschaft, ist aber selbst nicht Wirklichkeit. Nach den der Idee der Reinkarnation gewidmeten Ausführungen in Kapitel 22 dieses Buches sollte klar sein: JOHANNES DER TÄUFER ist in seiner Wesenheit mit ELIA identisch, aber mitnichten eine Wiedergeburt desselben.

Jesus hat auch darauf hingewiesen, was unter Auferstehung zu verstehen ist. »Heute noch wirst du mit mir im Paradiese sein.« (Lukas 22, 43) Das althergebrachte und noch immer gebräuchliche »Ruhe sanft in Frieden« (RIP) könnte leicht mißverstanden werden. »Heute noch ...« heißt klarerweise nicht erst am Jüngsten Tag!

Auch wußte Jesus um die Sphären verschiedener Seinsdimensionen. ALFONS ROSENBERG: »Es geht darum nicht an, das ›ewige Leben‹, wie es das Johannesevangelium versteht, gegen die jenseitige Wirklichkeit auszuspielen. Denn ›ewiges Leben‹ ist zwar ein Generalbegriff des Evangeliums, das jenseitige jedoch dessen Konkretion. Daß nämlich Jesus um einen Stufenweg durch die Sphären wußte, geht aus der ersten Zeile des Unservaters hervor, wenn dort, genau übersetzt, vom Vater aller ›in den Himmeln‹ die Rede ist. Auch Paulus spricht im Zweiten Korintherbrief von einer Entrückung in die dritte Sphäre des Himmels, die Beispiele für die Orte (das heißt Zustände) der Jenseitswelt im Bereich der evangelischen Botschaft ließen sich auf das vielfältigste vermehren.« (225/24)

Was also bedeutet die uns verheißene Auferstehung: »Als Martha klagte, ihr Bruder Lazarus wäre gewiß nicht gestorben, wenn Jesus früher gekommen wäre, antwortete der Meister tröstlich: ›Dein Bruder wird auferstehen.‹ Aber Martha, noch weitgehend in jüdischen Anschauungen befangen, konnte nur resigniert feststellen: ›Ja, gewiß, (aber erst) am Jüngsten Tag.‹ Doch Jesus wies sie zurecht: ›Jeder, der an mich glaubt, wird leben, auch wenn er stirbt, und jeder, der lebt und an mich glaubt, wird in Ewigkeit nicht sterben.‹ Damit aber verkündet Jesus den Beginn der Auferstehung hier und jetzt und nicht erst nach dem Tode als Folge eines Glaubensaktes und liebevoller Gesinnung.« (225/44)

Für das richtige Verständnis ist auch EWALD NÖRRS Hinweis wertvoll: »Christus sagte nach dem Grundtext nicht: Auferstehe! Sondern: Sei auferstanden! Er sagte auch nicht: Werde gesund! sondern: Sei gesund! und auch nicht: Werde fröhlich! sondern: Sei fröhlich!« (173) Fröhlichkeit, Gesundheit, ja selbst die Auferstehung sind in uns. Sie wurden uns zuteil – ohne jede Gegenleistung, geschenkt. Es ist das Geschenk Gottes an seine Geschöpfe. Wir brauchen es nur zu glauben.

Die Entwicklung der Menschheit wird in der Mitte des kommenden Jahrhunderts einen neuen Höhepunkt erreichen. In JANE ROBERTS' faszinierendem »Seth-Buch« *Gespräche mit Seth* wird eine Wiederkunft Christi anderer Art angekündigt, durch die die Menschheit zu einem neuen höheren Bewußtsein finden wird. Ich zitiere wörtlich:

»Im nächsten Jahrhundert wird die innere Natur des Menschen im Zuge dieser Entwicklungen sich von vielen Zwängen befreien, die sie bisher eingeengt haben. Es wird tatsächlich ein neues Zeitalter anbrechen – zwar auch kein Himmel auf Erden, aber eine viel vernünftigere und gerechtere Welt, in der der Mensch sich der Verbindung mit seinem Planeten und seiner Freiheit in der Zeit viel bewußter sein wird ...

Während sich diese Metamorphose vollzieht, wird sie auf der menschlichen Ebene eine entsprechende Metamorphose auslösen, bei der die inneren Fähigkeiten des Menschen akzeptiert und entwickelt werden. Das Ergebnis wird eine neue Existenzweise sein. Viele eurer heutigen Probleme entspringen eurer spirituellen Unwissenheit. Kein Mensch wird auf einen Angehörigen einer anderen Rasse herabblicken, wenn er erkannt hat, daß seine eigene Existenz diese Rasse auch in sich schließt. Kein Geschlecht wird sich dem anderen überlegen fühlen und keine gesellschaftliche Stellung als besser als die andere gelten, wenn jeder einzelne um seine persönlichen Erfahrungen mit vielen Gesellschaftsschichten und in vielen Rollen weiß.

Ein offen strukturiertes Bewußtsein wird sich mit allen anderen Lebewesen verbunden fühlen. Die Kontinuität des Bewußtseins wird offenbar werden. Infolgedessen werden sich auch die gesellschaftlichen und staatlichen Strukturen verändern, denn diese sind auf eure gegenwärtige Überzeugung gegründet.

Die menschliche Persönlichkeit wird solche Vorteile ernten, wie ihr sie euch jetzt nicht vorstellen könnt. Ein offen strukturiertes Bewußtsein wird viel größere Freiheiten genießen. Von Geburt an wird man den Kindern beibringen, daß die grundlegende Identität vom Körper nicht abhängig und die euch bekannte Zeit eine Illusion ist ...

Während diese Wandlungen vor sich gehen, werden im Gehirn neue Zonen aktiviert werden, um die neue Entwicklung physisch zu unterstützen ... Euer Erfahrungsbereich wird sich dermaßen ausweiten, daß in euren Augen das Menschengeschlecht ein anderes sein wird.« (214/377 ff.)

Unsere Kinder und Kindeskinder werden es sein, die diese uns vorausgesagte Entwicklung werden erleben können. Dann wird die Menschheit tatsächlich zu neuen Seinsdimensionen aufgebrochen sein. In JESUS CHRISTUS wird sich alles erfüllen, in Christus wird sich die Welt vollenden. Ich schließe dieses Christus-Kapitel mit einem Wort aus der *Offenbarung des Johannes*, das mich als Stimme höherer Zärtlichkeit von Jugend an zutiefst berührt und beglückt hat: »Und der Geist und die Braut sagen: Komm!« (22, 17)

Schlußwort

Mit diesem Buch habe ich mich der Aufgabe gestellt, von den verschiedensten Blickwinkeln her – aus religiösen, esoterischen und wissenschaftlichen Quellen – darzustellen, daß der Mensch frei ist – frei von lastender Schuld, frei von der Willkür des Zufalls, frei von der drückenden Bürde der Vergangenheit, frei von Raum und Zeit, frei von Zwängen der Kausalität und Polarität. Die Erkenntnis der uns geschenkten Freiheit befähigt und ermächtigt uns, unser Leben sinnvoll zu gestalten in einem sinnvollen Universum und im Vertrauen auf die Geborgenheit unserer einzigartigen Individualität in der überraumzeitlichen Multidimensionalität unserer Wesenheit.

Was dieses Buch an rationaler Schlüssigkeit ermangeln läßt, liegt am Thema. Vielleicht auch könnte ein erleuchteter Sprecher schlüssiger erklären, was ich darzustellen versucht habe. Ich denke aber, daß sogar auch ein Erleuchteter sich angesichts dieser Thematik auf inneres Wissen berufen müßte – und den »Glauben, der Berge versetzt«. Ein solcher Glaube ist ja nicht nur etwa der gegensätzliche Begriff zum Wissen. Er ist mehr. Er ist die Gewißheit, die wir in uns tragen, eine Gewißheit, die unser Leben in der Urgeborgenheit göttlicher Ordnung aufgehoben weiß.

Auch ist – nach vielen »Zeichen und Wundern, die es gibt« – die Zeit gekommen, da der Mensch zum Aufbruch zu einem neuen Bewußtsein innerlich bereit ist. Es ist eine Wendemarke in der Menschheitsgeschichte erreicht, an der sich dem aufgeschlossenen Menschen neue, ungeahnte Seinsdimensionen eröffnen. Wir leben, meine ich, in einer echten Wendezeit, in der sich uns bisher verborgene, neue innere Ressourcen erschließen. Es kann dies ein neuer Frühling der Menschheitsgeschichte sein. Es ist alles vorbereitet, daß wir endlich zum Licht neuer Einsichten und liebevollen Zusammenwirken aller mit allen als »Brüder« und »Schwestern« finden. Selbstbewußt, frei und liebend dem Nächsten zugewandt – so bricht der aufgeschlossene Mensch ins Wassermannzeitalter, in das dritte Jahrtausend auf.

Machen auch Sie sich auf diesen Weg! Wagen Sie den alles entscheidenden Schritt nach vorne zu tun! Dieser Schritt führt Sie endgültig aus der Kälte, unter der Sie leiden, heraus in die Sonnenwelt lichtvoller Erkenntnis und echter Liebe. Aufgehoben ist dann das Gefühl des Getrenntseins, der vermeintlichen Sonderung von Gott und dem Guten, der Agonie hilfloser Ohnmacht. Sie werden viele neue Antworten finden, aber auch wissen, daß der Mensch nie alle Fragen beantworten kann. Doch wenn Sie auf Gott vertrauen, wird er dafür sorgen, daß Sie alle Fülle des Lebens haben. Und Sie können das absolut Einmalige Ihrer Existenz verwirklichen. Durch Sie soll etwas vom Glanz göttlicher Fülle in der Welt offenbar werden, und am Ende werden Sie mehr sein, als Sie je vorher zu sein dachten.

»Was du beschließest, wird dir gelingen, und auf deinen Wegen leuchtet Licht.« (Hiob 22, 28)

Literatur- und Quellenverzeichnis

1. ALBERTUS, FRATER: Von eins bis zehn. Das Geheimnis der Zahlen. Turm, Bietigheim 1973.
2. ALEXANDER, GERDA: Eutonie, ein Weg der körperlichen Selbsterfahrung. Kösel, München 1976.
3. ANDREAS, PETER: Das verheimlichte Wissen. Ansata, Interlaken 1984.
4. ARADI, SZOLT: Wunder. Visionen und Magie. Otto Müller, Salzburg o. J.
5. AUGUSTINUS: Confessiones. Bekenntnisse, übersetzt von Joseph Bernhart. Kösel, München 1960.
6. AUSTEDA, FRANZ: Lexikon der Philosophie. Hollinek,Wien 1979.
7. BACHL, GOTTFRIED: Über den Tod und das Leben danach. Styria, Graz 1980.
8. BAILEY, ALICE A.: Esoterische Astrologie. Lucis, Genf 1970.
9. BALTHASAR, H. U. VON: Herrlichkeit. Benziger, Einsiedeln 1962.
10. BARZUN, JACQUES: Pathologie des Intellekts. Econ, Düsseldorf 1961.
11. BEER, ULRICH: Optimisten leben länger. Ariston, Genf 1985
12. BISCHOFF, ERICH: Die Mystik und Magie der Zahlen. Ansata, Interlaken 1977.
13. BLOCH, ERNST: Das Materialismusproblem, seine Geschichte und Substanz. Band 7 der Gesamtausgabe. Suhrkamp, Frankfurt a/M 1972.
14. –: Das Prinzip Hoffnung. Suhrkamp, Frankfurt a/M 1959.
15. BODAMER, JOACHIM: Wir auf der Szene unseres Daseins. Karl Alber, Freiburg i. Br. 1960.
16. BOFF, LEONARDO: Was kommt nachher. Das Leben nach dem Tode. Otto Müller, Salzburg 1982.
17. BONIN, WERNER F.: Lexikon der Parapsychologie. Pawlak, Herrsching 1984.

18. Bonnafont, Claude: Die Botschaft der Körpersprache. Ariston, Genf 1979.
19. Boros, Ladislaus: Im Menschen Gott begegnen. M. Grünewald, Mainz 1967.
20. –: Denken in der Begegnung. Walter, Olten 1973.
21. –: Im Leben Gott erfahren. Walter, Olten 1976.
22. –: Vom ungläubigen Glauben. Walter, Olten 1978.
23. –: Erlöstes Dasein. M. Grünewald, Mainz 1967.
24. –: Wir sind Zukunft. M. Grünewald, Mainz 1969.
25. –: Mysterium mortis. Der Mensch in der letzten Entscheidung. Walter, Olten 1962.
26. –: Der anwesende Gott. Walter, Olten 1964.
27. –: Der gute Mensch und sein Gott. Walter, Olten 1971.
28. –: Phasen des Lebens. Walter, Olten 1975.
29. –: In der Versuchung, Meditationen über den Weg zur Vollendung. Walter, Olten 1967.
30. –: Der nahe Gott. M. Grünewald, Mainz 1971.
31. –: Befreiung zum Leben. Herder, Freiburg i. Br. 1977.
32. –: Täglich aus dem Glauben leben. M. Grünewald, Mainz 1977.
33. Branch, Rasmus: Harry Edwards. The Healer Publishing Co Ltd., London o. J.
34. Brunton, Paul: Das Überselbst. Bauer, Freiburg i. Br. 1971.
35. –: Der Weg nach Innen. Barth/Scherz, München 1976.
36. Buber, Martin: Die Erzählungen des Chassidim. Manesse, Zürich 1949.
37. Bühler, Charlotte: Wenn das Leben gelingen soll. Droemer Knaur, München 1969.
38. Caddy, Eileen: Morgen der Veränderung. The Findhorn Community, Greuth Hof.
39. Capra, Fritjof: Das Tao der Physik. Barth/Scherz, München 1984.
40. –: Wendezeit. Barth/Scherz, München 1983.
41. Carusa, Igor: Psychoanalyse und Synthese der Existenz. Herder, Freiburg i. Br. o. J.
42. Castaneda, Carlos: Eine andere Wirklichkeit. Fischer, Frankfurt a/M 1983.
43. Charon, Jean E.: Tod, wo ist dein Stachel? Die Unsterblichkeit des Bewußtseins. Zsolnay, Wien 1981.

44. CHEIRO: Das Buch der Zahlen. Bauer, Freiburg i. Br. 1973.
45. CHIA, MANTAK: Tao Yoga. Ansata, Interlaken 1985.
46. CLARKE, ARTHUR: Im höchsten Grade phantastisch. Econ, Düsseldorf 1964.
47. CORETH, E.: Grundfragen des menschlichen Daseins. Tyrolia, Innsbruck 1956.
48. DÄNIKEN, ERICH VON: Erinnerungen an die Zukunft. Econ, Düsseldorf 1968.
49. DELACOUR, JEAN-BAPTISTE: Das große Lexikon der Charakterkunde. Pawlak, Herrsching 1980.
50. DETHLEFSEN, THORWALD: Das Leben nach dem Leben. Bertelsmann, München 1974.
51. –: Schicksal als Chance. Bertelsmann, München 1979.
52. –: Krankheit als Weg. Bertelsmann, München 1983.
53. DITFURTH, HOIMAR VON: Der Geist fiel nicht vom Himmel. Hoffmann und Campe, Hamburg 1976.
54. –: Wir sind nicht nur von dieser Welt. Hoffmann und Campe, Hamburg 1981.
55. DÖBEREINER, WOLFGANG: Münchner Rhythmenlehre. Selbstverlag 1978.
56. –: Astrologisch-medizinische Diagnose und Homöopathie. Hugendubel, München 1980.
57. DÜRCKHEIM, KARLFRIED GRAF: Der Ruf nach dem Meister. Barth, München 1975.
58. –: Meditieren – wozu und wie? Herder, Freiburg i. Br. 1976.
59. –: Wunderbare Katze. Barth, München 1975.
60. –: Erlebnis und Wandlung. Barth, München 1978.
61. DREWERMANN, EUGEN: Tiefenpsychologie und Exegese, Bände I und II. Walter, Olten 1984/1985.
62. DYCHTWALD, KEN: Körperbewußtsein. Synthesis, Essen 1981.
63. EBERTIN, REINHOLD: Kosmologische Entsprechungen. Ebertin, Freiburg i. Br. 1973.
64. –: Angewandte Kosmologie. Bauer, Freiburg i. Br. 1984.
65. –: Pluto-Entsprechungen. Bauer, Freiburg i. Br. 1984.
66. ECKHART, MEISTER: Deutsche Predigten und Traktate. Hanser, München 1979.
67. EDWARDS, HARRY: Geistheilung. Bauer, Freiburg i. Br. 1976.

68. –: The Power of Spiritual Healing. The Healer Publishing Co Ltd., London o. J.
69. –: Life in Spirit. The Healer Publishing Co Ltd., London o. J.
70. –: Spirit Healing. The Healer Publishing Co Ltd., London o. J.
71. –: The Healing Intelligence. The Healer Publishing Co Ltd., London o. J.
72. EIBL-EIBESFELDT, IRENÄUS: Grundriß der vergleichenden Verhaltensforschung. Piper, München 1980.
73. EICHLER, NORBERT A.: Das Buch der Wirklichkeit – Das I Ging des kosmischen Zeitalters. Papyrus, Hamburg 1983.
74. EISENBUD, JULE: Psychologie mit Psi. Scherz, Bern 1974.
75. ESSER, BRIGITTE: In Gesellschaft Jesu. M. Grünewald, Mainz 1979.
76. FAST, JULIUS: Körpersprache. Rowohlt, Reinbek 1975.
77. FERGUSON, MARILYN: Die sanfte Verschwörung. Sphinx, Basel 1982.
78. FERNAU, JOACHIM: Der Gottesbeweis. Econ, Düsseldorf 1967.
79. FISCHL, JOHANN: Die Wahrheit unseres Denkens. Pustet, Salzburg 1946.
80. FONTBRUNE, JEAN DE: Nostradamus. Zsolnay, Wien 1982.
81. FORD, ARTHUR: Bericht vom Leben nach dem Tod. Scherz, Bern 1972.
82. FORSTNER, DOROTHEA: Die Welt der Symbole. Tyrolia, Innsbruck 1961.
83. FRANKL, VIKTOR E.: Der Mensch vor der Frage nach dem Sinn. Piper, München 1979.
84. FREUD, SIGMUND: Traum und Telepathie. Studienausgabe in 10 Bänden. Fischer, Frankfurt a/M 1981.
85. FROMM, ERICH: Haben oder Sein. DVA, Stuttgart 1977.
86. –: Die Seele des Menschen. DVA, Stuttgart 1979.
87. –: Die Kunst des Liebens. Ullstein, Berlin 1982.
88. FUNK, RAINER: Mut zum Menschen. DVA, Stuttgart 1979.
89. GOLDSMITH, JOEL S.: Der Geist, der in uns lebt. Schwab, Argenbühl 1969.
90. –: Der Weg zum Unendlichen. Schwab, Argenbühl o. J.
91. –: Erleuchtung auf dem Weg zur Verwirklichung. Schwab, Argenbühl o. J.

92. HAMEL, MICHAEL PETER: Durch Musik zum Selbst. Scherz, Bern 1976.
93. HAMPDEN-TURNER, CHARLES: Modelle des Menschen. Beltz, Basel 1980.
94. HEER, FRIEDRICH: Die dritte Kraft. Fischer, Frankfurt a/M 1960.
95. HEHLMANN, WILHELM: Wörterbuch der Psychologie. Kröner, Stuttgart 1968.
96. HEIDEGGER, MARTIN: Holzwege. Klostermann, Frankfurt a/M 1972.
97. HEINDEL, MAX: Astro-Diagnose. Rosenkreuz, Kassel 1978.
98. HEINEN, WILHELM: Liebe als sittliche Grundkraft und ihre Fehlformen. Herder, Freiburg i. Br. 1958.
99. HEINTSCHEL-HEINEGG, AGLAJA: Kontakte mit dem Unsichtbaren. Fischer, Frankfurt a/M 1980.
100. HEIN-MOHR, GERD: Lexikon der Symbole. Diederichs, Köln 1981.
101. HEISENBERG, WERNER KARL: Der Teil und das Ganze. Piper, München 1972.
102. HENGGE, PAUL: Die Bibelkorrektur. Orac, Wien 1979.
103. HENGSTENBERG, HANS-EDUARD: Autonomismus und Transzendenzphilosophie. Kösel, München o. J.
104. –: Sein und Ursprünglichkeit. Pustet, Salzburg 1958.
105. HERBERTS, KURT: ... dann mag die Erde in der Sonne verglühen. Aurum, Freiburg i. Br. 1983.
106. HOFFMEISTER, F.: Der Weg aus der Krankheit. Esotera 3/81.
107. HUBER, BRUNO und LOUISE: Lebensuhr im Horoskop. API, Zürich 1980.
108. ILLICH, IVAN: Die Enteignung der Gesundheit. Rowohlt, Reinbek 1975.
109. –: Die Nemesis der Medizin. Rowohlt, Reinbek 1981.
110. INHOFFEN, HUBERT: Yoga, Wissen der Vergangenheit – Wissenschaft der Zukunft. Hugendubel, München 1983.
111. JACOBI, JOLANDE: Vom Bilderreich der Seele. Walter, Olten 1977.
112. JAKOB, GEORG: Das medizinische Pendelbuch. Turm, Bietigheim 1973.

113. JASPERS, KARL: Chiffren der Transzendenz. Piper, München 1970.
114. JUNG, CARL GUSTAV: Die Beziehungen zwischen dem Bewußten und dem Unbewußten. Fischer, Frankfurt a/M 1934.
115. –: Gesammelte Werke. Walter, Olten 1978–1983.
116. –: Der Geist der Psychologie. Eranos-Jahrbuch 1946.
117. –: Über Synchronizität. Rascher, Zürich 1951.
118. JUNGK, ROBERT: Das umstrittene Experiment, der Mensch. Desch, München 1965.
119. KEEN, SAM: Stimmen und Visionen. Suhrkamp, Frankfurt a/M 1979.
120. KEYSERLING, ARNOLD: Geschichte der Denkstile. Palme, Wien 1976.
121. KEYSERLING, WILHELMINE: Anlage als Weg. Palme, Wien 1977.
122. KIRCHNER, GEORG: Pendel und Wünschelrute. Ariston, Genf 1977.
123. KOESTLER, ARTHUR: Die Wurzeln des Zufalls. Scherz, Bern 1972.
124. KÖHNLECHNER, MANFRED: Handbuch der Naturheilkunde. Bände I und II. Kindler, München 1975.
125. –: Man stirbt nicht im August. Droemer Knaur, München 1976.
126. KÖRNER, EBERHARD: Heile dich selbst. Bauer, Freiburg i. Br. 1978.
127. KRIPPNER, STANLEY: Lichtbilder der Seele. Scherz, Bern 1975.
128. KRISHNAMURTI, JIDDU: Jenseits der Gewalt. Fischer, Frankfurt a/M o. J.
129. KÜBLER-ROSS, ELISABETH: Leben bis wir Abschied nehmen. Kreuz, Stuttgart 1979.
130. KÜHR, ERICH CARL: Psychologische Horoskopdeutung. Cerny, Wien 1951.
131. KÜNG, HANS: Existiert Gott? Piper, München 1978.
132. KUPFER, AMANDUS: Grundlagen der Menschenkenntnis, Bände I und II. Carl Huter, Schwaig 1978.
133. KURTH, HANNS: Lexikon der Traumsymbole. Ariston, Genf 1977.
134. –: Menschenkenntnis auf den ersten Blick. Ariston, Genf 1978.

135. KYBER, MANFRED: Die drei Lichter der kleinen Veronika. Drei Eichen, München 1973.
136. LANDAU, E. M.: Reinhold Schneider – Leben und Werk, Frankfurt a/M 1977.
137. LANGELAAN, GEORGE: Die unheimlichen Wirklichkeiten. Scherz, Bern 1969.
138. LANG, BERNHARD: Ein Buch wie kein anderes. Butzon & Bekker, Kevelaer 1980.
139. LAIS, HERMANN: Probleme einer zeitgemäßen Apologetik. Herder, Freiburg i. Br. 1956.
140. LAOTSE: Tao te king. Das Buch vom Sinn und Leben. Übersetzt und mit einem Kommentar von Richard Wilhelm. Diederichs, Köln 1984.
141. LE CRON, LESLIE M.: Hypnose. Ariston, Genf 1979.
142. LAY, RUPERT: Meditationstechniken für Manager. Langen-Müller, München 1976.
143. LEADBEATER, CHARLES W.: Der sichtbare und der unsichtbare Mensch. Bauer, Freiburg i. Br. 1980.
144. LEIBOLD, GERHARD: Wörterbuch der Psychologie. F. Englisch, Wiesbaden 1983.
145. LEVI: Das Wassermann-Evangelium von Jesus dem Christus. Hugendubel, München 1980.
146. LIONEL, FRÉDÉRIC: Aufbruch zu neuem Bewußtsein. Ariston, Genf 1985.
147. LJUBIC, MARIJAN: Erscheinungen der Gottesmutter in Medjugorje. Miriam, Jestetten 1984.
148. LÖBSACK, THEO: Die unheimlichen Möglichkeiten oder die manipulierte Seele. Econ, Düsseldorf 1968.
149. –: Magische Medizin. Bertelsmann, München 1980.
150. LOMER, G.: Christus astrologisch gesehen. Baumgartner, Schnega-Warpke 1955.
151. LORENZ, KONRAD: Über tierisches und menschliches Verhalten. Piper, München 1965.
152. –: Die acht Todsünden der zivilisierten Menschheit. Piper, München 1970.
153. –: Die Rückseite des Spiegels. Piper, München 1973.
154. MANGOLDT, URSULA: Jeder Tag ein guter Tag. Barth/Scherz, München 1961.

155. MARCEL, GABRIEL: Geheimnis des Seins. Herold, Wien 1952.
156. –: Sein und Haben. Herold, Wien 1954.
157. MATTHIESEN, EMIL: Das persönliche Überleben des Todes. de Gruyter, Berlin 1962.
158. MEINHOLD, WERNER J.: Spektrum der Hypnose. Ariston, Genf 1981.
159. MESSNER, JOHANNES: Kulturethik. Tyrolia, Innsbruck 1956.
160. MLAKER, RUDOLF: Geistiges Pendeln. Bauer, Freiburg i. Br. 1959.
161. MOOLENBURGH, H. C.: Engel als Beschützer und Helfer des Menschen. Bauer, Freiburg i. Br. 1985.
162. MONOD, JACQUES: Zufall und Notwendigkeit. Piper, München 1973.
163. MONROE, ROBERT A.: Der Mann mit den zwei Leben. Ansata, Interlaken 1981.
164. MOODY, RAYMOND: Leben nach dem Tod. Rowohlt, Reinbek 1977.
165. MOTOYAMA, HIROSHI: Chakra-Physiologie. Aurum, Freiburg i. Br. 1981.
166. MULFORD, PRENTICE: Unfug des Lebens und Sterbens. Fischer, Frankfurt a/M 1981.
167. MURPHY, JOSEPH: Die Macht Ihres Unterbewußtseins. Ariston, Genf 1979.
168. –: Das Wunder Ihres Geistes. Ariston, Genf 1980.
169. –: Das I-Ging-Orakel Ihres Unterbewußtseins. Ariston, Genf 1981.
170. –: Die unendliche Quelle Ihrer Kraft. Ariston, Genf 1981.
171. –: Die kosmische Dimension Ihrer Kraft. Ariston, Genf 1982.
172. –: Dr. Joseph Murphys Vermächtnis. Ariston, Genf 1985.
173. NÖRR, EWALD: Zeitschrift Gnosis 6/81.
174. OSIS, KARL: Der Tod – ein neuer Anfang. Bauer, Freiburg i. Br. 1978.
175. PAUS, ANSGAR: Die Frage nach Jesus. Styria, Graz 1973.
176. –: Suche nach Sinn – Suche nach Gott. Styria, Graz 1978.
177. PEALE, NORMAN VINCENT, und BLANTON, SMILEY: Aufforderung zum Glücklichsein. Ariston, Genf 1984.
178. PEREGRESIUS, FRA: Tattwa – Hellsehen – Astralwellen. Schikowski, Berlin 1959.

179. PFLIGERSDORFFER, GEORG: Aus dem politischen Gedankengut der Antike. Pustet, Salzburg 1978.
180. PHILBERT, B.: Christliche Prophetie und Nuklearenergie. Christiana, Zürich 1967.
181. PIEPER, JOSEF: Tod und Unsterblichkeit. Kösel, München 1968.
182. PIETSCHMANN, HERBERT: Die Welt, die wir uns schaffen. Zsolnay, Wien 1984.
183. POPPER, KARL R.: Objektive Erkenntnisse. Papyrus, Hamburg 1973.
184. –: Das Ich und sein Gehirn. Piper, München 1983.
185. –: Auf der Suche nach einer besseren Welt. Piper, München 1983.
186. PORTMANN, ADOLF: Entläßt die Natur den Menschen? Piper, München o. J.
187. PRYSE, JAMES M.: Reinkarnation im neuen Testament. Ansata, Interlaken o. J.
188. RABUT, OLIVIER: Gespräche mit Teilhard de Chardin. Herder, Freiburg i. Br. 1977.
189. RAGUSE, SIEGFRIED: Was erwartet uns nach dem Tod? Mohn, Gütersloh 1983.
190. RAHNER, HUGO: Griechische Mythen in christlicher Deutung. Rascher, Zürich 1945.
191. RAHNER, KARL: Worte ins Schweigen. F. Rauch, Innsbruck 1959.
192. –: Von der Not und dem Segen des Gebetes. F. Rauch, Innsbruck 1959.
193. –: Gegenwart des Christentums. Herder, Freiburg i. Br. 1963.
194. –: Grundkurs des Glaubens. Herder, Freiburg i. Br. 1976.
195. RATZINGER, JOSEPH: Eschatologie – Tod und ewiges Leben. Pustet, Regensburg 1978.
196. RECHSTEIN, HERBERT: Praktisches Lehrbuch der Kabbala. Schikowski, Berlin 1961.
197. REITSAMER, JOSEPH: Jgonta Cantos. Limes, Wiesbaden 1977.
198. REVERS, WILHELM JOSEPH: Das Musikerlebnis. Econ, Düsseldorf 1970.
199. RHINE, LOUISA: Psychokinese. Ariston, Genf 1978.
200. RIEDL, RUPERT: Die Strategie der Genesis. Piper, München 1984.
201. –: Biologie der Erkenntnis. Parey, Hamburg 1981.

202. RIEMANN, FRITZ: Grundformen der Angst. Reinhardt, Basel 1975.
203. –: Lebenshilfe Astrologie. Pfeiffer, München 1976.
204. RIEMANN, GERHARD: Und ich sah einen neuen Himmel. Hugendubel, München 1984.
205. RING, THOMAS: Astrologische Menschenkunde. Bände 1 bis 4. Bauer, Freiburg i. Br. 1973.
206. –: Existenz und Wesen in kosmologischer Sicht. Aurum, Freiburg i. Br. 1975.
207. –: Sinn und Astrologie. Aurum, Freiburg 1975.
208. –: Astrologie neu gesehen. Aurum, Freiburg 1977.
209. –: Tierkreis und menschlicher Organismus. Ebertin, Freiburg i. Br. 1977.
210. –: Genius und Dämon. Aurum, Freiburg i. Br. 1980.
211. –: Die olympische Wiederkehr. Aurum, Freiburg i. Br. 1984.
212. –: Gedichte. W. Classen, Zürich 1985.
213. ROBERTS, JANE: The Unknown Reality, Tomes I and II. Prentice Hall, Englewood Cliffs 1979.
214. –: Gespräche mit Seth. Ariston, Genf 1978.
215. –: Die Natur der Psyche. Ariston, Genf 1981.
216. –: The God of Jane. Prentice Hall, Englewood Cliffs 1981.
217. –: The Individual and the Nature of Mass Events. Prentice Hall, Englewood Cliffs 1981.
218. –: If We Live again. Prentice Hall, Englewood Cliffs 1982.
219. –: Die Natur der persönlichen Realität. Ariston, Genf 1985.
220. –: Das Seth-Material. Ariston, Genf 1986.
221. ROSENBERG, ALFONS: Durchbruch zur Zukunft. Barth, München 1958.
222. –: Sibylle und Prophetin. Barth, München 1960.
223. –: Experiment Christentum. Pfeiffer, München 1969.
224. –: Verborgene Worte Jesu. Barth, München 1972.
225. –: Leben nach dem Sterben. Kösel, München 1974.
226. –: Christliche Lebensregeln. Kösel, München 1977.
227. RÝZL, MILAN: Parapsychologie. Ariston, Genf 1970.
228. –: Hellsehen und andere parapsychische Phänomene in Hypnose. Ariston, Genf 1971.
229. –: ASW-Training, Methoden zur Aktivierung des sechsten Sinnes. Ariston, Genf 1975.

230. –: ASW-Experimente, die erfolgreich verlaufen. Ariston, Genf 1979.
231. –: Der Tod und was danach kommt. Ariston, Genf 1983.
232. –: Nutzen Sie Ihre phänomenale Geisteskraft. Ariston, Genf 1985.
233. –: Telepathie und Hellsehen. Ariston, Genf 1986.
234. SCHARF, SIEGFRIED: Das große Buch der Herzmeditation. Aurum, Freiburg i. Br. 1979.
235. SCHILLER, FRIEDRICH: Sämtliche Werke. Hanser, München 1980.
236. SCHMIDHAUSER, HERMANN: Denk an deine Seele. Ariston, Genf 1979.
237. SCHMIDT, K. O.: Die Religion der Bergpredigt. Baum, Pfullingen 1962.
238. SCHMIDT, PAUL: Das Bio-Mosaik. Schweizer Verlagshaus, Zürich 1983.
239. SCHMITZ, EMIL-HEINZ: Das Zeit-Rätsel. Ariston, Genf 1979.
240. SCHOONENBERG, P.: Theorie der Sünde. Benziger, Einsiedeln 1966.
241. SCHOPENHAUER, ARTHUR: Über die anscheinende Absichtlichkeit im Schicksal des einzelnen. Insel, Frankfurt a/M o. J.
242. SCHRÖDTER, WILLY: Grenzwissenschaftliche Versuche. Bauer, Freiburg i. Br. 1975.
243. SCHULTZ, HEINRICH JOHANNES: Das Autogene Training. Thieme, Stuttgart 1932.
244. SCHWEITZER, ABERT: Kultur und Ethik. Zürich 1973.
245. SICUTERI, ROBERTO: Astrologie und Mythos. Aurum, Freiburg i. Br. 1983.
246. SILVER, JULES: Numerologie. Ariston, Genf 1976.
247. SMITH, MORTON: Auf der Suche nach dem historischen Jesus. Ullstein, Berlin 1971.
248. SONNEMANNS, HEINO: Seele – Unsterblichkeit – Auferstehung. Herder, Freiburg i. Br. 1984.
249. SORGE, J. MARTIN: Reinkarnation aus neuer Sicht. Ariston, Genf 1986.
250. SPAEMANN, ROBERT: Philosophische Essays. Reclam, Ditzingen 1983.

251. SPALDING, BAIRD: Leben und Lehren der Meister im Fernen Osten. Drei Eichen, München 1972.
252. SPIESBERGER, KARL: Unsichtbare Helferkräfte. Bauer, Freiburg i. Br. 1959.
253. –: Praktische Telepathie. Huter, München 1966.
254. –: Der erfolgreiche Pendelpraktiker. Bauer, Freiburg i. Br. 1982.
255. –: Runen-Magie. Bauer, Freiburg i. Br. 1968.
256. –: Die Aura des Menschen. Bauer, Freiburg i. Br. 1973.
257. –: Magische Einweihung. Schikowski, Berlin 1976.
258. –: Das Mantra-Buch. Schikowski, Berlin 1977.
259. STAEHELIN, BALTHASAR: Urvertrauen und zweite Wirklichkeit. Edition Academica, Zürich 1973.
260. STAEHLIN, WILHELM: Die Urordnung des Lebens. Evangelisches Verlagswerk, Stuttgart 1973.
261. STEARN, JESS: Der schlafende Prophet. Ariston, Genf 1977.
262. STEINER, RUDOLF: Theosophie. Anthroposophischer Verlag, Dornach 1943.
263. STELTER, ALFRED: Psi-Heilung. Scherz, Bern 1973.
264. STELZER, KARL: Gebete der Freude. Rexverlag, München 1983.
265. STOEBER, KARL O.: Autogenes Psychotraining. Ariston, Genf 1984.
266. TEGTMEIER, BETTINA: Der große Schlüssel zum Orakel. Ansata, Interlaken 1985.
267. TEILHARD DE CHARDIN, PIERRE: Der göttliche Bereich. Walter, Olten 1963.
268. –: Die Zukunft des Menschen. Walter, Olten 1982.
269. TEPPERWEIN, KURT: Geistheilung durch sich selbst. Ariston, Genf 1975.
270. –: Die hohe Schule der Hypnose. Ariston, Genf 1979.
271. –: Kraftquelle Mentaltraining. Ariston, Genf 1986.
272. THOMAS VON AQUIN: Summa Theologica. 1-3 ed. P. Caramello, Turin/Rom 1952 bis 1956.
273. TIETZE, HENRY G.: Imagination und Symboldeutung. Ariston, Genf 1983.
274. –: Entschlüsselte Organsprache. Ariston, Genf 1985.
275. TOBEN, BOB: Raum-Zeit und erweitertes Bewußtsein. Synthesis, Siegmar 1975.

276. TOMPKINS, PETER: Das geheimnisvolle Leben der Pflanzen. Scherz, Bern 1973.
277. TONČIĆ-SORINJ, LUJO VON: Erfüllte Träume. Amalthea, Wien 1973.
278. TULKU, TARTHANG: Raum-Zeit und Erkenntnis – zur Philosophie der Wendezeit. Scherz, Bern 1977.
279. UCCUSIC, PAUL: Psi-Resümee. Ariston, Genf 1978.
280. –: Naturheiler. Ariston, Genf 1984.
281. VOSS, GERHARD: Astrologie christlich. Pustet, Regensburg 1980.
282. WAELTI, ERNST R.: Der dritte Kreis des Wissens. Ansata, Interlaken 1983.
283. WASSILKO-SERECKI, GRÄFIN Z.: Das Pendel in der Astrologie. Baumgartner, Schnega-Warpke o. J.
284. WATKINS, SUSAN M.: Conversation with Seth I and II. Prentice Hall, Englewood Cliffs 1981.
285. WATTS, ALAN: OM Kreative Meditation. Sphinx, Basel 1982.
286. WATZLAWICK, PAUL: Wie wirklich ist die Wirklichkeit? Piper, München 1976.
287. WHITE, RUTH, und SWAINSON, MARY: Gildas Communicates. Neville Spearman, London 1971.
288. –: The Healing Spectrum. Neville Spearman, London 1979.
289. WHITE, VICTOR O. P.: Seele und Psyche. Theologie und Tiefenpsychologie. O. Müller, München 1964.
290. WICKLER, WOLFGANG: Die Biologie der zehn Gebote. Piper, München 1972.
291. WIENER, NORBERT: Gott & Golem Inc. Econ, Düsseldorf 1965.
292. WILHELM, RICHARD: I Ging. Diederichs, Köln 1973.
293. ZUKAV, GARY: Die tanzenden Wu Li Meister. Rowohlt, Reinbek 1981.
294. ZURLINDEN, DOROTHEA: Religiöse Astrologie. Verlag die Rose, Unterhaching 1959.
295. ZSCHOCK, OTTO VON: Kranz des Lebens. Ledermüller, München 1979.

Den *Bibelzitaten* des Verfassers liegt die Übersetzung von D. LEANDER VON ESS, herausgegeben von der Britischen und Ausländischen Bibelgesellschaft, Wien 1957, zugrunde.

Namen- und Sachregister